Votre bébé
de 1 jour à 1 an

© Marabout, 2011
Toute reproduction d'un extrait quelconque de ce livre par quelque procédé que ce soit est interdite sans autorisation écrite de l'éditeur.

Anne Bacus

Votre bébé
de 1 jour à 1 an

MARABOUT

Sommaire

Introduction 9

Il vient de naître 11

Le premier mois 17

Le deuxième mois 65

Le troisième mois 107

Le quatrième mois 143

Le cinquième mois....................................171

Le sixième mois 191

Le septième mois 223

Le huitième mois 245

Le neuvième mois................................... 269

Le dixième mois 297

Le onzième mois..................................... 319

Le douzième mois 355

Avertissement

Tous les enfants sont différents. Ils n'ont ni le même tempérament ni le même goût des choses. Certains développeront plus tôt leurs capacités physiques globales, d'autres leur habileté manuelle, d'autres encore leur sens de l'observation. L'enfant moyen est un leurre. C'est pourtant celui-ci que l'on décrit dans un livre qui s'adresse à tous. Aussi les parents ne doivent-ils avoir ni orgueil ni inquiétude si les acquisitions de leur bébé ne coïncident pas précisément avec les âges avancés dans ce livre.

J'ai voulu écrire un livre qui s'adresse aux deux parents et pas seulement à la mère, comme c'est souvent le cas. Quand je dis « vous », c'est aussi bien au père qu'à la mère que je m'adresse et j'ai énormément de respect pour les pères qui trouvent normal de s'occuper de leur bébé et qui le font avec plaisir.

Dans la langue française, « enfant » et « bébé » sont au masculin. J'ai donc, tout au long de cet ouvrage, qualifié l'enfant de « il ». Que les parents de fille ne s'en offusquent pas et sachent qu'elles n'étaient nullement absentes de mes pensées (je suis des leurs…).

Introduction

Le livre est devenu le partenaire obligé des futurs et des jeunes parents. Les conseils entendus sont si contradictoires, les modes si fragiles et les nouveaux parents si inexpérimentés, qu'il faut maintenant des manuels pour retrouver son instinct et des idées de bon sens. Mais alors, pourquoi un livre de plus ? Tout n'a-t-il pas déjà été écrit ?

Il m'a semblé que non. En tant que mère de famille, j'ai écrit le livre que j'aurais souhaité trouver lorsque mon premier enfant est né. En tant que psychologue, spécialiste des jeunes enfants, il m'a semblé important de dépasser les problèmes de couches et de biberons pour parler du bébé comme d'une personne à part entière et pas seulement comme d'un objet de soins attentifs. Pour cela, j'ai tenu compte des questions que les parents m'ont posées et des réponses que les enfants m'ont apprises.

J'ai voulu faire un livre-compagnon. Un livre que l'on peut survoler d'une traite, où l'on peut musarder au gré de sa curiosité ou bien que l'on peut poser sur sa table de chevet et lire jour après jour. Le plan s'y prête, puisque, chaque semaine, sont abordés de nouveaux thèmes, au rythme du développement de l'enfant.

J'aurais aimé vous parler tout simplement de votre bébé, parce qu'il est unique. Mon espoir est que, à travers ces lignes, vous le reconnaissiez...

Il vient de naître

Faire connaissance

Ou plutôt continuer... parce qu'il est évident que le dialogue avec le bébé était déjà entamé pendant la grossesse. Mais les jours passés à la maternité sont vraiment le moment idéal pour que, pleine d'amour et de disponibilité, vous approfondissiez la rencontre avec bébé à peine né. Ce que les spécialistes appellent parfois « l'accordage », c'est-à-dire l'accord qui se crée entre le nouveau-né et sa mère, mais aussi avec son père, commence dès la venue au monde.

Juste après la naissance

Votre bébé est posé sur votre ventre, encore tout gluant, la respiration à peine établie. Placez-le à plat ventre sur vous, la tête près de vos seins, ses jambes repliées sur vous. Posez largement vos mains sur son dos et massez-le, tout doucement et tendrement. Que son premier contact soit avec vous, peau à peau, quand cela est possible, et non avec une sage-femme ou avec un lange. Si le père est présent, il peut lui aussi avoir ce contact très précoce avec son bébé en posant sa main près de la vôtre.

Cette place, tout contre vous, est bénéfique pour l'enfant à bien des égards.

▶ Il retrouve le bruit des battements de votre cœur, qui l'a bercé pendant toute la période intra-utérine. Retrouver ce même bruit « au-dehors » est un élément important d'apaisement chez le bébé et développe certainement un sentiment de sécurité.

● Contre vos seins, le bébé repère votre odeur et présente déjà le réflexe de s'y enfouir.

● Si vous et son père parlez à votre bébé, l'appelez par son nom, il retrouvera vos voix, dont il a perçu les vibrations avant même de les entendre. Bien sûr, ces voix sont différentes de celles qu'il percevait *in utero*, mais, parce qu'elles ont les mêmes inflexions et les mêmes accents, le bébé les reconnaîtra.

Dans les heures qui suivent

Si l'accouchement s'est bien déroulé, sans trop de souffrances pour l'un ou pour l'autre, le bébé reste près de sa mère pendant deux heures environ, en salle de travail. Même si l'enfant doit être mis en couveuse, vous pouvez demander que celle-ci soit placée près de vous, à portée de main. Vous serez étonnée de voir votre enfant aussi éveillé, calme, tranquille et attentif. Comme si cette « tempête » dont il sort était déjà oubliée. Le nouveau-né est, à ce moment-là, totalement réceptif à votre regard, à vos paroles, et sensible, n'en doutez pas, à l'accueil que vous lui faites.

Vous pouvez utiliser ce temps pour :

● parler doucement à votre bébé, lui souhaiter la bienvenue ;
● continuer à le caresser tendrement, sur la tête, le long du dos, puis sur tout le corps ; de vraies caresses lentes et douces, et non des effleurements, peuvent être, en plus du plaisir que vous en retirerez tous les deux, d'un grand bienfait sur le plan physiologique ;
● placer votre bébé au sein, si vous souhaitez l'allaiter.

Autrefois, il était de tradition de faire jeûner les bébés dans les heures qui suivaient l'accouchement. Jusqu'à ce que l'on constate :

◗ que le réflexe de succion est fort et précoce ; une mise au sein dès l'accouchement a de bonnes chances de se dérouler naturellement et sans problème ;

◗ que le liquide produit par les glandes mammaires dans les premiers jours, appelé colostrum, est d'un apport essentiel pour le bébé sur le plan nutritionnel mais surtout médical, parce qu'il contient de nombreux anticorps très précieux pour sa santé.

Ces deux heures de doux tête-à-tête écoulées, vous allez être emmenée dans votre chambre pour prendre un peu de nourriture et de repos. Vous retrouverez votre bébé un peu plus tard, vêtu et couché au fond de son berceau, désireux, comme vous l'êtes, de vous retrouver.

Il arrive qu'un problème de santé affectant la mère ou l'enfant les empêche de profiter au mieux de ces toutes premières heures. Si c'est votre cas, n'en soyez pas trop déçue : dès que vous le pourrez, vous rattraperez le temps perdu par un surcroît d'attention et de tendresse.

Le bébé le plus beau

Il est là, enfin, dans vos bras… quel émerveillement ! Il a tout : deux bras, deux jambes, dix orteils… Votre bébé est le plus beau du monde. Lisse, rond, rose… Non ? Allons, il le sera dans quelques jours. Pour l'instant, il a peut-être…

…la peau couverte d'un enduit blanc et visqueux. C'est le vernix. Il a recouvert son épiderme et l'a protégé. Il a aussi aidé à le « faire glisser » lors de l'accouchement. Le vernix

Votre bébé vient de naître

Il s'appelle :
....

Il pèse :
....

Il mesure :
....

Description de bébé :
....
....
....
....

Ce qui s'est passé les premiers jours :
....
....
....
....
....
....

s'enlève lorsqu'on lave l'enfant, mais il est préférable de le laisser disparaître tout seul, ce qui est fait en un ou deux jours.

…le teint jaune. Il s'agit de l'ictère du nouveau-né, phénomène qui traduit la destruction de certains globules rouges devenus inutiles, et qui, dans sa forme banale, ne nécessite aucun traitement.

…une grosse tête, vaguement déformée, asymétrique ou « en pain de sucre ». La tête des bébés paraît grosse en comparaison de la nôtre, car elle représente, en proportion, une plus grande partie de son corps (un quart de sa taille totale). De plus, les os du crâne ne sont pas encore soudés et les pressions subies lors de l'accouchement ont pu le déformer légèrement. Cela se remet en place tout seul.

…une abondante chevelure noire et des poils sur les épaules, le dos, les oreilles ou le front. Cela est fréquent : tous ces poils disparaîtront en quelques semaines.

…des petits points blancs sur le nez, des taches rouges sur le visage ou sur la nuque. Ils disparaîtront aussi, les premiers plus rapidement que les secondes, mais elles seront vite cachées par les cheveux.

…les yeux bleu-gris, foncés. Cela ne signifie pas qu'il aura les yeux bleus. Il faut plusieurs mois, parfois plusieurs années, avant que les yeux du bébé prennent leur teinte définitive.

Ces petits signes ne doivent susciter aucune inquiétude : ils sont naturels et, le plus souvent, disparaîtront d'eux-mêmes. Votre bébé est vraiment unique au monde. Il vous voit, il vous entend, il aime vos caresses et apprend votre odeur. Dans quelques jours, il sera vraiment le plus beau de tous.

Le colostrum

Si vous choisissez d'allaiter votre bébé, le mieux est de commencer dès aujourd'hui. Vos seins ne produiront du lait à proprement parler que dans trois jours seulement. Mais d'ici là, ils produisent un liquide jaunâtre, qui précède l'apparition du lait, et qui s'appelle le colostrum.

Riche en protéines et en sels minéraux, pauvre en graisse et en sucre, il convient parfaitement aux besoins du nouveau-né. Comme il est légèrement laxatif, il aide à l'expulsion du méconium qui est une substance noirâtre présente dans les intestins du bébé à sa naissance.

Le colostrum contient également de nombreux anticorps, que la mère transmet ainsi à son bébé, et qui le protègent contre les infections.

Vous voyez combien ce colostrum est précieux : n'en privez pas votre bébé ! Dans certaines maternités, l'habitude consiste à séparer les mères de leur enfant pour qu'elles puissent se reposer. C'est alors à vous de demander que l'on vous amène votre bébé, afin de le mettre au sein chaque fois qu'il le demande.

Le premier mois

L'allaitement

Le plus souvent, la mère a déjà fait le choix, avant d'accoucher, d'allaiter ou non son bébé. Il dépend en partie du rapport que chaque femme entretient avec son propre corps, de l'idée qu'elle se fait de son nouveau rôle de mère et de l'attitude de son conjoint face à l'allaitement.

Le point de vue du bébé est plus simple : l'allaitement lui convient parfaitement. Pour plusieurs raisons.

▶ Ce lait est fabriqué spécifiquement pour cet enfant-là et se modifie, en qualité et en quantité, selon ses besoins.

▶ Il contient des anticorps qui immunisent l'enfant contre bon nombre de maladies.

▶ Il permet au bébé de régler seul son appétit et ses besoins, donnant à sa mère l'occasion de connaître intimement ses rythmes. Symboliquement, il renforce la relation en maintenant un lien corporel.

▶ Il est parfaitement digeste et n'entraîne aucune allergie.

▶ Il comble le besoin de contact, de proximité et de corps à corps avec la mère, satisfaisant ainsi la demande affective du bébé.

Le point de vue des parents est parfois différent : si l'allaitement exclut le père de l'intimité des repas, il est en revanche très contraignant pour la mère dont il exige une grande disponibilité. Difficile de se faire remplacer ! N'oubliez pas, cependant :

◗ que le lait au sein est pratique, parce que toujours prêt. En ballade, en voiture, en faisant les courses… Même si vous n'avez pas envie d'allaiter en public, vous trouverez toujours un petit coin calme où vous isoler quelques minutes ;

◗ que vous pouvez « tirer » votre lait d'avance, afin de pouvoir vous absenter ou vous faire remplacer à l'occasion.

Choisir sans culpabiliser

On n'est pas une mauvaise mère parce qu'on a, pour des raisons personnelles, choisi de ne pas allaiter son bébé. Ou parce qu'on ne sent pas instantanément la puissance de l'instinct maternel nous envahir. C'est à chacune de trouver sa façon d'être mère, selon son propre tempérament. Il faut savoir que cela peut prendre du temps.

Les moments du repas sont des moments extrêmement privilégiés pour le bébé, surtout à un âge où il passe une grande partie du reste de la journée à dormir. Le biberon, comme le sein, est un moment de grande intimité. Le bébé est blotti dans vos bras, il apprend votre odeur, vous lui parlez doucement, vous lui souriez, il vous regarde…

C'est cette ambiance de calme, de douceur, de plaisir intime partagés, qui est essentielle, bien plus que le lait lui-même (les laits de remplacement sont d'excellente qualité) ou son contenant.

Idées reçues sur l'allaitement : ce qui est vrai

◗ Il faut boire beaucoup (deux litres d'eau par jour en plus des repas).

- L'alcool que vous buvez passe dans le lait. Donc, abstenez-vous au maximum.
- Certains aliments à odeur forte donnent un goût au lait (poireaux, asperges, choux, etc.).
- Allaiter renforce les défenses naturelles du bébé contre un certain nombre de maladies.
- Mettre le bébé au sein fait monter le lait.

Idées reçues sur l'allaitement : ce qui est faux

- Allaiter fatigue. C'est surtout le manque de sommeil et de vrai repos qui fatigue.
- Allaiter fait grossir (ou empêche de maigrir).
- Allaiter déforme les seins (non, c'est la grossesse).
- On ne peut pas allaiter quand on a les seins trop petits (faux : le volume ne fait rien à l'affaire).
- Mon lait, trop clair, n'est pas assez nourrissant.
- Mon bébé ne supporte pas mon lait, qui le fait vomir.
- Ne pas être allaité traumatise un bébé.

Quelques conseils pour allaiter

Les débuts de l'allaitement se révèlent parfois difficiles, voire douloureux, et de nombreuses mamans, non prévenues ou mal accompagnées, cessent d'allaiter après quelques jours ou quelques semaines, alors qu'elle auraient souhaité le faire plus longtemps. Voici quelques conseils précieux.

- *Pour réparer les mamelons.* Dans les deux mois qui précèdent l'accouchement, laissez vos seins libres, sans soutien-gorge, sous une chemise ou un grand t-shirt, quelques heures par jour. Le frottement du tissu sur les mamelons les durcira, ce qui facilitera la succion. N'hésitez pas, quotidiennement, à les modeler entre vos doigts et à les faire saillir.

▶ *Pour éviter le tarissement.* Nourrissez votre bébé à la demande, surtout les premières semaines, et présentez-lui les deux seins alternativement, soit au cours de la même tétée, soit d'une tétée sur l'autre. Plus vous allaiterez et plus vous aurez de lait.

▶ *Pour traiter un engorgement.* N'hésitez pas à mettre fréquemment votre bébé au sein. Au besoin, videz un peu de lait avant de lui présenter le mamelon, qui risque d'être trop gonflé pour sa petite bouche. Douchez vos seins sous l'eau bien chaude et faites-vous des cataplasmes avec une crème destinée à éviter les œdèmes (vous la trouverez en pharmacie).

▶ *Pour rendre possibles quelques absences.* Prenez l'habitude, très vite, de tirer votre lait une fois par jour et de donner à votre bébé (ou, encore mieux, de lui faire donner) un biberon de votre lait chaque jour. Ainsi le bébé prend l'habitude du biberon et vous avez la possibilité de vous faire remplacer de temps en temps. Certains tire-lait sont vendus avec des sachets stériles permettant de congeler son lait (conservation maximale : deux semaines).

➡ Une suggestion

Si vous vous posez des questions sur l'allaitement, vous pouvez contacter l'association Solidarilait (www.solidarilait.org). Des bénévoles, au niveau national mais aussi local, sont disponibles au téléphone pour vous écouter et répondre à toutes vos questions. Adressez-vous également à la PMI de votre quartier.

Nourrir au biberon

Si vous avez choisi de ne pas allaiter, vous allez vous retrouver, à peine rentrée chez vous, confrontée à la préparation des biberons. Ce n'est pas une question bien compliquée si vous suivez les précautions d'usage. Au vingtième, le père comme la mère sont généralement parfaitement au point !

Le matériel dont vous avez besoin : des biberons, des tétines, de quoi stériliser, de l'eau. Pendant les six premiers mois de l'enfant, utilisez de préférence une eau en bouteille, ou eau de source (veillez à ce que l'eau soit bien destinée aux nourrissons). En cas de doute, consultez http://www.anses.fr. Par ailleurs, une bouteille entamée doit être réfrigérée et consommée dans les 24 heures.

Les biberons

Vous aurez besoin d'environ 7 biberons par jour (correspondant aux 7 tétées). Si vous ne voulez pas stériliser trop souvent, prévoyez donc d'acheter 7 biberons de grande taille (220 g) et 1 biberon de petite taille (pour l'eau, les jus de fruits). Les biberons doivent être tous stérilisables et de préférence incassables (un jour votre bébé s'en servira tout seul…). Prévoyez un nombre légèrement supérieur de tétines : elles s'usent plus rapidement que les biberons et doivent être changées aussi souvent que nécessaire.

La question du plastique

Les études scientifiques ont déterminé que le Bisphénol A, ce produit chimique et perturbateur hormonal présent dans de nombreux plastiques, est nocif pour la santé de tous, *a fortiori* celle des bébés. La principale source d'exposition des tout-petits se produit lorsque le biberon de polycarbonate est chauffé. C'est à la suite de nombreuses recherches effectuées, tant chez l'homme que chez l'animal, que le 23 juin 2010, le Parlement français a interdit la fabrication et la commercialisation de biberons contenant du Bisphénol A.

Les biberons en verre n'en contiennent pas, de même que les contenants en plastique certifiés « sans Bisphénol A ». Même si leurs prix sont souvent plus élevés, nos enfants méritent qu'on leur applique le principe de précaution…

La stérilisation

N'hésitez pas, avant la stérilisation, à passer les biberons au lave-vaisselle (mais pas les tétines qui n'y résisteraient pas). Le lavage est essentiel pour éviter les bactéries. Inutile de stériliser un biberon mal lavé ! Si vous lavez les biberons à la main, rincez-les dès la fin de leur utilisation. Remplissez-les d'eau très chaude et d'une goutte de produit vaisselle, frottez le biberon, la tétine et les bagues avec un goupillon (il en existe de tout petits pour les tétines). Rincez soigneusement et laissez sécher le biberon démonté à l'air libre. N'utilisez pas de torchon, qui apporterait des microbes, pour sécher le biberon et la tétine, retournez le biberon, tête en bas, sur un égouttoir.

Un biberon bien lavé, selon l'ANSES (Agence nationale de sécurité sanitaire), ne nécessite pas d'être stérilisé, en tout cas pas au-delà des quatre mois de l'enfant.

Si vous préférez malgré tout stériliser vos biberons, vous avez le choix entre deux systèmes :

▶ La stérilisation à chaud, méthode la plus économique : dans un stérilisateur, ou dans un autocuiseur, ou simplement dans une casserole pleine d'eau bouillante. Biberons, bagues et tétines, au préalable bien lavés et rincés à l'eau chaude, doivent bouillir 20 minutes.

▶ La stérilisation à froid, peut-être la plus pratique : faites fondre une pastille stérilisante dans un récipient d'eau froide muni d'un couvercle. Vous y disposez biberons et tétines propres, de façon qu'ils soient recouverts d'eau. Vous les laissez tremper 15 minutes. Vous pouvez aussi laisser tremper et sortir les biberons au fur et à mesure de vos besoins, ce qui limite ainsi toute infection après la stérilisation. Il est inutile de rincer les biberons. Il peut arriver qu'une faible odeur de chlore demeure. Elle est sans danger pour l'enfant, mais vous pouvez trouver plus agréable de rincer le biberon avant de l'utiliser. En revanche, il est souhaitable de bien les égoutter et de rincer les tétines avec l'eau que vous utilisez pour reconstituer le lait. La solution doit être renouvelée chaque jour.

▶ La stérilisation au micro-ondes est la méthode la plus rapide et la plus simple. On place tous les éléments à stériliser, tétines comprises, un peu d'eau, dans l'appareil et, quelques minutes plus tard, tout est stérile grâce à la vapeur d'eau bouillante.

Il est évident que le tire-lait doit être lavé avec la même méticulosité que les biberons.

Le lait en poudre

En fait de lait, il s'agit d'un ALD (aliment lacté diététique), premier âge. Ces aliments sont fabriqués à partir de lait de vache, modifié et transformé afin de correspondre aux besoins du bébé. Ils sont tout à fait adaptés à l'alimentation du bébé de la naissance à quatre mois.

Un seul impératif : respectez les quantités indiquées pour la reconstitution. On compte en général une cuiller-mesure arasée (non bombée) pour 30 g d'eau. Augmenter la proportion de lait en poudre ne pourrait que nuire à la santé de votre bébé.

Combien de biberons donner par jour ?

Un nouveau-né boit environ toutes les trois heures, puis rapidement toutes les quatre heures, ce qui fait huit, puis six tétées par jour. Ce nombre varie et dépend du poids des enfants. Le mieux est de se laisser guider : un bébé qui a faim sait parfaitement se faire comprendre par ses cris.

Quelle quantité de lait donner au bébé ?

Celle-ci dépend à la fois de son âge et de son poids. La quantité moyenne est d'environ 45 g au début, mais elle augmente rapidement. Faites-vous guider par votre médecin ou votre pédiatre. Votre bébé aussi vous guide : lorsqu'il n'a plus faim, il arrête de boire. Vous ne devez en aucun cas le forcer à finir. En revanche, s'il finit d'une traite tous ses biberons, il est sans doute temps d'augmenter légèrement les quantités.

Peut-on préparer les biberons à l'avance ?

Vous pouvez préparer le matin les biberons de la journée, à condition de les conserver dans le réfrigérateur. Mais ne préparez en aucun cas les biberons du lendemain. Vous pouvez accélérer la préparation des biberons en y versant à l'avance la quantité d'eau prévue. Au moment du repas, il ne vous reste qu'à ajouter la bonne quantité de lait en poudre.

Ne gardez pas le lait que le bébé a laissé au fond d'un biberon pour le lui resservir au repas suivant : jetez-le et lavez rapidement le biberon.

À quelle température donner un biberon ?

Si l'eau est à température ambiante, 20 °C environ, cela est bien suffisant pour un biberon et conviendra tout à fait au bébé. Si le biberon sort du réfrigérateur, mieux vaut le tiédir dans un chauffe-biberon ou au bain-marie.

Une fois réchauffé, le biberon doit être consommé dans un délai d'une demi-heure pour éviter le développement des microbes.

ATTENTION !
Beaucoup de mères réchauffent les biberons au micro-ondes : c'est pratique et rapide... mais déconseillé. Beaucoup de bébés ont ainsi été victimes de brûlures graves de la bouche et de la gorge. Le biberon était tiède, mais le lait brûlant. En effet, la température peut être très élevée dans un biberon de lait chauffé dans un four à micro-ondes, sans que le biberon lui-même le soit.
Quel que soit le mode de réchauffage utilisé, il est essentiel d'agiter fortement le biberon pour éviter les brûlures, et de vérifier systématiquement la température du liquide en versant quelques gouttes sur l'intérieur de son poignet.

Sur quelle « vitesse » mettre la tétine ?

Si vos tétines ont trois débits, choisissez le plus petit. Les tétines premier âge, qui ne conviennent qu'au lait ou à l'eau, n'ont qu'une vitesse, ce qui simplifie la question, mais elles ne sont pourtant pas toujours percées correctement. D'autant qu'avec l'usure, le trou s'agrandit. Avec un trou trop petit, le bébé se fatigue et se lasse ; avec un trou trop grand, il s'étouffe ou renvoie. Comment savoir si le trou est correct ?

Retournez le biberon rempli. Une tétine bien percée laisse couler un goutte-à-goutte rapide. Trop percée, c'est un jet : mettez-la de côté pour les futures bouillies. Si elle n'est pas assez percée, agrandissez le trou avec une aiguille chauffée.

Un moment d'intimité

Toutes ces informations peuvent sembler très techniques mais vous vous y mettrez vite. L'essentiel réside dans le plaisir des tendres tête-à-tête que sont les moments des repas. Votre bébé vous regarde dans les yeux, bien blotti au creux de vos bras. Détendu, vous lui souriez, vous lui parlez. Prenez le temps de le laisser boire à son rythme, même s'il s'arrête parfois pour se reposer. Prenez le temps du rot, sans en faire une obsession. Avec son père comme avec sa mère, le bébé aime faire du temps des tétées des moments de douce complicité, et s'endormir calmement dans les bras qui l'enserrent.

Le rot

Le rot est un réflexe digestif qui correspond à un rejet d'air par le bébé, parfois accompagné d'un léger renvoi de lait. Cet air a généralement été avalé avec le lait en cours de tétée. Notez que les bébés allaités avalent moins d'air que ceux qui prennent un biberon et font donc des rots moins importants.

J'ignore pourquoi il est fait tant de cas de ce fameux rot. Si certains bébés sont incommodés et font de gros rots, parfois plusieurs en cours de tétée, d'autres bébés ne le sont pas du tout et se contentent d'un rot en fin de tétée, voire pas du tout.

Cela est sans importance. « Faire son rot » n'est pas indispensable et ne nécessite pas que l'on réveille le bébé endormi sur le sein ou qu'on lui tapote vigoureusement le haut du dos. Une fois la tétée finie, prenez votre bébé contre vous, le menton appuyé sur votre épaule, et câlinez-le. Si le rot ne vient pas dans les dix minutes, vous pouvez sans risque remettre votre bébé au lit.

Le hoquet

Les bébés ont souvent le hoquet : ils l'avaient déjà dans votre ventre. Soyez sans inquiétude : cela ne leur fait pas mal et disparaît tout seul. Pour faire passer un hoquet persistant, vous pouvez permettre au bébé de boire, au sein ou au biberon, pendant quelques secondes.

BRUIT DU CŒUR ET ODEUR MATERNELLE

Votre bébé est propre, nourri, et pourtant il pleure. Il ne parvient pas à trouver le sommeil. Prenez-le contre vous et appuyez son oreille sur votre poitrine, côté gauche. Il entendra le bruit rythmé de votre cœur, bruit qui a bercé les neuf mois de sa vie dans votre ventre. Ce bruit va le rassurer. Tenez-le là tendrement, vous verrez qu'il se calmera.

Vous devez bouger ? Installez votre bébé dans un porte-bébé ventral. En plus du bruit de votre cœur, il retrouvera le rythme de vos pas, le balancement de votre démarche. Le contact physique avec vous permet à votre bébé de retrouver le corps, l'odeur, le mouvement qu'il aime et qui le rassurent. Cela lui sera toujours plus agréable qu'un landau ou un berceau rigides.

Votre enfant connaît votre voix : il l'entendait avant de naître. Il connaît déjà l'odeur de votre peau, la douceur de vos mains. Dans les premières semaines de sa vie, il a réellement besoin de se retrouver à votre contact, suffisamment proche pour percevoir votre odeur, sentir battre votre cœur, vous regarder droit dans les yeux (il voit net à 25 cm) et sentir la douceur de vos mains.

Il vient d'être expulsé du paradis, du seul lieu qu'il ait connu. Le corps à corps avec sa mère l'aide à faire le lien avec sa vie actuelle et à trouver bon le monde où il entre.

Les régurgitations

Les régurgitations de bébé après son repas sont une cause fréquente d'inquiétude des parents et de consultation pédiatrique. En réalité, il est banal et absolument pas inquiétant que le bébé régurgite une petite quantité de lait en même temps qu'il fait son rot, ou un peu plus tard. L'odeur acide et l'aspect caillé du lait rejeté signifient simplement que la digestion était déjà commencée. Tant que les régurgitations sont peu abondantes et ressemblent à de simples rejets, qu'elles n'ont aucune influence sur la courbe de poids du bébé et qu'il ne semble pas en souffrir, il est inutile de vous en inquiéter. Il s'agit d'un « trop-plein » dont le bébé se débarrasse, un renvoi de lait non digéré qui n'a rien à voir avec un réel vomissement.

Le cas est différent si les régurgitations sont abondantes, systématiques et se reproduisent plusieurs fois après chaque repas, parfois plus d'une heure après. Ces régurgitations se rapprochent davantage des vomissements. Elles imposent que vous en parliez à votre médecin.

Ces régurgitations sont souvent un phénomène de reflux, consécutif à une mauvaise fermeture du clapet fermant le haut de l'estomac. Cette béance disparaît d'elle-même vers neuf à dix mois. Mais elle nécessite, d'ici là, que vous preniez un certain nombre de précautions pour éviter ces reflux acides. Sinon, à la longue, ils pourraient provoquer des brûlures très douloureuses de la paroi de l'œsophage. Ces précautions sont généralement les suivantes :

- épaissir le lait des biberons, si votre bébé n'est pas exclusivement allaité ;
- donner les repas dans une ambiance calme et détendue ;

◗ incliner le matelas du lit de 30° environ : vous faites jouer la gravité pour que le liquide contenu dans l'estomac ait moins tendance à remonter ;

◗ donner au bébé, avant chaque repas, un médicament pour calmer les contractions de l'estomac ou pour diminuer l'acidité du liquide gastrique, selon l'avis du médecin ;

◗ installer le bébé dans un baby-relax qui le maintient en position semi-verticale (mais pas trop, ce qui lui tasserait l'estomac et gênerait sa digestion) après les repas. La plupart des bébés s'y endorment très facilement.

Dans certains cas, plus rares mais plus graves, la béance relève d'une anomalie congénitale, la sténose du pylore. Cela nécessite une intervention chirurgicale. Seule une radio, indiquée si les vomissements sont importants, peut en déterminer l'urgence.

Enfin, il ne faut pas oublier que des régurgitations importantes peuvent aussi être provoquées, en l'absence de toute malformation de l'estomac, par une intolérance alimentaire au lait choisi. Ne prenez pas l'initiative d'en changer. Seul le médecin pourra vous conseiller utilement et vous indiquer comment nourrir votre bébé.

Beaucoup de parents s'inquiètent des régurgitations car ils les mettent en lien avec les consignes de faire dormir les bébés sur le ventre. Signalons donc que des études ont mis clairement ceci en évidence : l'importante des reflux n'est pas en lien avec le phénomène dramatique de la mort subite du nourrisson.

Nourrir à l'heure ou à la demande

Votre bébé n'est pas une mécanique : les horaires de ses repas ne peuvent pas être réglés comme par ordinateur. Il a son rythme propre, que vous allez découvrir progressivement. Il peut avoir davantage d'appétit certains jours ou à certaines heures. De plus, tous les bébés n'ont pas le même tempérament. Selon leur poids, ils ont des besoins différents en nombre et en régularité de tétées, et en quantité de lait.

Ne vous laissez pas contraindre par des conseils comme « Donnez-lui un repas toutes les trois heures » ou « Laissez-le dix minutes à chaque sein ». Ces trois heures ou ces dix minutes ne sont pas à prendre à la lettre et ne doivent pas vous faire vivre l'œil sur la pendule. Concentrez plutôt votre attention sur votre bébé, afin d'apprendre rapidement à interpréter les « signes » qu'il vous envoie sur son appétit ou sur sa satiété.

Il est vrai qu'une certaine régularité dans les heures des repas est bénéfique à l'enfant et vous permet, en tant que parents, de prévoir et de vous organiser. Mais cette régularité va se mettre en place doucement, sans que vous ayez à forcer les événements, même si vous admettez que « trois heures » peuvent aussi bien être deux heures et demie que trois heures et demie.

Le lait maternel est plus vite digéré que le lait en poudre. Vous avez allaité votre bébé il y a deux heures, mais il pleure déjà. Inutile de le laisser pleurer de faim jusqu'à l'heure prévue. C'est totalement inutile et nuisible. L'avantage du sein est justement que le bébé prend la quantité qu'il veut, quand il veut, sans que vous ayez à vous en inquiéter.

Le bébé qui est nourri au biberon a lui aussi le droit d'avoir plus ou moins faim, avant ou après l'heure. Ne le laissez pas pleurer de faim, mais ne le forcez pas non plus à finir ses biberons.

Amener un bébé à adopter un rythme plus stable se fait progressivement. Son appétit va se réguler spontanément et naturellement dans les semaines qui viennent.

Faites confiance à votre bébé : il est merveilleusement équipé pour connaître et exprimer ses propres besoins. Il désire seulement, pour se sentir heureux et en sécurité, que vous les compreniez et que vous y répondiez.

Votre bébé pleure après la fin de la tétée ?

▶ Il se peut qu'il ait encore faim : proposez-lui une petite ration supplémentaire pour vous en assurer.

▶ Pour un rot qui a du mal à sortir, placez votre bébé verticalement contre vous, son ventre vers vous, la tête sur votre épaule.

▶ Il se peut qu'il souffre d'une digestion difficile ou d'une crampe intestinale : tenez-le dans vos bras, bercez-le et caressez-lui doucement le ventre.

▶ S'il pleure de fatigue, bercez-le un peu, puis couchez-le. Il ne devrait pas tarder à s'endormir.

▶ Enfin, il est possible et même fréquent qu'il pleure parce qu'il n'a pas assez tété. Aidez-le à prendre ses doigts ou donnez-lui une tétine : cela l'apaisera.

La tétée : s'installer confortablement

Que vous allaitiez ou que vous donniez un biberon, il est important que vous vous installiez confortablement. Le bébé ressent le bien-être comme la tension musculaire de celui qui le tient dans ses bras et cela n'est certainement pas sans incidence sur son appétit.

La meilleure position consiste à s'asseoir dans un fauteuil et à appuyer le bras qui soutient la tête du bébé sur un accoudoir. Tant que le bébé est tout petit, il est moins fatigant de le poser sur un coussin ou sur un oreiller placé sur les genoux de celui ou celle qui le nourrit, afin de le hausser à la bonne hauteur.

Surélevez vos pieds en les posant sur un tabouret ou sur un pouf : cela change tout !

Si la mère allaite couchée, elle peut s'allonger sur le côté, le haut du corps surélevé par un oreiller, et allonger son bébé contre elle. Il n'est pas recommandé que le bébé boive en position totalement horizontale.

Chaque mère, au bout de quelque temps, saura trouver la position où elle se sent le mieux.

Enfin, un des éléments du confort du bébé consiste à ne pas l'interrompre ni le déranger en cours de tétée. Veillez donc à décrocher le téléphone et à « n'y être pour personne » pendant ces moments-là. Consacrez-vous exclusivement à votre bébé.

Certains parents trouvent que le temps des tétées « passe plus vite » si on donne le sein ou le biberon en regardant la télévision. On voit alors le bébé fixer le regard de son papa ou de sa maman. Au lieu d'y lire la complicité et l'affection qui devrait lui être portée, il voit dans leurs yeux... le reflet de l'écran du téléviseur. Une vision qu'il recherchera plus tard. C'est dommage.

LE SOURIRE AUX ANGES

Quel parent ne l'a pas attendu impatiemment, ce premier sourire de son bébé, signe évident de son bien-être ? Au cours des deux ou trois premières semaines de sa vie, vous surprenez sur son visage ces tout premiers sourires que l'on nomme les « sourires aux anges » parce qu'ils semblent davantage tournés vers le ciel (ou vers l'intérieur) que vers une personne précise.

Ces premiers sourires ne concernent que la partie basse du visage : le plus souvent, ils n'entraînent pas de plissement d'yeux. Mais qu'ils sont émouvants, pourtant ! Car même s'ils ne semblent pas dirigés vers quelqu'un, ils reflètent bien un sentiment de plaisir.

À quoi sont dus ces sourires ? C'est bien difficile à dire. Comme ils apparaissent souvent après une tétée, on pourrait dire qu'ils témoignent d'une sensation de plénitude et de satisfaction. Mais peut-être répondent-ils à une image intérieure ? Je ne sais pas. À chacun d'imaginer...

La position de sommeil

Le jour où votre bébé saura se retourner tout seul, il choisira la position la plus confortable pour lui. Mais d'ici là, il dormira dans la position où vous le coucherez. Aujourd'hui, tout le monde s'accorde sur la nécessité de coucher les nouveau-nés sur le dos. En effet, des études médicales concordantes ont mis en évidence un moindre risque de mort subite du nouveau-né dans cette position.

Si votre bébé est sujet à des régurgitations importantes ou fréquentes, au point de vous faire craindre la position sur le dos, faites-en part à votre médecin. C'est lui qui déterminera s'il y a lieu de lui faire adopter une position de sommeil particulière, en le calant par exemple sur le côté à l'aide d'un drap de bain roulé derrière son dos.

Pour la même raison de prévention, certains médecins recommandent de garder le couffin à côté de son lit pendant les trois premiers mois. Enfin, pour diminuer les risques d'étouffement, mieux vaut supprimer oreiller et couette du petit lit et les remplacer par une gigoteuse.

Les achats de matériel et vêtements

Peut-être n'avez-vous encore acheté que le strict minimum, en matière de vêtements ou d'équipement, préférant, à cause du montant de la dépense, espacer les achats. Peut-être aussi les amis ou la famille attendaient-ils la naissance du bébé pour vous demander ce qu'ils pouvaient vous offrir et ce dont vous aviez besoin.

Dans ce cas, ces quelques indications peuvent vous rendre service :

- Durant la première année, bébé utilise du matériel qui ne vous servira plus par la suite (baignoire de bébé, landau, berceau, couffin, lit d'auto, etc.). Conclusion : si vous achetez tout, neuf, cela vous coûtera une fortune.

- Méfiez-vous des listes dressées dans les manuels de puériculture. Renseignez-vous plutôt auprès de vos ami(e)s pour savoir ce qui est réellement utile et pratique.

- Tout votre équipement n'a pas besoin d'être neuf ou dernier cri. Faites-vous prêter du matériel ou bien achetez-en, d'occasion, à moitié prix. Les petites annonces ne manquent pas. L'essentiel du matériel premier âge (berceau, pèse-bébé, etc.) peut aussi se louer : renseignez-vous auprès de votre pharmacien.

- Il y a certainement, dans votre commune ou à proximité, des braderies et autres « vide-greniers » organisés régulièrement. Vous y trouverez un grand choix de matériel de puériculture, souvent à peine utilisé. Ce que les Américains nomment le « re-use » (ré-utiliser ce qui l'a déjà été, l'objet d'occasion) est de plus en plus courant et nécessaire à la fois, dans tous les pays occidentaux, grâce à la prise de conscience écologique et éthique.

▶ Pour les vêtements : choisissez-les un peu grands, en tenant davantage compte de la conformation du bébé que de son âge. N'achetez que des textiles doux, naturels, confortables, lavables en machine et ne nécessitant pas de repassage. Dans les prochains mois, vous aurez mieux à faire pour votre bébé que de laver ses petits vêtements et d'en repasser les petits plis en dentelle… Les vêtements en coton bio se trouvent maintenant partout, à des prix compétitifs.

▶ Évitez les habits qui se passent par la tête (les bébés ont généralement horreur de cela). Pensez que vous devrez changer les couches souvent : choisissez des vêtements qui permettent de libérer le bas du corps sans déshabiller le haut. Bannissez les ouvertures compliquées en leur préférant pressions et Velcro. Évitez aussi rubans et petits boutons (ou alors les recoudre très solidement), qui deviennent dangereux dès que bébé peut s'en emparer.

▶ Durant les premières semaines, le bébé passe une grande partie de son temps à dormir. Le vêtement dans lequel il sera le mieux est le pyjama une pièce, en tissu extensible, s'ouvrant grâce à un « pont arrière » sur les fesses. Doublé, selon la température, d'une gigoteuse.

▶ Sauf si votre enfant est prématuré ou spécialement « petit format », inutile d'investir dans des vêtements taille 0 ou « Naissance ». Ils servent très peu de temps. La taille « 3 mois », même si elle semble un peu grande au début, est vite plus adaptée et fait davantage d'usage.

▶ Pour prévenir les allergies et l'eczéma, fréquents chez les tout-petits :
– n'utilisez pas de vêtements en fibres synthétiques en contact avec la peau ;
– pour les vêtements en laine, pas de fibres longues ;
– lavez les vêtements neufs une première fois avant de les faire porter à votre bébé ;
– utilisez une lessive neutre, bio, ou bien du savon de Marseille, et oubliez l'adoucissant.

Souvent, surtout pour son premier bébé, on a envie de se faire plaisir en s'offrant ce qu'il y a de mieux, de plus chic, de plus cher. N'oubliez pas que votre bébé trouve avant tout son plaisir dans le confort et dans le temps complice que vous passez ensemble.

Le bain de bébé

Sans doute les puéricultrices, à la maternité, vous ont-elles expliqué comment procéder pour donner le bain à votre bébé. Le nez, les oreilles, les yeux, le nombril, le crâne, etc. Mais, une fois rentrée chez vous, la manœuvre peut vous sembler bien compliquée. Voici quelques indications qui devraient vous permettre de vous détendre un peu.

▶ L'horaire du bain importe peu, de même que le lieu (salle de bains, cuisine…), pourvu qu'il soit bien chauffé, ou encore le récipient dans lequel on le donne (bassine, évier, lavabo, baignoire, etc.). Il existe du matériel bien étudié, comme des baignoires de bébé ou des tables à langer-baignoire, mais vous pouvez tout à fait vous en passer.

▶ Le bain quotidien se justifie par le plaisir que l'enfant en retire (et le vôtre) et par des nécessités d'hygiène. Mais ne vous culpabilisez pas si vous n'avez pas le temps de baigner votre bébé entièrement. Une « version abrégée » quotidienne peut consister à :

– laver soigneusement les fesses au savon de Marseille ;
– nettoyer visage, cou, mains et petits plis avec un coton imbibé d'eau chaude.

▶ Si votre bébé n'aime pas être nu, lavez le haut de son corps, puis le bas, alternativement, en le tenant sur vos genoux. Le jour où vous tentez « l'immersion » en baignoire, veillez particulièrement au confort (température de la pièce et de l'eau, serviette de bain sur le radiateur le temps du bain).

▶ Pour laver les cheveux, un gant de toilette mouillé, un peu de savon éventuellement, et un rinçage au gant suffisent.

▶ Pour le reste du corps, vous pouvez utiliser un gant (à changer chaque jour), ou mieux : frottez-le directement à main nue. C'est le contact le plus agréable et le plus doux pour lui.

▶ Si les fesses sont souillées, nettoyez les d'abord, éventuellement sous l'eau courante (attention à la température de l'eau !), avant de plonger bébé dans l'eau de son bain.

QUELQUES CONSEILS

• Pour éviter que votre bébé glisse dans sa « baignoire », tapissez-en le fond avec un torchon ou un essuie-main.

• Pour sécher les petits plis des fesses, du cou ou des aisselles, et prévenir les irritations dues à l'humidité, utilisez un sèche-cheveux (à puissance réduite). Votre bébé adorera !

• Il n'est pas recommandé de prendre votre nourrisson avec vous dans la grande baignoire, dont l'eau est vite envahie par vos propres bactéries. Si vous souhaitez partager avec votre bébé le plaisir du bain, il est prudent de vous doucher avant, et de remplir la baignoire ensuite.

Hygiène : les produits de bébé

Pour changer et laver votre bébé, vous avez certainement installé dans votre salle de bains une table à langer. À défaut, une simple planche (d'aggloméré ou de contreplaqué), posée en travers du lavabo, que vous couvrez d'un matelas de mousse, d'un plastique et d'un drap de bain en éponge plié, fait très bien l'affaire. L'essentiel est d'avoir à portée de la main tous les produits dont vous avez besoin :

  – eau
  – gant de toilette
  – coton hydrophile
  – brosse à cheveux
  – linge de rechange
  – savon de Marseille
  – serviette de toilette
  – gaze
  – couches propres
  – séchoir à cheveux
  – au besoin : éosine, huile d'amandes douces, pommade, etc.

ATTENTION !
Certains produits ou ustensiles de toilette, même s'ils sont vendus dans des lignes de produits pour bébés, sont, au mieux inutiles, au pire risqués pour votre nouveau-né. C'est le cas de ceux qui suivent.

▶ *Les Coton-tige (ou le coton enroulé autour d'une allumette).* N'en utilisez jamais pour nettoyer les oreilles ou les narines de votre bébé. Un petit morceau de coton roulé en mèche et imbibé d'eau tiède suffit largement. Ne l'enfoncez pas dans les conduits : contentez-vous d'en essuyer les contours.

▸ *Les éponges, synthétiques ou naturelles.* Elles sont de vrais nids à microbes. À son âge, vous pouvez laver votre bébé à main nue, ou avec un gros morceau de coton hydrophile. Plus tard, préférez le gant de toilette : il a le mérite de pouvoir être changé chaque jour et passé en machine.

▸ *Le shampooing.* Il est inutile pendant les deux ou trois premiers mois. Lavez plutôt le crâne de votre enfant avec le même savon que vous utilisez pour le reste du corps. Plus tard, choisissez un shampooing « spécial bébé ».

▸ *Le lait de toilette.* Il nettoie correctement, mais de façon superficielle. C'est une bonne chose d'avoir un flacon de lait de toilette, ou quelques lingettes, car cela peut dépanner, en déplacement notamment. Mais en usage quotidien, de l'eau tiède avec un peu de savon est préférable. De plus, certains bébés à la peau particulièrement fragile peuvent faire l'objet d'une irritation ou d'une allergie au lait de toilette en usage répété. Au choix, vous prendrez du pur savon de Marseille (sans parfum ni colorant supplémentaire), un pain lavant sans savon, ou une solution lavante « spéciale bébé «, plus douce pour sa peau. Pour son visage, de l'eau un peu chaude sur un coton suffit largement.

▸ *L'eau de toilette.* Même les eaux de toilette « spécial bébé » sans alcool peuvent, du fait des parfums, provoquer des réactions allergiques chez certains enfants. Et puis un bébé propre sent tellement bon naturellement...

▸ *Le talc.* Très utilisé autrefois, il est aujourd'hui fortement déconseillé. Avec l'urine, il favorise la macération dans les petits plis et peut être cause d'irritations cutanées.

Fontanelle et croûtes de lait

On appelle fontanelle la partie molle qui se trouve au sommet du crâne de l'enfant. Il s'agit d'une zone de la forme d'un losange correspondant à un cartilage de croissance, là où les os du crâne ne sont pas encore soudés (cela prendra entre un et deux ans).

La fontanelle, élastique, est recouverte par le cuir chevelu et ne présente aucune fragilité particulière. Pourtant, bien des parents croient le contraire, au point qu'ils hésitent à savonner correctement la tête de leur bébé.

Or, il se trouve que le crâne du bébé produit des sécrétions graisseuses entraînant souvent la formation de petites croûtes que l'on nomme couramment des « croûtes de lait ».

Pour les éviter, il ne faut pas hésiter à laver chaque jour la tête du bébé et à lui brosser les cheveux régulièrement avec une brosse douce.

Pour les faire disparaître, on les enduit chaque soir d'un peu de vaseline ou d'une goutte huile d'olive ou d'amande douce pendant deux jours, on lave le matin, puis on ôte le tout le troisième jour avec du savon, en s'aidant au besoin d'un petit peigne ou d'une brosse en soie douce.

Cela fait partir les croûtes de lait et s'effectue sans aucun risque ni désagrément pour le bébé.

Pour habiller bébé

Certains parents se sentent très maladroits lorsqu'il s'agit d'habiller et de déshabiller leur bébé. Ils n'osent pas tirer sur le bras pour enfiler la manche, et encore moins passer des encolures autour de la tête du bébé. Que pourrait-il arriver à cette fameuse fontanelle (l'os souple qui se trouve au sommet du crâne) ?

Par ailleurs, de nombreux bébés détestent qu'on les déshabille. La sensation de nudité leur est très désagréable et ils se mettent à hurler dès qu'ils sentent l'air frais sur la peau nue de leur corps.

Que faire ? D'abord se rassurer : ni le bébé ni son crâne ne sont aussi fragiles qu'ils paraissent. Si vous parvenez à garder votre calme, l'expérience aidant, vous deviendrez bien vite experte en manipulation de bébé. Ensuite, lire ces quelques conseils qui ont fait leurs preuves et appliquer ceux qui vous conviennent.

▸ Prévoyez à portée de main tous les produits, couche et vêtements dont vous aurez besoin.

▸ Installez-vous confortablement, le bébé sur le dos face à vous, soit assise sur un lit, soit debout devant la table à langer.

▸ Quand le bébé a un peu grandi, suspendez au-dessus de la table un mobile ou affichez au mur des dessins variés qui occuperont bébé pendant que vous le changerez.

▸ Profitez de ce moment pour lui parler doucement, lui chanter une chanson, attirer son attention dans un doux dialogue.

▸ Évitez de mettre l'enfant totalement nu : déshabillez le haut, puis le bas (ou l'inverse !).

▶ Si l'enfant doit être mis entièrement nu (avant le bain, par exemple), enveloppez rapidement son corps dans un lange ou dans une serviette de toilette douce.

▶ Tenez compte de certains impératifs lorsque vous achetez de la layette :
– évitez ce qui se passe par la tête ;
– choisissez des vêtements amples, doux et faciles à laver ;
– bannissez les rubans autour du cou et les épingles de nourrice.

▶ Si vous êtes de ceux pour qui le côté pratique (pour vous) et confortable (pour bébé) doit primer sur l'esthétique ou la mode, voici la tenue de base :
– chemise fine, T-shirt ou body en coton ;
– grenouillère ou gigoteuse ;
– chaussons et gilet (par temps frais).
À posséder en plusieurs exemplaires…

De la douceur…

Le bébé est extrêmement sensible à la douceur dont font preuve ceux qui s'occupent de lui. Un soupçon de nervosité ou d'impatience, une absence de chaleur dans le contact sont suffisants pour qu'il se sente malheureux et pleure.

La douceur du contact, d'abord. Le bébé, parce qu'il est totalement dépendant, est manipulé pendant de longs moments. Changement de couche, bain, déplacements, repas sont autant de situations où le corps du bébé est entre vos mains, au sens propre. Il sent si vos mains sont chaudes, calmes, accueillantes, ou si elles sont froides, techniques, pressées d'en finir. Dans ce dernier cas, le bébé manifeste son insatisfaction et devient facilement irritable. La relation corporelle est si importante pour lui, son sens du toucher est tellement délicat qu'il ne peut supporter la brusquerie.

La douceur de la voix, ensuite. Autant un bébé est vite sous le charme d'une voix chaude, douce, sûre d'elle, s'adressant à lui avec des mots tendres, autant il crie ou se replie sur lui-même s'il est au contact d'une voix revêche, agressive, criarde ou angoissée.

Certains bébés sont hypersensibles au manque de douceur. Si vous avez remarqué que c'est le cas du vôtre, tenez-le bien à l'abri de ceux qui ont perdu ce sens de l'intimité avec les bébés et qui le font douter de la bonté du monde.

Bercez votre bébé

Autrefois, les petits bébés étaient couchés dans des berceaux, soit suspendus avec des sangles, soit que l'on balançait doucement avec le pied. Les nourrices et les mères savaient bien que, habitués au bercement « aquatique » du ventre maternel, les bébés se calmaient et dormaient mieux ainsi balancés. Une douce chanson fredonnée en rythme les accompagnait. La modernité et la technique aidant, les bébés sont aujourd'hui couchés dans des petits lits immobiles et la boîte à musique a remplacé la chanson. Des professionnels ayant, il n'y a pas si longtemps, affirmé qu'il ne fallait pas trop prendre les bébés dans ses bras au risque de les rendre capricieux, beaucoup de nouveau-nés n'ont plus ni bercement, ni berceau, ni berceuse.

Quel dommage ! Bercer son bébé, confortablement installé ou au fond d'un rocking-chair, non seulement ne rend pas son caractère plus difficile mais l'aide à acquérir une sécurité intérieure qui est un bien précieux. Quelle idée du monde veut-on donner à un petit qui vient d'y entrer ? Celle d'un monde froid où l'on vous laisse seul faire face à vos malaises, ou celle d'un monde chaleureux où des bras accueillants viennent à votre secours ? Des chercheurs commencent à mettre en évidence aujourd'hui que les contacts corporels étroits entre la mère et le bébé n'ont pas seulement des effets psychologiques, mais également des effets biologiques. Chez les bébés rats, à nourriture égale, la synthèse des protéines se fait mieux si la mère les a léchés…

Votre bébé a des coliques ? des crises de larmes que vous ne comprenez pas ? Si votre instinct et votre bon sens vous poussent à le prendre dans vos bras et à le bercer tendrement, surtout n'hésitez pas. Posez-le sur votre cœur et chantez-lui une chanson douce, paisible, qui remonte à votre propre enfance. Vous ne pourrez lui faire plus de plaisir.

Vous trouvez un vrai berceau dans une braderie ou dans le grenier de la maison de votre grand-mère ? Installez-y votre bébé sans hésiter. Vous disposez d'un fauteuil à bascule ? Installez-vous-y confortablement, votre bébé lové contre vous.

Il a du mal à s'endormir ? Asseyez-vous près du lit, posez une main légère sur le bébé et chantez doucement, au rythme de sa respiration, puis de plus en plus lentement. Ne vous arrêtez pas au fait que vous ne connaissez pas de berceuse. La plus jolie sera celle que vous inventerez, avec vos mots à vous, ceux qui rassurent l'enfant : papa, maman, son prénom, etc.

Installer son bébé dans un porte-bébé ventral, ou le blottir contre soi et l'y retenir avec une longue écharpe sont aussi des façons très agréables au nouveau-né d'être contre son papa ou sa maman, et bercé par chacun de ses pas, de ses mouvements.

ATTENTION !

Vous ne parviendrez à calmer l'enfant, à créer un climat paisible, que si vous êtes vous-même calme et paisible. Inutile de faire semblant, s'il est trois heures du matin et que vous avez plutôt envie de l'enfermer dans un placard pour retourner dormir ! Le bébé de cet âge est en prise directe avec vos émotions réelles : il ne sentirait que votre tension intérieure et votre impatience d'en finir. Alors, si vous ne vous sentez pas d'humeur câline et tendre, mieux vaut laisser l'enfant dans son lit, avec sa boîte à musique, et l'aider à trouver son pouce, plutôt que lui transmettre un surcroît de nervosité.

Un bébé, cela pleure...

C'est une vérité que beaucoup de jeunes parents ignorent. À la maternité, passe encore : l'agitation, les pleurs des autres bébés... on comprend que le sien soit énervé. Mais une fois rentré à la maison et installé au calme dans son rythme, bébé pleure encore. Et souvent.

Les pleurs d'un bébé sont souvent stridents, déchirants. On ne peut rester sans réagir, sans s'inquiéter, et il est bien difficile de ne pas finir par s'énerver soi-même (surtout la nuit !). Ce qui n'arrange pas les choses. Les crises de larmes peuvent se répéter quatre ou cinq fois par jour, et durer des temps qui vous semblent des heures. Vous vous épuisez parfois à chercher : De quoi a-t-il besoin ? Où a-t-il mal ? Que veut-il dire ? Il a mangé, il a dormi, il n'a mal nulle part, et il pleure quand même... Êtes-vous une mauvaise mère parce que vous ne pouvez rien pour lui ? Ces pleurs du bébé, que peut-on en comprendre et comment y répondre ?

Il faut tout d'abord savoir que le jeune bébé partage son temps entre trois états : il dort, il est en éveil calme ou il est agité (pleure, crie, etc.). À son âge, les cris sont le seul moyen dont il dispose pour dire que quelque chose ne va pas et tenter de vous faire comprendre ce qu'il désire. Il est donc positif que votre enfant pleure : il a l'espoir de communiquer avec vous et compte sur vous pour lui venir en aide. Au fil des semaines, les cris se différencient et les parents comprennent de mieux en mieux ce que signifie telle ou telle manifestation. Ils apprennent à moduler leur réponse en fonction du cri entendu, et cet échange est déjà un début de dialogue.

Pendant les neuf mois de la vie intra-utérine de votre bébé, tous ses besoins ont été comblés : il n'avait ni froid ni chaud, ni faim ni soif, ni mal à l'estomac ni le nez bouché. Soudain, à la suite de sa venue au monde, il découvre toutes ces sensations si désagréables. Plus bien d'autres : la fatigue, les lumières vives, les bruits violents, la peau nue, etc. Il découvre en même temps qu'il ne possède pas les moyens de réagir, qu'il est trop petit et dépendant. Que feriez-vous à sa place ? J'ai toujours pensé que les jeunes bébés criaient autant sur leurs besoins légitimes que sur leur impuissance à les satisfaire…

Si on essaie de se mettre une seconde à la place de son bébé (ou, plus difficile, de se souvenir que l'on a eu cet âge…), on imagine très vite la perturbation qu'un nouveau-né ressent. Arriver sur notre terre est une aventure, un changement d'état définitif. Il arrive dans un monde qui n'a rien à voir avec celui où il a passé les premiers mois de sa vie et où il a eu tout le temps de s'acclimater. Il n'a plus aucun repère, et il a tout à découvrir. Le souvenir du paradis perdu… Comment n'aurait-il pas, certains soirs, une sorte de blues au cœur.

Il faut savoir ensuite que le bébé est très sensible aux émotions de sa mère, et notamment à sa tension nerveuse. Le bébé d'une mère fatiguée aura tendance à pleurer pour l'appeler et lui dire son inquiétude. Ce qui ne fera que crisper davantage sa mère. Mais ne vous culpabilisez pas pour autant si votre bébé pleure beaucoup : c'est sa façon à lui de communiquer avec vous ; ses pleurs valent mieux qu'une apathie dans laquelle il ne s'exprimerait pas. Tentez de garder votre calme et de répondre au mieux à votre bébé, avec ce que vous êtes.

Ne jamais s'énerver

Quand son bébé pleure pendant des heures, que l'on est impuissant à le calmer, que les nuits sont courtes et les voisins exaspérés, il peut arriver que l'on perde soi-même son calme. Frapper ou secouer son bébé pour le faire taire sont des gestes qui sont extrêmement dangereux pour lui. Les muscles du cou, encore très faibles, ne peuvent retenir les mouvements brusques de la tête et le cerveau du tout-petit, encore fragile, peut heurter la boîte crânienne. Cela risque d'entraîner des lésions des tissus internes, provoquant des troubles neurologiques graves et souvent irréversibles.

Alors, si on sent que l'on risque de s'énerver avec son bébé, mieux vaut le laisser tranquille dans son petit lit et s'éloigner le temps de retrouver son calme.

L'INQUIÉTUDE DES PARENTS

L'inquiétude des parents quant aux cris de leur bébé tient souvent au fait qu'ils se mettent à sa place. Or ils ne sont plus des bébés depuis bien longtemps... D'où les erreurs d'interprétation ! Les « grands » pleurent essentiellement dans trois cas : s'ils ont mal, s'ils sont tristes, plus rarement s'ils sont fatigués. Les bébés, eux, crient parce que c'est leur manière essentielle de s'exprimer et ils ont de multiples raisons de le faire, pas forcément inquiétantes ! Les pleurs de fatigue que nous connaissons (pleurer un bon coup apaise et nous fait parfois du bien) sont les plus proches de ceux des bébés. Les tout-petits, et jusque vers quatre ou cinq ans, pleurent souvent de fatigue : cela les aide à vider la tension intérieure, à se détendre, et les prépare au sommeil.

Les compétences de bébé : la vue

Dès les premières semaines, les activités réflexes deviennent plus nettes et plus efficaces. Dès que l'on frôle la paume ou la plante du pied du bébé, il s'agrippe fortement. Il peut même saisir un objet, mais il va le lâcher involontairement très vite. Cela prouve notamment que sa vue s'est bien améliorée. Il peut distinguer les contours des objets. Son champ visuel s'est élargi, mais il faut toujours lui présenter les objets de face, à une trentaine de centimètres, afin qu'il les voie correctement. Vous-même et vos proches, faites-vous reconnaître de votre bébé en plaçant votre visage bien en face du sien et en le regardant dans les yeux. L'enfant commence également à pouvoir suivre des yeux un objet qui se déplace lentement dans son champ de vision. De nombreuses études ont montré que le bébé est plus intéressé :

- par les personnes que par les objets ;
- par ce qui bouge que par ce qui est immobile ;
- par les contrastes que par les couleurs tendres ;
- par les visages que par toute autre chose.

Profitez-en pour accrocher au-dessus ou sur le côté du lit de votre bébé des dessins très simples faits avec de gros feutres noirs. N'oubliez pas de changer de temps à autre ces dessins afin de renouveler la curiosité et l'intérêt du bébé : cercles concentriques, grosses rayures alternées noires et blanches, visages stylisés, etc.

Une passion pour les visages

Les jeunes bébés sont passionnés par les visages, celui de leur mère en particulier, et par les yeux. Cette partie du visage est en effet la plus contrastée, donc celle qui « ressort » le mieux au milieu d'un visage (on a vu que les bébés voyaient surtout les couleurs à fort contraste).

Mais le regard est avant tout la partie du visage qui « parle » le mieux. Sourires, clignements, éclats, ouvertures et fermetures, les yeux sont constamment mobiles et vivants. Ils sont le reflet de l'état d'esprit et une source inépuisable de communication non verbale. Le bébé « lit » dans les yeux, dans les traits du visage, dans le ton de la voix, dans quel état d'esprit est celui qui lui fait face ou qui le tient dans ses bras. C'est le premier langage que le bébé va découvrir et nous pouvons grandement lui faciliter cet apprentissage.

Le bébé cherche le regard : aussi est-il très important de ne jamais le lui refuser. Au contraire : pour qu'une bonne relation se crée, il faut entrer dans ce jeu de contact visuel à toute occasion. Au cours de la tétée, bien sûr, quand vous parlez à votre bébé, ou lorsque vous vous tenez face à lui. Ces longs échanges souvent silencieux, les yeux dans les yeux, sont des moments riches d'amour et de reconnaissance. Ce tout premier dialogue concerne aussi le père et les frères et sœurs : à eux de prendre le temps d'échanger longuement et de se faire reconnaître par le bébé.

Il aime ce qui bouge

Presque dès sa naissance, le bébé est fasciné par ce qui bouge, pour peu que l'objet se trouve dans son champ de vision et à la bonne distance de son visage (une trentaine de centimètres). Très tôt également, il va s'exercer à le suivre des yeux et fera des progrès dans la coordination entre la vue et le mouvement.

Le bébé se réjouit également des couleurs très contrastées et de ce qui brille. Lui en donner beaucoup à regarder, et varier son plaisir, a une fonction d'éveil certaine mais exerce également sa vue dans un début de reconnaissance des objets et des gens.

DES DÉCORATIONS D'ÉVEIL ÉCONOMIQUES
- Suspendez un cintre à une ficelle et fixez l'autre extrémité de cette ficelle au plafond, grâce à un petit crochet.
- Accrochez plusieurs morceaux de ficelle à ce cintre, d'une longueur telle qu'ils arrivent à 30 cm au-dessus du lit du bébé (ou de sa table à langer).
- Entortillez autour du cintre une guirlande de Noël dorée ou argentée.
- Prévoyez différents objets que vous pourrez attacher tour à tour à ces ficelles : des objets légers qui pourront bouger et des objets colorés ou brillants : ballons de baudruche de formes et de couleurs variées, boules de Noël, grandes plumes, dessous-de-plat en raphia, papier-cadeau brillant grossièrement froissé, pot à yaourt recouvert de papier d'aluminium (vous percez un trou au fond et passez la ficelle au travers).

Les premiers vrais sourires

Les premiers sourires intentionnels diffèrent des sourires aux anges sur deux points essentiels :
– ils engagent la totalité du visage du bébé, non seulement sa bouche mais aussi ses yeux qui se plissent ;
– ils sont dirigés explicitement vers quelqu'un (bébé sourit en vous regardant droit dans les yeux) ou quelque chose (un visage d'ours ou de poupée, avec des yeux bien dessinés) et sont à comprendre comme faisant partie d'un dialogue.

Le bébé est particulièrement sensible à la voix, au regard et aux caresses. Aussi aura-t-il tendance à sourire facilement dans les situations où il se sent bien.

▶ Vous parlez à votre bébé d'une voix douce et calme, en l'appelant par son prénom, puis avec des petites phrases affectueuses toutes simples.

▶ Vous le bercez, ou vous le caressez légèrement sur la tête, sur les joues ou sur le ventre.

▶ Vous le regardez dans les yeux, en lui parlant peut-être, en tout cas en lui souriant largement. Le rôle de l'imitation est important : votre bébé sera souriant (entre autres) si vous lui souriez beaucoup. Même si l'on a montré que l'aptitude au sourire était innée, elle se développera mieux dans un environnement lui-même souriant.

Peu à peu, les sourires de votre bébé vont se faire plus attentifs et n'iront plus qu'aux personnes aimées.

L'instinct maternel

La femme « fait » un enfant, mais c'est ce premier enfant qui fait de la femme une mère. Or, cette transformation, si elle se déroule le plus souvent naturellement, peut poser des difficultés à certaines femmes. Une immense variété de situations peut influencer la relation entre la mère, le père et l'enfant. Il faut prendre conscience de la grande complexité de ce qui se joue autour de la naissance et de la fragilité psychique de ceux qui la vivent. La période « grossesse – accouchement – premiers mois du bébé » est une période charnière, d'une sensibilité particulière, et un réaménagement de son identité, comme il en existe peu dans une existence.

Peut-on réellement parler d'« instinct maternel » chez l'être humain ? Notre part animale possède certainement des instincts dans son cerveau archaïque, mais l'être humain est fait de culture plus que de nature, d'apprentissages et d'acquis plus que de gènes. C'est pourquoi toutes les femmes ne sont pas envahies, dès la mise au monde de leur bébé, d'un sentiment d'amour et d'une envie irrépressible d'en prendre soin. Certaines ressentent une difficulté initiale à considérer ce bébé comme le leur (qu'elles l'expriment ou non) ou peinent à s'y attacher. Elles sont comme inhibées dans leurs compétences à le materner et vivent cela avec un sentiment d'étrangeté. Il est clair que chacun « devient » parent à son rythme. On peut donc parler de transition vers l'état de parent.

C'est avec notre histoire d'enfance que nous devenons père ou mère : selon le lien qui nous unissait à nos parents, selon la mère que nous avons eue, selon la manière dont nous avons traversé notre adolescence, avec les traumatismes que nous avons enfouis en nous. Compte également la manière dont cet enfant dont nous sommes le père ou la mère a été conçu, comment il a été attendu, comment il est venu au monde…

L'accouchement crée un vide dans le ventre et peut ainsi raviver des expériences de séparation et de manque. Il faut un temps, variable chez chaque nouvelle mère, pour faire le deuil de l'état de plénitude de la grossesse, le deuil de l'accouchement idéal et de l'enfant imaginaire. Puis un autre temps, parallèle, pour faire une place en soi à cet état de mère, responsable d'un autre être humain. Un temps pour rencontrer ce bébé réel et lui faire une place dans son psychisme et dans son cœur.

Chez la plupart des femmes, ces mécanismes psychologiques complexes s'effectuent rapidement et spontanément. L'attachement et les comportements de maternage s'installent, le sentiment d'amour étant déjà là bien avant la naissance elle-même. À peine quelques jours de baby-blues…

Mais chez d'autres femmes, « l'accordage » avec leur bébé est moins facile. Que faire alors ? Surtout ne pas rester seule avec cette souffrance. Le risque serait de culpabiliser à tel point ce sentiment d'étrangeté, d'indifférence, voire de rejet, que la jeune maman cacherait ce qu'elle ressent profondément, restant seule avec sa difficulté. Faire appel à sa propre mère, si celle-ci est à la fois capable de soutenir la jeune maman et de ne jamais chercher à la remplacer, peut être une bonne idée. Le nouveau papa a, lui, le rôle primordial d'accompagner la maman et de prendre en charge avec elle les soins du bébé.

Enfin, il ne faut jamais hésiter à se confier à des professionnels, sage-femme, puéricultrice, psychologue. Ce problème est bien connu et bien pris en charge. Aidée, entourée et soutenue, la jeune maman prend le temps de rencontrer son bébé et de trouver confiance dans ses compétences parentales. L'amour inconditionnel apparaît.

Et le papa ?

Longtemps considéré comme secondaire lors de la grossesse et des premières semaines de vie, le rôle du père est enfin pleinement reconnu. Personne ne niera que la mère a, dans les premiers temps, un rôle privilégié. Parce qu'elle a porté son enfant neuf mois, par la préparation psychologique et hormonale qui s'est effectuée en elle, la mère vit dans une intimité totale avec son bébé.

Mais cette intimité est loin d'exclure le père, qu'un congé de paternité bienvenu autorise maintenant à passer un temps précieux auprès de sa compagne et de l'enfant nouveau-né.

Son rôle, indispensable, spécifique et fondateur, commence bien avant la naissance. Présence chaleureuse et amoureuse auprès de sa femme, il doit être présent d'emblée auprès de son bébé. Parce qu'il est différent de la mère, parce qu'il représente le masculin, l'extérieur, il apporte une dimension d'éveil et d'ouverture qui n'existerait pas sans lui.

Le père exerce peu à peu un rôle de contrepoint face à l'amour de la mère, évitant que mère et enfant s'enferment trop longtemps dans une relation duelle exclusive et fermée. Il rappelle également à sa femme que, même devenue mère, elle n'a pas cessé d'être sa compagne.

Le temps n'est plus où le père représentait l'autorité et la mère les soins corporels et la tendresse. Dans la plupart des jeunes couples, les deux parents ont une formation professionnelle, un métier à l'extérieur, une faible expérience des bébés et une envie intense de s'investir dans l'éducation. Le père et la mère exercent tour à tour l'autorité, selon les circonstances ou la personnalité. Et les pères ne sont pas en reste pour câliner ou prendre soin de leur bébé.

Mais chacun le fait à sa façon, et c'est ce qui fait toute la richesse du fait d'être deux parents à s'occuper de l'enfant. Le père est tout aussi indispensable que la mère, mais leurs rôles ne sont pas interchangeables : c'est parce qu'ils sont différents, qu'ils ont des tâches et des comportements complémentaires, des façons de faire différentes, que l'enfant, situé à la croisée de deux influences, trouvera son chemin et sa personnalité propres.

Ce qui change pour le couple

Avant la naissance d'un premier bébé, le couple est conjugal, puis il devient parental. Ce changement de statut n'est pas sans conséquences sur son fonctionnement et sur son intimité. Il arrive que le père et la mère retrouvent progressivement une sexualité encore plus profonde et complice qu'avant la naissance. Plus souvent, le choc physique et psychique de l'accouchement, suivi de l'arrivée du bébé, entraîne un bouleversement dans le couple. La vie quotidienne et relationnelle, qui avait trouvé son équilibre à deux, est totalement chamboulée. Quand revenir à une relation plus amoureuse ? Comment trouver un nouvel équilibre satisfaisant pour chacun ?

La femme

Elle a été, sur les plans physique, hormonal et psychologique, totalement bouleversée par ces douze derniers mois. Elle a vu son corps changer de formes, parfois dans des proportions importantes. Ce corps s'est adapté à la tâche de nourrir, protéger et faire grandir un enfant pendant neuf mois, le mettre au monde, puis l'allaiter. Tout cela, elle l'a accepté d'avance. Mais, même une fois le bébé sevré, la femme a parfois du mal à se reconnaître. Il lui reste des séquelles physiques de cette aventure, quelle avait peut-être mal anticipées. Kilos accumulés, cicatrices d'épisiotomie, ventre rebondi, hémorroïdes, vergetures… Il lui faut quelques mois pour réapprivoiser son corps qui s'était mis entièrement au service de la fabrication d'une nouvelle vie ; il doit redevenir un corps érotique et séducteur. Cela ne se fait pas tout seul. Ni en un jour.

Même si elle se sent une maman heureuse et épanouie, la femme peut avoir du mal à se sentir simultanément une partenaire désirable et désirante. Si l'on ajoute, à ce trouble de l'image du corps, la fatigue résultant de l'accouchement, des nuits hachées, des soins du bébé et de l'allaitement, on comprend aisément le peu d'enthousiasme de la nouvelle maman à reprendre une vie sexuelle là où elle l'avait laissée…

L'homme

La venue au monde de son bébé est un choc psychologique et symbolique qui peut avoir des répercussions physiques. L'homme, plus particulièrement s'il a assisté à l'accouchement, peut avoir été saisi d'une sorte d'effroi, à peine conscient, qui se superpose à l'émerveillement. Sa femme, qu'il voyait physiquement comme sa partenaire de jeux sexuels, est devenue à ses yeux un corps de mère. Pour certains hommes, cela rend difficiles le désir et les pratiques précédentes. Des ambiguïtés font obstacle. Le sein par exemple, organe sexuel par excellence, est devenu source d'alimentation. Comment gérer ce double statut ?

Si le papa s'implique dans la nouvelle situation, il n'est pas non plus à l'abri de la fatigue des nuits écourtées et du surcroît d'activités. S'il a du mal à se situer par rapport à son nouveau statut, il peut se sentir exclu de la dyade fusionnelle mère-enfant et le vivre douloureusement. Lui qui était l'unique objet d'amour et d'attentions de sa compagne, passe désormais systématiquement après ce petit bout qui dévore temps, substance et énergie…

Votre bébé a un mois

Il pèse :

Il mesure :

Description de bébé :

Ce qui s'est passé pendant ce mois :

Le couple

L'homme et la femme, qui avaient su trouver un accord de vie lorsqu'ils étaient deux, doivent réinventer les règles communes maintenant qu'ils sont trois. Chacun apprécie-t-il le père ou la mère que l'autre est devenu(e) ? Y a-t-il frustration ? désaccords ? lassitude ? Tous ces éléments peuvent générer des difficultés nouvelles au sein du couple. Si l'on ajoute à cela le manque de temps pour se retrouver à deux, se parler et se confier l'un à l'autre, on comprend que la période soit délicate. Le nombre important de séparations qui suivent la naissance d'un enfant en témoigne.

Les tensions sexuelles existent également. Le plus souvent, l'homme souhaite reprendre une vie intime rapidement après la naissance. Non seulement il n'a pas été éprouvé physiquement, mais il ressent le besoin de resserrer les liens conjugaux aux dépens du parental qui semble tout envahir. La femme, éprouvée et fatiguée, n'est souvent pas prête aussi vite. Elle peut redouter de nouvelles douleurs lors de la pénétration. Vis-à-vis de son bébé, elle est dans cette « folie maternelle primaire » qui la fait se tourner essentiellement vers la satisfaction des besoins de son bébé.

Que faire ?

Les couples qui avaient une bonne relation sexuelle avant et durant la grossesse, où les deux partenaires trouvaient leur compte de plaisir, n'auront généralement pas de problèmes, les premiers mois passés, à retrouver une intimité satisfaisante. Il suffit que chacun des deux en ait le désir, qu'un dialogue ouvert se noue sur les attentes, les désirs et les craintes de chacun. La patience et la tendresse feront le reste. Un conseil : ne laissez toutefois pas passer trop de temps avant de reprendre des échanges amoureux, quelle que soit leur forme. N'attendez pas plus de trois à cinq mois pour recommencer à faire l'amour régulièrement. Plus le délai est long et plus la reprise sera compliquée.

Le dialogue et la bonne volonté réciproque sont ce qui aidera le plus les couples en difficulté. Elle, elle doit se rappeler qu'avant d'être mère, elle était femme et amante, et qu'elle est appelée à le rester. Les deux statuts ne sont pas incompatibles, mais cela demande de trouver un nouvel équilibre. Lui, il doit comprendre qu'il n'est plus seulement amant et que son statut, à lui aussi, a changé. Mieux il acceptera ses nouvelles responsabilités, plus il donnera à sa compagne le sentiment qu'elle peut s'appuyer sur lui, plus vite elle se tournera à nouveau vers lui sexuellement.

C'est aussi son rôle de lui rappeler qu'elle est belle, désirable et attirante pour lui. Cela peut passer par l'organisation d'une soirée, d'une journée ou d'un week-end à deux : bébé est confié à la grand-mère et le couple se donne un peu de temps « en amoureux » pour se retrouver vraiment.

Si les difficultés persistent, si le couple n'a pas repris de vie sexuelle active six mois après la naissance, il est important de s'en préoccuper. Inutile de se raconter des histoires ou de se servir du bébé dans la chambre des parents comme alibi... Aller discuter ensemble au cabinet d'un psycho-sexologue peut être précieux et permettra de mettre des mots sur ce qui bloque, et de trouver le chemin de la réconciliation amoureuse et sexuelle.

Le deuxième mois

Qui est bébé ?

Les progrès de votre nouveau-né sont spectaculaires. Bébé est plus éveillé et plus disponible. Il commence à prendre plaisir à s'entraîner seul, à recommencer de nombreuses fois un même geste, pour le plaisir de l'accomplir et de le maîtriser.

La vue

Les progrès sont évidents dans le domaine visuel : l'accommodation se fait nette de plus en plus loin. Le bébé préfère maintenant regarder les dessins ou des jouets plus complexes, où il y a beaucoup de détails. Vos dialogues les yeux dans les yeux peuvent se prolonger davantage. Fasciné par les lumières, il devient capable de suivre aussi le déplacement d'objets mobiles.

Le corps

Le bébé n'est encore capable que de faire une seule chose à la fois. Quand il tète, il s'y donne entièrement. Si un objet ou une parole retiennent son attention, il cesse de téter.

Les bébés les plus actifs commencent à se tortiller ou à pédaler ; mais ils restent, le plus souvent, couchés où on les a placés. Peu à peu, le tonus musculaire se relâche. Les mains vont s'ouvrir et le geste volontaire va prendre la place de l'agrippement. Le bébé peut, si on lui place un objet dans la main, apprendre à le retenir, à le serrer, puis à le lâcher, mais c'est très difficile.

La communication

Le bébé est très sensible à la stimulation tactile : il aime les caresses, les massages doux. Il reconnaît ses parents et se blottit volontiers contre eux. Son dialogue s'enrichit de sourires et de babillages qui séduisent son entourage. Il apprend très vite à quel sentiment correspond chez vous telle ou telle intonation, grosse voix, froncement de sourcil, murmure ou tendre sourire.

Lorsque vous lui parlez sans qu'il vous voie, votre enfant commence à chercher à localiser l'origine de votre voix et tourne sa tête dans cette direction. Assis dans son transat, il est capable de suivre des yeux et de la tête vos déplacements dans la pièce.

Transat, écharpe et porte-bébé

Lorsqu'il est éveillé, votre bébé fait déjà preuve d'une grande curiosité. Il a plaisir à vous accompagner de pièce en pièce, à vous suivre des yeux, à vous écouter lui parler. Offrez-lui ce plaisir en l'installant dans un petit transat (ou hamac). Il s'agit d'un siège bas et incliné formé d'une toile souple retenue par une armature métallique. Votre bébé, après quelques jours d'adaptation, s'y sentira très à l'aise et aura davantage l'impression de partager la vie de la famille. *Attention toutefois au hamac posé en hauteur, qui risquerait de tomber !*

Porter son bébé en écharpe, c'est lui rester avec lui dans une grande intimité physique. Grande bande de tissu, classiquement de 4,60 m ou de 5,20 m, l'écharpe porte-bébé, quand elle est bien mise, permet de positionner l'enfant de manière optimale pour son confort et sa santé. Il est assis en appui sur ses fesses et ses cuisses ; son dos est bien arrondi. Le porteur a aussi une bonne position : le bébé étant plaqué contre lui, le centre de gravité du porteur reste naturel. Avec un petit apprentissage, l'écharpe se révèle assez facile à ajuster aux caractéristiques physiques du porteur. Tous les détails sur cette façon à la fois traditionnelle et récente de porter son tout-petit sont facilement accessibles sur Internet.

Ventral et muni d'un appui-tête, le porte-bébé de type « kangourou » vous permet de porter votre bébé contre vous, tout en ayant les mains libres. Le bébé, enfoui dans votre chaleur, parce qu'il retrouve les sensations oubliées de votre démarche et le bruit de votre cœur, s'y trouve généralement merveilleusement bien et peut passer là des heures paisibles. Il a des coliques ? Il a du mal à s'endormir ? Glissez-le dedans et maintenez-le contre vous puis, comme une maman kangourou, vaquez à vos occupations. Vous sortez faire une course ? Votre bébé sera mieux là, au chaud sous votre manteau, que seul au fond d'un landau rigide. Ne vous inquiétez pas pour ses vertèbres ou la forme de son dos : les bébés africains, portés sur le dos dès leur naissance, ne font-ils pas de formidables athlètes ?

Vous trouvez votre bébé trop lourd pour de longues promenades ? Confiez le bébé – et le porte-bébé – à son père...

UN PORTÉ SÉCURISANT

Vous portez votre bébé directement dans vos bras ? Il est important qu'il sente que votre prise est ferme et le soutient bien. Pour cela, veillez à avoir toujours une main ou un bras sous ses fesses, afin de soutenir sa colonne vertébrale depuis sa base. Vous pouvez aussi installer le bébé sur votre hanche, une jambe de chaque côté, et retenir son dos avec votre bras. Évitez, en revanche, de le tenir en passant votre bras autour de sa taille ou sous ses aisselles, et en le serrant contre vous, et toutes les positions où ses fesses ne sont pas en appui stable.

« La sécurité de base » de l'enfant s'acquiert, physiquement, par la manière très « soutenante » que vous avez de le porter...

Il a trop chaud, il a trop froid

À l'intérieur, les jeunes bébés sont, d'une manière générale, trop couverts. On a si peur qu'ils attrapent froid ! En réalité, ils risquent d'attraper froid lorsqu'on les déshabille pour leur donner le bain ou lorsqu'on les laisse dans un courant d'air, mais sinon…

Votre bébé est comme vous : si vous avez chaud, il a chaud aussi. Si vous vous sentez bien avec une chemise et un gilet, inutile de lui en mettre deux. Regardez bien votre bébé, qu'il soit éveillé ou qu'il dorme. Il a la nuque humide ? Découvrez-le : il a trop chaud. Mais laissez-lui ses chaussons : les bébés ont souvent les pieds froids.

Si, en revanche, vous avez froid, votre bébé a plus froid que vous. Sa masse musculaire est plus faible et il se défend moins bien contre le froid. Aussi ne tardez pas à lui ajouter un gilet ou une couverture. Lorsque vous lui donnez son bain, branchez au besoin un radiateur d'appoint dans la salle de bains.

Une température de 19 °C dans sa chambre la nuit est suffisante. Une seule couverture de laine en plus de son pyjama, et votre bébé sera tout à fait « confortable ». Plus tard, vous pourrez même remplacer la couverture, qui risque de bouger et de s'entortiller, par une « gigoteuse ».

Communiquer avec bébé

Maintenant que votre bébé passe moins d'heures à dormir, vous avez davantage de temps pour communiquer avec lui. Lorsque votre bébé est calme, qu'il est à l'aise dans son corps parce qu'il n'a ni faim, ni sommeil, qu'il est confortablement installé, vous pouvez entamer de véritables dialogues.

Cet « accordage » entre la mère et son enfant, entre le père et l'enfant, se construit progressivement au cours des premières semaines. Il est fait de petits riens, tous importants, où l'un et l'autre apprennent à se connaître. Il faut du temps pour repérer les rythmes de l'enfant, la raison de ses pleurs, et pour comprendre les signaux qu'il émet. Un parent attentif et disponible va vite savoir répondre par un sourire, par un geste, par une phrase, aux tentatives que fait son bébé pour entrer en contact.

Ainsi l'enfant, de son côté, va savoir quelle attitude déclenche quelle réaction. Il saura solliciter la tendresse et le dialogue. Grâce à ces échanges répétés, tendres, il va apprendre à connaître son univers. Parce qu'on lui répondra, de façon adaptée à ses demandes, il saura qu'il est aimé et se sentira en confiance.

Avez-vous remarqué que tous les adultes, lorsqu'ils s'adressent à un tout-petit, haussent spontanément le ton de leur voix pour la rendre plus aiguë ? C'est parce que le bébé aime cela tout particulièrement…

Ces premiers mots que vous lui adressez, ces paroles douces qui le concernent directement sont aussi importants que les caresses. Elles l'intègrent au monde des humains et l'aident à bâtir sa personnalité à venir.

La naissance du langage

Le langage est un moyen de communication fondé sur une activité symbolique. L'aspect relationnel est fondamental. La parole est l'un des langages possibles. Voyons ce qu'il en est du développement du langage et de la parole chez le petit enfant.

In utero

L'enfant entend dès les premiers mois de la grossesse, parce qu'il ressent les vibrations transmises par le liquide amniotique dans lequel il baigne. Vers sept mois de grossesse, il entend par les oreilles : les bruits intérieurs, la voix de la mère, les bruits extérieurs. Les sons sont déformés mais leur « musique » est maintenue.

Le nouveau-né

Le vagissement et le cri des nourrissons sont ses premiers moyens d'expression. Le cri est souvent l'expression d'un malaise physiologique, mais pas toujours. Il s'agit d'un appel qui est une ébauche d'échange et de langage, d'une préforme de communication entre le bébé et son entourage : il crie, le parent arrive. Il y a son, compréhension par celui auquel il s'adresse et réponse. Progressivement, les cris se diversifient selon toute une gamme de sensations (colère, fatigue, faim, douleur, joie, ennui).

De un à six mois

Vers un mois, on observe une meilleure coordination de la respiration. Apparaissent ce que l'on appelle le babillage, les lallations et les gazouillis. Ces sons ne sont pas spécifiques et ne dépendent pas encore de la langue des parents. Très variés, ils sont identiques chez tous les bébés du monde, même chez les enfants sourds. Ils ont une signification à la fois phonétique et affective et ils traduisent souvent la satisfaction : on dirait parfois que bébé s'entraîne et vocalise « pour le plaisir » de s'entendre.

▶ Vers 8 semaines, l'enfant acquiert les voyelles (a, e, o, u).

▶ Aux environs de 12 à 16 semaines, il entre dans de grandes conversations avec sa mère ou son père.

▶ Vers 20 semaines, il prononce ses premiers « ah reuh ».

▶ Vers 6 mois, il dit « ba », « ka », et pleure en faisant « mmm... ».

De 6-8 mois à 1 an

Le dialogue entre le petit enfant et l'adulte se poursuit en écho. Bébé répond à la parole qu'on lui adresse par une mélopée homogène qui reproduit un dialogue (chacun son tour de parler). La richesse des émissions sonores se réduit à quelques vocalises fondamentales, différentes selon la langue maternelle de l'enfant.

Les sons à base de syllabes sont répétés sans arrêt : baba, dada... Ils sont repris par l'entourage et souvent suscités par un objet : c'est l'apparition du premier « mot ».

L'application du mot à l'objet marque la première utilisation symbolique du langage. Le reste n'est qu'entraînement et enrichissement progressifs...

La baby-sitter, la première fois

Après la « passion symbiotique » des premiers jours, où la mère et son bébé étaient comme collés l'un à l'autre, la mère éprouve la nécessité de recommencer à vivre une vie « normale ». Elle ne doit pas culpabiliser, car il en va de l'équilibre de son enfant comme du sien. Progressivement, tous deux vont devoir apprendre à s'éloigner l'un de l'autre et l'enfant va comprendre que sa mère ne lui appartient pas.

Lorsqu'il n'y a pas de famille ou d'ami à proximité pour venir s'occuper du bébé, la solution consiste à faire appel à une baby-sitter. Mais cette étape, si elle représente la première séparation de la maman et de son bébé, risque d'être très difficile à vivre, voire insurmontable.

Apprendre à se séparer et à faire confiance

Il est nécessaire que la maman et son bébé apprennent à se séparer. L'enfant se sentira en confiance lors de ces séparations si sa mère l'est également. Or à qui peut-elle faire plus confiance qu'au papa ? Dans certains couples, cela ne pose aucun problème : dès les premiers jours, le père s'occupe de son bébé de manière autonome, il prend confiance et crée une relation personnelle avec lui. La maman se réjouit de n'être pas seule à assurer les soins du bébé et laisse volontiers ce dernier à son papa, le temps de s'occuper d'elle. Dans d'autres couples, c'est plus compliqué. La mère ne « confie » pas son bébé et ne se « fie » à personne pour s'en occuper aussi bien qu'elle. Si le père s'occupe du bébé, c'est toujours en présence de la mère.

Bien sûr, la mère est compétente, mais elle n'est pas la seule à pouvoir materner en toute sécurité. Un bébé n'a pas besoin en permanence de sa mère, laquelle doit apprendre à confier son bébé en toute sérénité, d'abord en sa présence, puis en son absence. On le laisse au papa le temps d'aller chez le kiné, à sa sœur le temps de prendre un bain ou d'aller chez le coiffeur, à une grand-mère le temps de sortir en amoureux… Ainsi la maman « apprivoise » la séparation. Elle s'autorise progressivement à exister de nouveau hors de la présence de son bébé. Il sera bientôt envisageable de confier bébé à une baby-sitter le temps d'une soirée…

Comment choisir la baby-sitter ?

Il est toujours préférable de confier votre enfant, surtout pour la première fois, à quelqu'un que vous connaissez ou que l'on vous a recommandé et en qui vous avez toute confiance.

Si vous ne connaissez pas encore la personne qui va venir en votre absence, demandez-lui de venir chez vous la veille, afin que vous voyiez comment elle se comporte avec votre bébé et que vous puissiez faire connaissance.

Que vous choisissiez une fille ou un garçon, une personne jeune ou plus âgée, peu importe. L'essentiel n'est pas tant l'expérience des enfants que le cœur et le bon sens. Ce qui compte, c'est que vous trouviez une personne de confiance, que vous considérez comme sûre, qui aime les enfants et qui a des gestes tendres. C'est le caractère de la baby-sitter, bien plus que son habitude des enfants, qui vous permettra de partir ou non en toute quiétude.

S'organiser pour partir tranquille ?

▸ Préparez à l'avance tout ce dont la baby-sitter aura besoin : biberon, lait, eau, couches, crème, etc. Vous lui éviterez ainsi d'avoir à ouvrir tous les placards pour trouver un pyjama propre.

▶ Demandez à la baby-sitter d'arriver un quart d'heure avant votre départ, afin d'avoir le temps de tout lui expliquer calmement et de partir sans précipitation.

▶ Mettez la baby-sitter à l'aise : si besoin est, présentez-lui le bébé et faites-lui visiter les pièces principales de la maison (salle de bains, chambre de bébé, cuisine, salon…). Indiquez-lui où sont rangés le linge de rechange, les couches et le lait en poudre.

▶ Indiquez à la baby-sitter, au besoin par écrit si ce doit être précis, les habitudes de bébé : médicaments, soins, bain, biberon…

▶ Mettez également par écrit le ou les numéros de téléphone où vous êtes joignable et les numéros utiles tels que médecin, voisins, urgence ou famille proche.

▶ Enfin, allez là où vous avez dit que vous alliez. Prévenez la baby-sitter si vous modifiez votre programme et rentrez à l'heure dite.

Éviter une séparation douloureuse

▶ Prévenez votre bébé que vous allez vous absenter et dites-lui au revoir. Même s'il ne comprend pas le sens exact des mots, votre voix le rassurera. Si possible, évitez de partir pendant qu'il dort. Sinon, dites-lui au revoir avant.

▶ Le petit bébé est plus sensible à l'anxiété de sa mère qu'au fait qu'elle le laisse quelques heures à une autre personne ; alors, une fois que la décision est prise et que tout est organisé au mieux, partez de bon cœur et amusez-vous.

▶ Si tout s'est bien passé, appelez la même baby-sitter la prochaine fois : elle s'habituera au bébé et lui à elle.

Le rôle des odeurs

À la naissance, l'odorat du bébé est un sens tout neuf, qui ne lui a pas servi dans le ventre où il logeait, et d'emblée merveilleusement fin et efficace. Le bébé est sensible aux odeurs et la mémoire qu'il en a est certainement supérieure à la nôtre. Comme les petits animaux, le nouveau-né se sert des odeurs pour reconnaître les gens. Lorsque les sens de la vue et du toucher auront gagné en efficacité, l'odorat deviendra moins utile et perdra de sa finesse. Savez-vous qu'un nouveau-né, dès l'âge de trois jours, peut différencier l'odeur de sa mère de celle d'une autre femme ?

Les odeurs sont une source importante de stimulation et souvent de plaisir pour le petit. Il apprécie beaucoup tous les petits jeux qui s'y rapportent. Dans un monde aussi pollué, aussi privé de bonnes odeurs que le nôtre, il est d'autant plus important d'inscrire chez l'enfant quelques repères olfactifs, dont certains resteront gravés en lui toute sa vie.

Une fois que l'on a pris conscience de cette compétence parfaite qu'a le bébé, on comprend que l'on va pouvoir s'en servir pour communiquer avec lui. Avez-vous remarqué combien votre bébé aime se lover dans le creux de votre cou ? Il y retrouve l'odeur de son père ou de sa mère, et il est heureux.

Sachez que les odeurs corporelles de ses parents sont indispensables à un bébé, dans la mesure où il les reconnaît et où elles lui permettent de savoir à qui il « appartient ». Aussi ne lui refusez pas ce plaisir :

▶ L'enfant préfère votre odeur naturelle. Mais si vous utilisez un parfum ou un après-rasage, prenez toujours le même.

◗ Gardez un foulard autour de votre cou. Lorsque vous laissez votre bébé, glissez ce foulard dans son berceau.

Chaque personne, mais aussi chaque maison, chaque lieu, a une odeur unique, qui s'imprègne en nous lorsque nous sommes petits et qui devient notre référence, notre « alphabet » olfactif. Adulte, des années après la vente de la maison de nos grands-parents, nous serions encore capables, entre mille, de reconnaître non seulement son odeur générale, mais encore celle de la cuisine, celle des placards, celle du linge de maison, celle du grenier…

Les odeurs de la vie quotidienne

Dans la vie de tous les jours, mille odeurs nous assaillent en permanence, mais nous n'en avons pas toujours conscience. Initier son bébé aux odeurs passe d'abord par le fait d'attirer son attention sur les parfums qui sont là, autour de vous.

Vous le lavez ? Faites lui sentir, en passant deux ou trois fois lentement sous son nez, le savon, le lait et l'eau de toilette, tous les différents produits que vous utilisez. Faites-lui apprécier aussi des odeurs plus fines : ses vêtements propres par exemple.

Vous préparez le repas ? Faites-lui sentir les aliments crus, puis une fois cuits. Apportez son transat dans la cuisine quand vous sortez du four une tarte aux pommes, un gratin, un poulet rôti ou une quiche. Si vous mangez des fruits, passez sous son nez la tranche de melon, l'orange ou la pomme ouverte. Faites-lui humer le parfum de votre tasse de café ou de thé, du carré de chocolat, du miel que vous étalez sur la tartine, etc. Dès que votre bébé mangera dans une assiette, vous prendrez l'habitude de lui faire sentir son contenu avant de le manger.

Vous vous promenez ? Faites-lui sentir l'odeur des fleurs ou celle du foin coupé, l'odeur de l'herbe après la pluie ou celle des embruns. En fait, dans la vie quotidienne, beaucoup de choses peuvent être prétexte à sentir. C'est une habitude que vous prendrez vite avec votre bébé.

Vous présentez des odeurs à votre bébé ? Commentez-les en les nommant (« C'est l'odeur de la cannelle, du thé au jasmin… C'est nouveau, je ne crois pas que tu connaisses cela »), mais évitez les jugements de valeur. Ne vous extasiez pas sur les fleurs en disant « Hum, elles sentent bon », pour dire ensuite, devant un pot d'échappement ou en changeant sa couche : « Beurk, cela sent mauvais ! » À l'enfant de se faire son opinion. Rappelez-vous que vous transmettez une expérience sensorielle, pas une opinion personnelle. L'attitude globale consiste à éveiller sa curiosité : « Tu sens ? C'est intéressant, tu ne trouves pas ? »

Jouer avec les sons

Les bébés entendent parfaitement bien dès la naissance, même si parfois vous avez l'impression du contraire. Leur attention auditive est brève, mais ils prennent beaucoup de plaisir à écouter avec vous différents sons. Autant le bruit du téléphone, de l'aspirateur ou d'un éternuement peut le faire pleurer, parce qu'il a l'ouïe fine et sensible, autant il prendra de plaisir aux registres de votre voix comme aux bruits de la maison.

La voix

Parmi tous les bruits, le bébé préfère celui que fait la voix humaine, ce qui indique clairement son désir de communiquer. Mais attention : pas n'importe quelle voix. Une voix violente ou agressive peut le faire pleurer. Une voix froide, sans affection, peut le faire se replier sur lui-même. Une voix d'adulte qui converse avec d'autres adultes peut le laisser indifférent. Non, ce que le bébé aime, ce sont les voix douces, bien timbrées, qui se font naturellement plus aiguës pour s'adresser à lui, qui lui parlent tendrement en le regardant dans les yeux, avec des mots simples, des mots qui concernent un bébé. Ou bien une voix qui lui fredonne quelque chanson douce.

La musique

Le jeune bébé aime la musique douce, la musique classique notamment. Certains préludes de Bach se sont révélés tellement efficaces pour charmer et calmer les bébés qu'ils sont utilisés de manière systématique dans plusieurs services de maternité américains. On a attribué à la musique classique de nombreux pouvoirs sur les bébés, et il est certain que vous ne ferez que du bien au vôtre en lui faisant écouter des morceaux de musique douce, ceux que vous aimez, sans trop forcer le son.

Vous chantez ? C'est encore mieux. N'hésitez pas, même si vous doutez de la qualité de vos cordes vocales. Votre bébé, profitant à la fois du plaisir de votre voix et de celui de la musique, sera comblé.

Les sons

Le bébé aime les sons, pourvu qu'ils soient drôles, surprenants, doux, nouveaux. Toutes les occasions sont bonnes pour exercer son oreille. Seul interdit : les bruits forts, violents, agressifs, désagréables à son oreille encore toute neuve.

ATTENTION !
Non à la musique hard rock, aux cris, aux sonneries... Oui au hochet, à la clochette, au grelot, au papier froissé près de l'oreille, au tintement d'un couteau sur différents verres, aux bruits de bouche ou de doigts, etc.

Comprendre ses pleurs

Vers six ou sept semaines, le bébé commence à s'organiser. Il comprend mieux son environnement, s'est habitué à ses rythmes et à ses parents. Il pleure moins et différencie mieux ses pleurs. Vous commencez à bien le comprendre. Voici, pour vous aider, un petit récapitulatif.

Il pleure de faim

Les cris commencent doucement mais, si vous n'y répondez pas, cela tourne rapidement à la rage. C'est la cause la plus fréquente des cris. Il faut savoir que la faim est une vraie douleur pour le petit bébé.

Que faire ? Le nourrir, bien sûr. Pourquoi le laisser pleurer de faim, sans autre nécessité que celle d'appliquer un horaire strict ? Chaque bébé a son rythme : à vous de le découvrir.

Il pleure de soif

C'est une cause à laquelle on ne pense pas souvent. Pourtant il est fréquent qu'un bébé, trop couvert, pleure d'inconfort et de soif. De même la chaleur et la sécheresse de l'air régnant dans les appartements modernes entraînent souvent une soif du bébé à laquelle il faut répondre en tant que telle : en lui donnant un petit biberon d'eau et non de lait.

Il pleure de fatigue

Votre bébé a passé un long moment éveillé, charmant. Puis, la fatigue venant, il a commencé à pleurnicher un peu. Il se peut qu'il trouve son sommeil. Il se peut aussi que l'énervement monte, en longs sanglots, et que vous ayez l'impression qu'il ne s'endormira jamais.

Que faire ? Vous pouvez essayer de bercer votre bébé, de le promener dans une poche kangourou ou de lui chanter une berceuse. Un bébé se sent bien s'il est en contact corporel étroit avec sa mère. Mais vous pouvez aussi le coucher dans une pièce calme et lui offrir la possibilité de vider tranquillement la tension qui l'habite, sans vous angoisser.

Il pleure d'inconfort, de gêne

Ces pleurs sont petits, mais répétés, insistants. Tâchez de comprendre d'où vient la gêne afin d'y remédier : couche souillée, érythème fessier, impression de froid ou de chaud, position inconfortable, nudité, etc. À chaque problème sa solution. Un exemple : votre bébé a horreur d'être nu. Enroulez-le dans une serviette bien chaude quand vous devez le déshabiller entièrement.

Il pleure de douleur

Ces cris sont souvent aigus, stridents, difficiles à supporter. Mais l'enfant de cet âge ne sait souvent pas encore porter la main là où il souffre, aussi est-il bien difficile parfois de comprendre d'où vient le mal.

Que faire ? Prendre votre bébé dans vos bras pour ne pas le laisser souffrir seul. Tenter de comprendre ce qui lui fait mal et y remédier. S'il paraît malade, appeler un médecin.

Il pleure… pour rien

Rien à faire, vous ne trouvez pas. Bébé a mangé, il est propre, il ne semble pas souffrir, il a dormi et pourtant il pleure. Il peut se calmer dans vos bras et recommencer dès que vous le posez. Ou bien il semble inconsolable.

Le fait que vous ne trouvez pas la source de ses pleurs ne signifie pas que votre bébé pleure « pour rien ». Il y a sûrement une raison, mais elle peut être difficile à identifier :

◗ N'a-t-il pas satisfait son besoin de téter ?

◗ Avez-vous répondu à contretemps à ses demandes ?

◗ A-t-il un besoin de contact et d'échange qui n'est pas satisfait ?

Que faire ? Même si vous ne savez pas la cause de son malaise, compatissez. Faites comprendre à votre bébé que vous êtes à ses côtés, et bien désolée de ne pas pouvoir le soulager. Bercez-le, parlez-lui tendrement, laissez-le seul un moment, revenez le voir. Une journée de larmes peut simplement marquer un passage à un nouveau stade de développement. Soyez là, calme, présente, rassurante, et tout ira bien.

POUR CALMER SES PLEURS

Plusieurs solutions « douces » ont fait leurs preuves pour aider bébé à sortir de ses cris, une fois que toutes les raisons « compréhensibles » ont été envisagées :

• Installez-le dans le kangourou ou dans son écharpe et gardez-le contre vous.

• Emmaillotez-le grossièrement dans un plaid doux avant de le glisser dans son berceau.

• Faites-lui écouter de la musique douce : Chopin, Mozart, blues ou autre, ce que vous aimez.

• Prenez-le dans vos bras et installez-vous dans un fauteuil à bascule ou, mieux mais moins accessible, sur une balançoire.

• Emmenez-le faire un tour en voiture...

Laissez-le apprendre à se calmer

Il faut être raisonnable. Autant il est important de répondre rapidement aux cris du tout-petit en demande de quelque chose, même si l'on ne sait pas de quoi, autant il serait absurde de ruiner sa propre santé et l'équilibre familial pour tenter de satisfaire en vain des cris trop fréquents.

Passé les deux ou trois premiers mois, les parents peuvent espérer retrouver des nuits presque normales. Au-delà, il devient difficile de tenir le coup physiquement. À cet âge, l'enfant peut très bien apprendre à pleurer pour faire venir quelqu'un et se servir de ce pouvoir à minuit, deux heures, quatre heures et six heures du matin. Aux parents de lui faire comprendre qu'ils ont besoin de repos et que la vie de toute la famille ne doit pas être suspendue à ses seules exigences. Personne ne peut vivre durablement de cette façon.

Le début de la frustration

Tous les parents « normaux » aiment leur enfant et prennent soin de lui : ce n'est pas une raison pour en devenir esclave. Si on sait qu'il n'est pas en danger, qu'il n'a ni faim, ni froid, ni mal, si on a tout essayé et qu'il continue à pleurer, il n'y a aucun problème à laisser bébé pleurer un petit moment hors de portée. Peut-être que ses cris signifient simplement : « Laisse-moi un peu seul, je me sens fatiguée et j'ai besoin de soulager ma tension. » Cela vaut mieux, de toute façon, que de s'énerver parce qu'on est excédé par ses cris et impuissant à les faire cesser... De même, lorsque bébé a passé l'âge de deux mois environ, si l'adulte est au téléphone, sous la douche, ou en train de préparer une sauce blanche, inutile de tout lâcher à l'instant même où l'enfant commence à appeler : il peut vous attendre un moment (sauf, bien sûr, si ses cris sont soudains et perçants, auquel cas précipitez-vous : c'est une question de bon sens). Une simple réponse adressée à l'enfant peut parfois suffire à le faire patienter un petit peu.

Un bébé autonome

À trois mois, bébé sera capable de prendre son pouce (ou ses doigts ou le dos de sa main) et de le porter à la bouche. Cette activité de succion trompera sa faim un moment s'il s'agit de cela, l'apaisera si c'est l'heure de dormir, le consolera de toute manière. Une fois que le bébé aura découvert cette possibilité de satisfaire lui-même son besoin de téter, les parents auront moins à se précipiter et leur bébé pleurera moins souvent et moins longtemps. Il soulagera lui-même ses petits malaises. Un bébé qui trouve seul le moyen de satisfaire ses toutes premières demandes, au moins quelques minutes, est un bébé qui prend déjà confiance en lui. Bébé est, bien sûr, encore très dépendant de ses parents, qui satisfont ses besoins. Mais, pour ce qui est de l'ordre du désir, il commence à être capable d'y faire face. Le lui permettre, c'est aussi lui offrir un début d'autonomie et de confiance en ses propres capacités.

Le développement de l'imaginaire

Par certains côtés, il est même important de ne plus répondre immédiatement à toutes ses demandes. Vers trois mois, un bébé est capable de supporter, progressivement, une certaine frustration. Cela lui donne le temps de développer des techniques visant à se calmer lui-même et qu'il ne découvrira jamais autrement. Il est capable d'imaginer ce qui va se produire : vous allez venir, le prendre dans vos bras, lui préparer son biberon ou le mettre au sein. Toute cette activité fantasmatique préfigure l'imaginaire. L'enfant rêve, imagine, anticipe, et cela l'aide à attendre.

À trois mois, il est capable de s'intéresser à ce qui l'entoure. Ne pas répondre tout de suite, c'est aussi lui permettre d'explorer son environnement : cette peluche si douce, ces hochets suspendus au-dessus du lit et qui font du bruit lorsqu'on les agite, cette mouche qui marche au plafond, les reflets des rayons de soleil sur le mur, ces pieds qui s'agitent si drôlement au bout du lit...

Cet espace qui lui est propre, il va apprendre à le meubler ; l'espace que vous lui ménagez entre sa demande et la réponse que vous lui apportez lui permettra aussi d'accéder à l'ordre imaginaire, puis à l'ordre symbolique, et donc à la parole.

La tenue de la tête

Voici comment évolue la façon dont le bébé tient sa tête au cours des premières semaines de sa vie.

Le nombre de semaines indiqué n'est qu'un point de repère, les différences individuelles étant absolument normales.

▶ *À la naissance* : la tête tombe en avant ou en arrière si elle n'est pas tenue. Couché le visage face au matelas, le bébé peut détourner sa tête.

▶ *À 4 semaines* : si le bébé est tiré doucement et maintenu en position assise, il peut tenir sa tête verticale un bref instant.

▶ *À 6 semaines* : couché sur le ventre, l'enfant commence à pouvoir relever sa tête en même temps que le corps, à 45°, une minute environ. Couché sur le dos, il tourne sa tête à droite et à gauche et tente de la relever.

▶ *À 8 semaines* : en position assise, la tête tient mieux dans l'alignement du corps, mais sans stabilité.

▶ *À 12 semaines* : allongé sur le ventre, il peut soulever sa tête et la garder ainsi un moment s'il est en appui sur les coudes.

▶ *À 16 semaines* : allongé sur le ventre ou sur le dos, l'enfant peut soulever sa tête pendant de courtes périodes. En appui sur les avant-bras, il peut rester plusieurs minutes, la tête bien décollée du sol. Maintenu en position assise, il tient sa tête bien droite.

Le sevrage

Si vous devez reprendre votre travail bientôt et confier pour la journée entière votre bébé à la crèche ou à une assistante maternelle, vous vous dites peut-être qu'il est temps de mettre fin à l'allaitement. Si votre décision est prise, vous avez raison de vous y prendre à l'avance, car un sevrage progressif est toujours préférable, pour vous comme pour l'enfant, à une brusque rupture. Mais sachez que nombre de mères continuent, même après avoir repris leur travail, à allaiter leur bébé deux fois par jour, le matin et le soir. Une autre solution, pour les mères qui ont assez de lait, consiste à le tirer et à le donner à la personne qui s'occupe de l'enfant en leur absence.

En revanche, il se peut que, du fait de votre fatigue ou de votre nouveau rythme de travail, vous n'ayez plus assez de lait pour satisfaire l'appétit grandissant de votre bébé. Si vous compensez les tétées par des biberons de complément, il y a de fortes chances pour que votre production de lait diminue encore. D'une part parce que les montées de lait diminuent en même temps que les exigences du bébé, d'autre part parce que celui-ci, une fois qu'il aura pris goût à la facilité des biberons, ne « tirera » plus assez de lait pour assurer la production. Progressivement, sur une semaine, votre bébé n'aura plus que des biberons et s'en trouvera très bien. Ne vous culpabilisez pas, au cas où votre rêve aurait été d'allaiter encore plusieurs mois : vous lui avez donné le meilleur départ possible. Son père et vous pourrez maintenant alterner les biberons donnés avec tout autant d'amour.

▶ Le sevrage se déroulera d'autant mieux que la maman et le bébé prendront leur temps. Le mieux est de procéder par étapes.

- On habitue bébé au contact de la tétine en donnant au biberon du lait maternel.
- On remplace une tétée, la moins importante en quantité, par un biberon de lait reconstitué. Puis deux tétées par jour, toujours les mêmes, sont remplacées par un biberon, et ainsi de suite jusqu'à ce que tous les repas soient pris au biberon.
- Ces premiers biberons seront d'autant mieux acceptés qu'ils ne seront pas donnés par la maman. Si le bébé sent l'odeur du sein de sa mère, il insistera pour y avoir accès. Le père aura généralement plus de succès !

Sevrer son bébé n'est pas un acte anodin. Pour les mamans qui allaitent, les tétées sont toujours des moments privilégiés. Ils témoignent d'un lien physiologique qui perdure entre la maman et son bébé. Le « cordon » est coupé au plan physique, mais l'intimité de l'allaitement maintient un sentiment fusionnel très riche, qu'aucun des deux partenaires n'a parfois envie de rompre. Si la mère n'est pas trop anxieuse et sait compenser l'arrêt de l'allaitement par un surcroît de câlins et de proximité, le sevrage se passera généralement très bien et le bébé, après un temps d'adaptation, appréciera ses biberons comme il appréciait le sein.

LE RETOUR DE COUCHES

La reprise du cycle menstruel s'effectue 6 à 8 semaines après l'accouchement lorsque la femme n'allaite pas et dans les jours qui suivent le sevrage en cas d'allaitement. Attention, l'allaitement n'est pas pour autant une méthode contraceptive efficace ! Si vous ne souhaitez pas commencer une nouvelle grossesse immédiatement, mieux vaut mettre en place une contraception dès la reprise de votre activité sexuelle, dans les semaines qui suivent l'accouchement.

Donner de la vitamine D

Appelée aussi « vitamine antirachitisme », la vitamine D est indispensable à l'organisme du nourrisson. Elle l'aide à faire face à la croissance rapide qui est la sienne pendant les premiers mois et les premières années de sa vie. Le corps humain a la faculté de fabriquer seul cette vitamine, à condition de s'exposer au soleil. Or, c'est rarement le cas des nouveau-nés, d'abord parce que les bains de soleil leur sont déconseillés, ensuite parce qu'ils ne vivent pas tous en Provence ! De toute façon, il est nécessaire de compléter leur alimentation avec un apport en vitamines D, été comme hiver.

La vitamine D se trouve dans la plupart des aliments lactés diététiques (laits de bébé) enrichis, mais le lait maternel en contient très peu. C'est la raison pour laquelle vous allez devoir en donner à votre bébé, dès son premier ou son deuxième mois, et jusqu'à l'âge de dix-huit mois.

La vitamine D peut s'administrer de deux façons différentes :

◗ soit quotidiennement, sous formes de gouttes que l'on ajoute au jus de fruit du bébé ;

◗ soit sous forme d'une ampoule que l'on donne au bébé une fois par trimestre ou par semestre, selon les indications du pédiatre. En effet, la quantité à donner au bébé est variable : elle dépend de son âge et de son type d'alimentation.

La prise de poids

Inutile de peser votre bébé tous les jours : s'il mange normalement, il grossira progressivement, comme tous les bébés. La prise de poids n'a pas de sens d'un jour sur l'autre car elle dépend de l'heure de la pesée, de l'appétit de votre enfant, etc. En revanche, elle doit s'établir de façon relativement régulière d'une semaine à l'autre, puis d'un mois à l'autre.

La prise de poids moyenne d'un bébé au cours de sa première année est impressionnante : en douze mois, il aura généralement triplé son poids de naissance !

Prise de poids moyenne par mois
0 à 3 mois : 900 g
3 à 6 mois : 750 g
6 à 9 mois : 600 g
9 à 12 mois : 450 g

Ce tableau n'est qu'indicatif. La prise de poids varie beaucoup d'un bébé à l'autre, en fonction de sa corpulence, de sa carrure. Ce qui importe, plus que le poids lui-même, c'est de suivre la courbe de poids et de taille qui figure sur le carnet de santé, prolongée à chaque nouvelle visite. Celle-ci doit être régulièrement ascendante.

Il n'aime pas l'eau

Le bébé passe les neuf premiers mois de sa vie, dans le ventre maternel, en milieu liquide. La sensation de l'eau sur sa peau lui est donc bien connue et normalement très appréciée. Le premier bain, donné parfois en salle de travail, le prouve. Pourtant certains enfants, dans les jours ou les semaines qui suivent la naissance, se mettent apparemment à détester l'eau. Ils refusent le bain et hurlent chaque fois qu'on les y plonge.

Pourquoi ?

C'est difficile à dire. Comment savoir s'il n'aime pas le bain ou s'il le redoute ? Il semble qu'une seule expérience désagréable suffise. Le bébé peut avoir eu du savon dans les yeux, ou avoir éprouvé un sentiment d'insécurité parce qu'il n'était pas bien soutenu. Si un jour, à la maternité par exemple, un bain a été donné de façon trop brusque ou dans une eau trop froide, cela peut suffire. Le bébé a associé le bain et son souvenir désagréable. Depuis, il pleure chaque fois. D'autant qu'il déteste le plus souvent sentir l'air sur sa peau nue.

Que faire ?

D'abord, ne jamais forcer un bébé qui n'aime pas l'eau. Vous devez prendre le temps, très progressivement, de le réconcilier avec le plaisir de l'eau. Interrompez le bain si nécessaire. Vous pouvez, à la place, laver votre bébé avec un gant de toilette et du savon, et le rincer avec le gant que vous trempez dans une eau bien chaude, sans crainte pour son hygiène. Si, de plus, vous prenez soin de laver alternativement le haut, puis le bas du corps sans jamais le mettre entièrement nu, il y a de fortes chances pour que tout se passe bien.

POUR FAIRE DU BAIN UN PLAISIR PARTAGÉ

- Ne donnez pas le bain juste avant le repas : s'il hurle dans ce cas, c'est peut-être de faim.
- Soignez particulièrement le confort de votre bébé : eau suffisamment chaude (37 °C, à vérifier avec un thermomètre), serviette sur le radiateur, chauffage d'appoint dans la salle de bains, habits à portée de la main, etc.
- Faites de l'heure de la toilette un moment privilégié de communication. C'est le temps du jeu, des chatouilles, des caresses, du bavardage. Un moment de disponibilité totale, où vous avez pris soin de débrancher le téléphone.
- Lorsque votre bébé se sent bien, plongez-le progressivement dans une petite baignoire ou un lavabo, juste pour le rincer. Mettez d'abord peu d'eau, puis davantage le jour suivant. Tenez fermement votre bébé dans vos bras et plongez-le doucement dans l'eau tout en continuant de lui parler d'une voix douce et tendre pour le rassurer, en le regardant droit dans les yeux.
- Commencez par un temps « d'immersion » très court et retirez l'enfant de l'eau dès qu'il manifeste son désagrément. Avec le temps, vous pourrez faire durer son bain plus longtemps.
- Ne videz jamais l'eau de la baignoire tant que le bébé est encore dedans : cela pourrait l'inquiéter. Ne rajoutez pas non plus d'eau chaude : il est difficile d'en contrôler la température et les risques de brûlure sont trop grands.
- Trouvez un ou deux jouets de bain que le bébé aura plaisir à retrouver chaque jour et à voir flotter.

Si vous vous y prenez en douceur, en confort et en sécurité, le bain ne tardera pas à redevenir un plaisir.

Les différents modes de garde

Si vous devez reprendre votre travail, il y a de grandes chances pour que vous sachiez déjà à qui vous allez confier votre bébé. Toute future maman qui décide de ne pas bénéficier du congé parental d'éducation sait qu'elle doit se mettre rapidement à la recherche d'un mode de garde pour son bébé à naître. Mais la recherche d'une solution satisfaisante est parfois longue et difficile, et il se peut que vous hésitiez encore.

L'idée de confier son bébé répugne à beaucoup de mamans. Plus pénible encore est cette image des parents qui se lèvent tôt et arrachent leur petit à son sommeil quand il fait encore nuit, l'habillent en lui donnant son biberon, puis le sortent par tous les temps pour le déposer en hâte avant de courir à leur travail… Du coup, certains parents qui ont des moyens financiers suffisants préféreront trouver un mode de garde à domicile, quitte à partager la « nounou » avec une autre famille ayant un enfant du même âge. Les autres prendront leur temps et seront attentifs à choisir le mode de garde qui correspond le mieux à leurs désirs, à l'idée qu'ils se font du bien-être de leur bébé et à leur organisation.

S'il n'existe pas de mode de garde idéal, la situation s'est bien améliorée ces dernières décennies : prise en compte des connaissances sur la psychologie de l'enfant, écoute des parents, accueil personnalisé, formation diplômante du personnel, etc. Si les assistantes maternelles formées sont, dans leur très grande majorité, des femmes (et quelques hommes, ne les oublions pas…) dont l'expérience des jeunes enfants s'ajoute à de grandes qualités humaines, les crèches sont devenues des lieux de vie à même d'assurer aux enfants les meilleures conditions d'un bon développement affectif, physique, intellectuel et social.

En théorie, les parents ont le choix entre plusieurs possibilités. Dans la pratique, le choix est malheureusement beaucoup plus restreint. Il faut savoir qu'il n'existe pas un mode de garde absolument meilleur que les autres. Mais il y en a qui correspondent mieux à certains parents, parce qu'ils leur semblent plus pratiques ou plus sûrs.

Pour toute mère qui travaille, cette question de la garde est une question clé. Elle sait qu'elle ne pourra retravailler le cœur en paix que si son bébé est dans un bon environnement et semble heureux. Le mieux est de s'y prendre tôt pour choisir d'abord en fonction de son goût. Puis de prévoir une solution de rechange en cas de refus. Le mieux sera, une fois le mode de garde choisi, de s'y tenir afin d'offrir au bébé la possibilité de s'habituer durablement à ce nouveau « chez lui ».

La crèche collective

Elle peut être municipale, départementale d'entreprise, parentale... Elles accueillent les enfants de 3 mois à 3 ans, dans le cadre d'un règlement intérieur précis. Elles sont généralement ouvertes de 7 h à 18 h 30, ce qui ne convient pas à toutes les situations professionnelles. Leur coût est le plus souvent fonction des revenus des parents. De plus en plus, on voit apparaître des crèches d'un mode nouveau, baptisées « multi-accueil », dont les règles sont plus souples : horaires plus étendus, possibilité d'inscrire son bébé à temps partiel.

Le nombre de places offertes en crèche étant bien souvent inférieur au nombre de demandes, il faut se renseigner très tôt (dès le début de la grossesse) pour connaître les délais et les modalités d'inscription.

La crèche a les avantages et les inconvénients de la collectivité. Elle favorise l'éveil et la sociabilité des enfants. Elle les accueille tous les jours ouvrables, ne tombe jamais malade, assure les vacances et ne déménage pas. Le personnel, formé et encadré par une puéricultrice et des éducatrices de jeunes enfants, assure hygiène, éveil, sécurité, etc. L'espace est vaste, les activités sont variées, la télévision y est inexistante et les possibilités de stimulation y sont nombreuses.

Mais la crèche impose aussi aux très jeunes enfants des contraintes qui ne sont pas forcément en accord avec le rythme et les besoins personnels. La vie en collectivité met l'enfant au contact d'un nouvel univers de bruit et de mouvement, qui engendre de la fatigue, et… peut lui offrir en partage de nombreux microbes (la fameuse « créchite » des pédiatres !). Enfin, la multiplicité du personnel et les horaires de chacun ne favorisent pas toujours l'établissement de liens affectifs réels et sécurisants.

▸ **La crèche d'entreprise** possède les mêmes caractéristiques. Généralement de très bonne qualité, elle a pour principaux avantages que les parents sont quasiment assurés d'y trouver une place et ses horaires d'ouverture sont adaptés à leurs contraintes professionnelles. Le seul inconvénient pour le bébé peut être la durée des transports, qui est donc la même que celle du parent employé.

▸ **La crèche parentale** présente les mêmes avantages et inconvénients que les autres. Souvent plus petite et plus conviviale, elle requiert une participation hebdomadaire des parents à son fonctionnement et exige donc une disponibilité et une implication importantes dans le projet d'établissement.

L'assistante maternelle

Il s'agit le plus souvent d'une mère de famille qui accueille votre bébé à son domicile en même temps que deux ou trois autres enfants. Si elle est agréée, elle est suivie par une assistante sociale et les services de la PMI. Les horaires et les tarifs sont à décider conjointement. La mairie vous fournira une liste d'adresses d'assistantes maternelles habitant près de chez vous. Des « Relais Assistantes Maternelles », destinés à gérer tous les liens avec les parents, existent aujourd'hui dans de nombreuses communes.

S'il est difficile de parler des assistantes maternelles en général, tant la dimension relationnelle et humaine est importante, on peut cependant relever les avantages de ce mode de garde. Le bébé se trouve dans un vrai foyer, plus riche d'expériences quotidiennes : on va au marché, on va chercher « les grands » à l'école, on épluche les légumes pour le déjeuner. Le petit nombre d'enfants gardés (de un à trois généralement) permet à l'assistante maternelle de bien les connaître et de respecter leur individualité. Les façons de faire et les horaires sont plus souples, discutés d'un commun accord lors du contrat. La relation entre l'assistante maternelle et l'enfant est individualisée, affectueuse et permanente.

Certaines mamans peuvent aussi y trouver des inconvénients. Supportant mal la force de l'attachement qui unit leur bébé à son assistante maternelle, elles peuvent en prendre ombrage, et se sentir en situation de rivalité. Mais attention, tout changement brusque d'assistante maternelle est vécu douloureusement par l'enfant. Il est par ailleurs impossible de savoir ce qui se passe vraiment au foyer de l'assistante maternelle dans la journée. Cette obligation de confiance décourage parfois les parents anxieux.

La crèche familiale

Ce type de garde est à mi-chemin entre la crèche classique et l'assistante maternelle. L'enfant est confié à une assistante maternelle agréée, mais celle-ci dépend d'une crèche, en fait un regroupement d'assistantes maternelles sous la direction d'une puéricultrice. Celle-ci assure le suivi, la formation et la relation avec les familles. La plupart des crèches familiales disposent d'un local servant de jardin d'enfants : une éducatrice de jeunes enfants y reçoit les plus âgés d'entre eux (deux à trois ans) une demi-journée par semaine. Les tarifs sont fonction des revenus des parents.

Les autres solutions ponctuelles

▶ La halte-garderie n'est pas conçue pour les mères qui travaillent, mais pour dépanner de temps à autre les mères au foyer. Les horaires sont variables (certaines haltes garderies prennent les enfants une journée entière) et les places souvent très demandées.

▶ La « débrouille » va de la crèche parentale à la jeune fille à domicile que l'on partage avec la voisine, en passant par la concierge-nourrice-au-noir et la grand-mère complaisante. Cette dernière solution est évidemment idéale pour l'enfant comme pour sa mère, mais c'est un luxe de plus en plus rare. Les familles sont souvent éloignées et les grands-mères pas toujours disponibles…

Les pleurs du soir

Nombreux sont les bébés qui, en fin de journée, se mettent à pleurer de façon systématique et bien mystérieuse. Ces pleurs sont de sinistre réputation. La journée se termine, maman est fatiguée et aspire au repos. Papa rentre, heureux de retrouver sa petite famille. Chacun rêve d'un moment tendre et chaleureux… C'est à ce moment-là que bébé se met à pleurer sans raison apparente et inconsolablement…

On a avancé plusieurs explications :

◗ le bébé a besoin d'exprimer et de décharger toutes les tensions accumulées dans la journée ;

◗ c'est l'heure où la mère est pressée et fatiguée : le bébé ne fait que renvoyer la tension ambiante ;

◗ il a besoin de décharger un surplus d'énergie avant de pouvoir se calmer et s'endormir ;

◗ il ressent l'angoisse du soir qui tombe. « L'heure où les lions vont boire » n'est pas seulement douloureuse pour les bébés, elle l'est aussi pour les malades et les personnes âgées ou solitaires, qui traversent alors un petit moment de dépression.

Il se peut que bébé, dont le système nerveux est encore immature, ait une raison neurophysiologique de pleurer dont nous ignorons le mécanisme.

Toujours est-il que ces pleurs réguliers, à l'heure où la famille se retrouve avec cent choses à faire et à discuter, sont parfois bien difficiles à supporter. Essayez de rester calme : plus l'entourage est énervé et plus l'enfant pleurera. Dites-vous que votre bébé a sans doute besoin de décharger ainsi sa tension.

Que faire ?

Soyez proche de votre bébé. Parlez-lui, bercez-le doucement. Glissez-le contre vous dans une écharpe ou un porte-bébé. Vous pouvez essayer également de marcher avec lui, ou de lui faire écouter une musique douce. Si cela ne fonctionne pas, laissez-le un peu seul en restant à proximité.

On ne connaît pas de remède miracle à ces crises de larmes du soir. Peu à peu, l'enfant finit par se calmer et, l'âge aidant, ces crises s'espacent et disparaissent. Ne vous croyez pas de mauvais parents parce que vous ne parvenez pas à calmer votre bébé. Une fois que vous avez tout essayé, le mieux est d'attendre que cela passe, tout en restant tendre et compatissant.

Si l'enfant avait un réel besoin que vous n'avez pas compris (boire, téter, être découvert, etc.), il risque d'entrer dans une véritable rage. Une fois sa crise de larmes finie, s'il n'est pas tombé directement dans le sommeil, il est important de le câliner, de le rassurer et de lui affirmer que vous l'aimez toujours autant malgré sa « méchanceté » et ses cris.

Quelle que soit la difficulté que vous ayez à supporter ces crises de la fin de journée, résistez absolument au désir de donner à votre bébé un sirop calmant. Ces soi-disant remèdes sont, à long terme, plus graves que le mal. Car ils s'attaquent aux effets sans permettre de réfléchir aux causes.

Bien évidemment, bannissez davantage encore les cris et les mouvements brusques envers l'enfant : ils peuvent être dangereux et en aucun cas n'amélioreront la situation.

Les besoins de sommeil

Le nombre d'heures que passe un bébé à dormir va diminuer rapidement de mois en mois au cours de la première année. Voici un tableau récapitulatif qui donne une idée du nombre d'heures qu'un bébé passe habituellement à dormir chaque jour. Ce chiffre inclut le sommeil de nuit ainsi que la ou les siestes faites dans la journée.

Ses besoins en sommeil selon son âge
nouveau-né : 18 à 20 heures
1 à 3 mois : 18 à 19 heures
4 à 5 mois : 16 à 17 heures
6 à 8 mois : 15 à 16 heures
9 à 12 mois : 14 à 15 heures

Autour d'un an, le bébé dort généralement une douzaine d'heures la nuit et refait une sieste de deux à trois heures l'après-midi. Mais ces chiffres ne sont qu'indicatifs car il existe de grandes variations individuelles. Certains bébés, gros dormeurs, feront encore une sieste le matin à onze ou douze mois. D'autres dormiront moins et s'en porteront très bien. Ces petits dormeurs qui hurlent dans leur lit pour qu'on les lève ne relèvent pas du sirop calmant... Certains bébés sont « du soir » et font la java jusqu'à des heures tardives. D'autres sont des lève-tôt, en pleine forme avant l'aube. Cela risque de durer quelques années, alors autant en prendre son parti !

Bientôt peut-être des nuits complètes...

Voilà la grande question des parents de bébés de cet âge : quand commencera-t-il à faire ses nuits ? Il faut en effet avouer qu'il est très difficile d'être réveillé la nuit par des cris exigeants, de devoir se lever, nourrir le bébé, le changer, le recoucher... Sans certitude de pouvoir se rendormir, mais certain d'être épuisé le lendemain matin par ces nuits hachées !

Si, à la naissance, le bébé confond le jour et la nuit, au fil des semaines, sa durée de sommeil nocturne augmente. La prise de poids permet au bébé de tenir davantage d'heures sans manger. Il s'habitue peu à peu au rythme de vie de la maison et comprend intuitivement que « la nuit, c'est fait pour dormir ». Inutile pourtant d'attendre qu'il fasse des nuits complètes avant dix à douze semaines et avant qu'il pèse cinq à six kilos environ. Vers trois mois, il peut dormir huit à neuf heures d'affilée, ce qui est déjà un gros soulagement pour ses parents.

Comment faciliter le sommeil de nuit ?

▶ *En aidant le bébé à faire la part entre le jour et la nuit.* Les sommes de jour se font à la lumière naturelle. Le bébé entend en fond sonore les bruits de la maison. Il sait que les autres occupants des lieux ne dorment pas. Quand il se réveillera, il les rejoindra. Le sommeil nocturne, en revanche, se fait dans l'obscurité et le calme. Si les parents se lèvent la nuit à la demande du bébé, ils le font dans la pénombre et en chuchotant.

▶ *En habituant le bébé à s'endormir seul.* Le sommeil est une succession de cycles, et il est fréquent que le bébé s'éveille à moitié entre deux cycles. S'il est habitué, dans la journée, à s'endormir dans les bras ou au sein, il recherchera, au milieu de la nuit, ces mêmes conditions pour replonger dans le prochain cycle de sommeil. Pour une bonne prévention des troubles du sommeil, il convient donc de coucher bébé dans son petit lit et de sortir de sa chambre alors qu'il est encore éveillé. Il va développer son aptitude à s'endormir seul… ce qui sera précieux pour toute la famille à trois heures du matin !

▶ *En lui faisant passer l'habitude de se nourrir la nuit.* Si les parents continuent à nourrir leur bébé la nuit alors qu'il pourrait physiologiquement s'en passer, ils contribuent à créer une habitude : l'estomac crie famine à heures fixes ! Le mieux est de commencer à donner une plus petite quantité de lait, quitte à compenser avec de l'eau, afin que l'organisme du bébé s'habitue à ne pas recevoir de nutriments pendant sept à huit heures.

▶ *En installant des horaires réguliers.* Plus la vie quotidienne du bébé sera réglée, plus les habitudes et les horaires commenceront à se stabiliser, et mieux il dormira. La régularité, parce qu'elle rend la vie prévisible est très rassurante pour le bébé.

Votre bébé a deux mois

Il pèse :

Il mesure :

Description de bébé :

Ce qu'il a fait pour la première fois ce mois-ci :

Combien de repas par jour ?

Il existe une règle indicative permettant de savoir combien de repas le bébé doit prendre chaque jour et quand diminuer le nombre des biberons. Cette règle est la suivante :
- Quand le bébé pèse 4 kg, il prend 5 ou 6 repas ;
- Quand le bébé pèse 5 kg, il prend 4 ou 5 repas.

Mais cela n'est donné qu'à titre indicatif et doit être modulé selon chaque enfant. À neuf semaines, la majorité des bébés se réveille encore vers cinq ou six heures du matin, avec une vraie faim. Cela impose de donner le premier biberon à cette heure-là, donc de rester à cinq repas par jour. Sinon, les écarts entre les biberons seraient trop importants pour que le bébé puisse attendre. Dans la journée, un écart de trois à quatre heures environ entre les repas semble raisonnable. Le lait maternel étant plus vite digéré, un bébé au sein prendra des repas plus fréquents qu'un bébé nourri au biberon.

Quand votre bébé se réveillera plus tard le matin, vers sept ou huit heures, il sera temps de passer à quatre repas, espacés de quatre heures environ.

D'autres bébés se réveillent encore la nuit pour réclamer à manger et un biberon d'eau ne les satisfait pas : il est normal de leur donner un biberon de nuit tant qu'ils en ont besoin. Mais attention à ne pas confondre la faim et le besoin avec l'habitude de manger.

Chaque enfant a son rythme propre. Finalement, c'est votre bébé qui doit vous indiquer le nombre de repas dont il a besoin. Il se régulera progressivement de lui-même, en accord avec le rythme de la maison, en tenant compte de ses besoins et des vôtres.

Le troisième mois

Qui est bébé ?

Il s'agit d'une étape importante où l'on voit véritablement le bébé sortir de la phase « nouveau-né ». La période des pleurs souvent inexplicables cesse. Le bébé, désormais « acteur », commence à donner sens à son corps, qui va progressivement être perçu comme un tout, et à ce qui l'entoure.

À cet âge, apparaissent nettement les différences individuelles : les progrès dans tel ou tel domaine vont devenir fonction du tempérament de l'enfant. Le bébé très actif « attrapera » plus vite, mais sans maîtrise du geste ni attention particulière à l'objet. Le bébé plus lent et sensitif mettra davantage de temps à franchir la même étape, mais l'intégrera totalement en prêtant grande attention à chaque détail.

Au cours du troisième mois, le bébé franchit une étape sur le plan de la coordination : il apprend peu à peu à faire fonctionner ensemble ses oreilles, ses yeux, tout en bougeant ses mains et sa tête. Ce qui nous semble évident, à nous adultes, ne l'est pas pour le bébé : il lui faut plusieurs mois pour être capable de tendre la main ou de tourner la tête vers un objet attirant ou vers un son nouveau.

Les mains, et accessoirement les pieds, commencent à prendre une place dominante. L'enfant qui les a découverts va passer de longs moments à les examiner et à les manipuler, comme il le ferait du plus intéressant des jouets. Il porte mains et pieds à la bouche. La bouche est un lieu privilégié : c'est par là qu'il fait connaissance avec les objets. C'est sa bouche qui le renseigne sur la texture, la forme, le goût. Même si l'enfant attrape encore mal, il faut dès maintenant être très vigilant sur les objets que vous laissez à sa portée.

Plus attentif à ce qui l'entoure, le bébé va être sensible au fait que l'on a déplacé son berceau ou changé les affiches accrochées à côté de son lit. Il commence à s'intéresser aux couleurs vives.

Enfin, il est devenu particulièrement sensible aux expressions du visage, et des yeux en particulier. N'oubliez pas que votre bébé a pour souci principal d'être avec vous et d'être aimé de vous. Aussi ne ménagez pas les encouragements et les preuves d'amour chaque fois que votre bébé tente ou réussit quelque chose de nouveau pour lui. Applaudissez, souriez, montrez votre fierté. Ces découvertes permanentes et quotidiennes sont certes passionnantes pour lui, mais aussi parfois un peu inquiétantes et nécessitent que vous soyez là pour le rassurer, l'encourager et l'aimer.

Lorsqu'il est seul, le bébé examine attentivement ce qui l'entoure : il scrute les couleurs, les formes, les contours, les motifs, les mouvements. Le reste du temps, il roucoule et vocalise : il exerce sa voix et semble fasciné par les sons qu'il est capable de produire !

Un bébé de plus en plus curieux

Le bébé grandit. Il passe moins de temps à dormir et davantage à regarder autour de lui. Il aime accompagner ses parents de pièce en pièce dans la maison, mais ce qu'il préfère c'est aller se promener et découvrir les plaisirs de la rue.

Son adaptation au rythme de la maisonnée est meilleure : on peut désormais prévoir avec plus d'exactitude ses heures de repas et ses heures d'éveil. C'est pendant ces temps d'attention calme que l'on peut aider bébé à satisfaire sa curiosité. Il faut savoir que cette pulsion de connaissance, de découverte, d'inconnu, est vraiment ce qui pousse les petits enfants à grandir et à progresser. Ils sont curieux et prêts à se donner du mal pour satisfaire leur curiosité ; à nous de mettre à leur portée ce qui est susceptible de les intéresser !

Pouvoir regarder ce qui l'entoure

Toujours couché sur le dos, bébé a peu d'occasions de voir ce qui l'entoure et de s'exercer au mouvement. C'est pourquoi il est intéressant de l'habituer rapidement à être assis dans un siège conçu pour lui ou allongé sur le ventre, sur une couverture d'éveil par exemple. Il s'entraîne à relever la tête et à se tenir sur les avant-bras, ce qui a l'avantage de renforcer les muscles de sa nuque et de son dos. Certains bébés, parce qu'ils n'y sont pas habitués, protestent dans cette position. Inutile de les y laisser longtemps. Asseyez-vous à côté de votre bébé et placez devant lui des petits jouets vers lesquels il pourra tendre la main, et il s'adaptera vite à cette position !

Lorsque vous utilisez un landau pour emmener votre bébé en promenade, il devient également nécessaire de surélever le bébé de façon que, partiellement assis, il puisse voir ce qui se passe autour de lui. S'il est couché sur le ventre et a la tête enfouie au fond du landau, la promenade perd pour lui beaucoup de son intérêt...

UN HAMAC POUR DÉCOUVRIR LE MONDE

Si vous ne l'avez pas encore fait, il est temps d'installer votre bébé dans son hamac. Vous pouvez aussi utiliser une chaise rigide, à dossier inclinable, que l'on pose sur le sol. Au début, mettez votre bébé dans une position presque allongée ; puis très vite, il supportera une position plus inclinée. Au début, vous ne le laisserez qu'une dizaine de minutes dans sa chaise. Selon ses réactions, vous pourrez augmenter ce temps. Si votre bébé a tendance à glisser, n'oubliez pas de le sangler (la sangle qui passe entre les jambes le retiendra). Vous pouvez aussi le stabiliser en glissant un petit coussin à côté de lui.

Un bébé de plus en plus habile

À la naissance, le bébé ne sait pas attraper, ni même tendre seul la main vers un objet désiré. Deux ans plus tard, il est capable de tenir correctement un feutre et de s'entraîner au gribouillage des papiers peints. Quelles étapes suivent cette évolution de l'habileté manuelle ?

▶ *Le nourrisson.* Ses mains sont fermées. Elles peuvent saisir un objet si celui-ci effleure la paume (réflexe d'agrippement), mais l'enfant ne contrôle pas cette prise et il va lâcher involontairement très vite. Cet agrippement est très tonique.

▶ *2 mois.* Les mains du bébé s'ouvrent. Lorsqu'une chose l'attire, il tend encore peu la main dans la direction de l'objet : c'est plutôt tout son corps qui s'excite globalement.

▶ *3 mois.* Le réflexe d'agrippement a disparu. Le bébé peut tenir un hochet mais n'est pas capable de l'attraper sans aide.

▶ *4 mois.* Le bébé tend clairement la main vers ce qu'il vise, mais la poigne est encore malhabile. On observe un début de coordination des deux mains.

▶ *6 mois.* Le bébé vise mieux et peut maintenant attraper un objet qu'il vise. Il sait porter à la bouche, passer d'une main dans l'autre et heurter pour faire du bruit.

▶ *8 mois.* Le pouce s'oppose aux autres doigts, ce qui permet une prise plus précise et des gestes minutieux. La main sert aussi à jeter ou à repousser ce que l'enfant ne veut pas.

▶ *10 mois.* L'index devient prédominant et l'enfant s'en sert pour montrer du doigt. L'habileté manuelle se développe dans toutes les directions : tourner, faire rouler, tirer, etc.

▶ *12 mois.* La manipulation devient plus fine et plus sûre. Le bébé est capable d'imiter des gestes simples et d'empiler deux ou trois cubes.

Le développement physique

▶ *0-2 mois.* La tête du bébé tombe si elle n'est pas tenue. Le bébé reste couché dans la position où il a été posé. Éveillé, il peut avoir des mouvements amples.

▶ *2-4 mois.* Allongé sur le ventre, l'enfant soulève sa tête et la garde ainsi un bon moment. Il commence à pouvoir se retourner sur lui-même (attention aux chutes !).

▶ *4-6 mois.* Le bébé, posé assis, tient désormais son dos droit et aime être calé avec des coussins. Mais s'il tombe, il ne peut pas se redresser. La tête tient droite. Si on le tient debout, ses pieds repoussent le sol.

▶ *6-8 mois.* Certains bébés vont déjà apprendre à ramper, de différentes manières, ou plutôt à se propulser sur le sol. D'autres apprennent à s'asseoir seuls et à tenir peu à peu sans l'appui des mains.

▶ *8-10 mois.* L'enfant rampe ou se déplace à quatre pattes de façon de plus en plus rapide. Il adore se tenir debout et se hisse après n'importe quoi. Il tient assis partout sans support.

▶ *10-12 mois.* L'enfant gagne en stabilité dans la position assise ou debout. Il se déplace en se tenant aux meubles. L'équilibre est instable, mais un jour ou l'autre, il lâche son appui et fait ses premiers pas.

L'érythème fessier

C'est le terme médical consacré que l'on donne aux rougeurs qui apparaissent fréquemment sur les fesses des bébés. Elles sont dues le plus souvent à la fragilité de la peau, en contact fréquent avec l'humidité et l'acidité des couches. L'urine et les selles produisent de l'ammoniaque qui brûle la peau. Ces rougeurs, pour banales qu'elles soient, n'en sont pas moins douloureuses et nécessitent que l'on s'en préoccupe. En effet, si elles ne sont pas traitées rapidement, elles peuvent s'aggraver, une surinfection peut apparaître qui peut devenir très douloureuse.

▶ Changez la couche de votre bébé dès que nécessaire. Ne le laissez jamais longtemps avec une couche mouillée ou sale sur les fesses.

▶ Aussi souvent que possible, notamment l'été et dehors, laissez-lui les fesses à l'air. Il n'y a pas de meilleur traitement.

➡ **Une suggestion**

Préventivement, vous pouvez essayer d'enduire les fesses de votre bébé, à chaque change, d'une très fine couche d'une crème protectrice ou d'un liniment oléo-calcaire. Il s'agit d'un soin à base d'huile d'olive, qui a des propriétés nourrissantes et protectrices. On le trouve en pharmacie pour un prix modique. Les deux ont le mérite d'isoler les fesses du bébé de l'humidité. Mais cessez les applications en cas de rougeurs, car elles empêcheraient la peau de respirer donc de guérir convenablement. En fait, il semble que la meilleure prévention soit une parfaite hygiène à base d'eau et de savon...

◗ À chaque change, lavez les fesses de l'enfant avec un coton imbibé d'eau chaude, et avec du savon de Marseille en cas de selles. Rincez très soigneusement et séchez longuement avec un séche-cheveux.

◗ Appliquez éventuellement une pommade ou badigeonnez avec une solution, selon ce que le pédiatre aura prescrit.

◗ Assurez-vous qu'il ne s'agit ni d'une réaction à une lessive ou à un type de couche, ni de l'effet d'une autre affection comme le muguet, par exemple.

Tous les bébés ont du génie

Les possibilités de chaque enfant sont énormes, incalculables. Les gènes reçus de leurs parents lors de la conception leur fournissent un outil qui leur permet une quantité infinie d'apprentissages.

Un cerveau en construction

En arrivant au monde, chacun reçoit un excédent de bagages, excédent dont il devra se débarrasser pour continuer sa route. C'est en effet à la naissance que les cellules nerveuses sont les plus nombreuses. Au cours des années qui viennent, leur nombre (près de dix milliards, connectées entre elles) ne cessera de décroître. Ces cellules, si nombreuses lors de la naissance, ne sont pas encore pleinement efficaces parce qu'elles sont peu reliées entre elles. Au fur et à mesure que le cerveau se développe, des sortes de « ponts » vont connecter les cellules entre elles et former un véritable réseau, lequel permettra la circulation de l'information. Ces connexions se font le plus rapidement entre zéro et trois ans : c'est là que le cerveau prend sa « structure » de départ. Ainsi se forme, par la disparition d'un grand nombre de neurones et l'établissement de liens entre les autres, le schéma de base dont dépendra en partie l'évolution ultérieure.

Le cerveau du jeune enfant a une caractéristique fondamentale, qui va s'atténuer progressivement lorsque l'enfant va avancer en âge : il assimile tout. Il apprend, il ordonne, il engrange, sans effort apparent ou conscient. L'enfant apprend les choses les plus complexes, naturellement, sans obligation aucune, à une vitesse prodigieuse.

Cette immaturité et cette « flexibilité » du cerveau dans les mois et les années qui suivent la naissance sont uniques chez les mammifères. C'est ce qui permet aux humains de se dégager de leur déterminisme biologique et de devenir des êtres de culture. C'est en cela également que les premières années sont déterminantes, puisqu'elles font le lit des apprentissages ultérieurs. Mais en aucun cas on ne peut dire, comme l'ont fait certains, que « tout est joué » à tel ou tel âge.

Dès les premiers mois

▶ Non seulement le bébé est capable – ce que l'on sait déjà depuis longtemps – de discriminer des objets, c'est-à-dire de constater des différences entre eux, mais il peut, on le sait maintenant, les catégoriser, c'est-à-dire repérer des aspects communs au sein d'éléments différents.

▶ On a longtemps pensé que les sens, chez les jeunes bébés, fonctionnaient séparément et ne se coordonnaient que vers cinq ou six mois. On sait aujourd'hui que ce mécanisme est en place beaucoup plus tôt et procure au bébé une cohérence de son champ d'appréhension. Ce qu'il a exploré avec l'un de ses sens, le toucher par exemple, il est capable de le reconnaître visuellement. C'est ce que l'on appelle l'intermodalité.

▶ La connaissance du lien de cause à effet est à la base de toute action volontaire sur son environnement et de toute fonction logique (« Si je fais ceci, il se passe cela »). On a longtemps pensé qu'il ne pouvait intervenir avant cinq mois, lorsque le bébé a une action volontaire sur les objets. Certains chercheurs en situent désormais l'ébauche bien plus tôt. En effet, avant d'avoir une action sur les objets, le bébé en a sur les personnes : je crie… on vient. N'est-ce pas déjà une façon d'apprendre le lien de cause à effet ?

◗ Aussi surprenant que cela puisse paraître, les bébés ont spontanément le sens du rythme. Dans le domaine de l'audition les deux hémisphères cérébraux du bébé ont déjà chacun leur rôle. L'hémisphère gauche gère tout ce qui relève du langage et de la discrimination entre des sons proches. L'hémisphère droit, l'analyse musicale. Le bébé nous a montré ses préférences : elles vont à un rythme bien synchrone. Mis en présence de deux peluches bondissantes, son attention se détourne de celle dont les bonds s'accompagnent d'une percussion à contretemps. Notons que des bébés de deux mois sont déjà capables de percevoir une différence de tempo. Ils perçoivent des mélodies et les modifications que l'on y introduit. Les spécialistes qui ont mené ces recherches tendent aujourd'hui à penser qu'il existe une prédisposition humaine à certaines structures musicales, que l'on retrouve à la fois dans les musiques traditionnelles et dans les musiques classiques.

Un caractère bien à lui

Bien que les gènes puissent avoir une influence sur le caractère, il n'est pas possible de dire que les bébés naissent avec des qualités et des défauts. Ils naissent avec un équipement parfait pour entrer en contact, avec besoin d'aide pour survivre et avec des comportements qui varient beaucoup d'un bébé à l'autre. Selon la façon dont on répondra à ces comportements, ils évolueront d'une manière ou d'une autre.

Certains, dès les premiers jours, semblent pleurer davantage, ou dorment plus, ou sourient rapidement, ou tètent difficilement, etc. Chaque bébé semble témoigner rapidement d'un tempérament particulier, ou plutôt d'une manière personnelle « d'être au monde ». La mère, face à son bébé, va répondre. Si elle a l'impression de le comprendre, de lui faire du bien, d'être compétente, la relation entre eux va se développer harmonieusement et le bébé sera doté de qualités. Si elle ne le comprend pas, ne parvient pas à apaiser ses pleurs, devient anxieuse, le bébé va réagir par de nouveaux pleurs et sera vite rangé dans la catégorie des bébés « difficiles ». Un cercle vicieux risque alors de s'installer. De l'enfant que l'on étiquette « difficile » ou « capricieux », on attend moins de sourires, rapidement on lui en fait moins aussi. Or l'enfant s'égaie en écho, s'il sent qu'il fait la joie de ses parents…

Mieux connaître son enfant

Apprendre à connaître son bébé, c'est passer du temps à l'observer pour savoir quels sont ses rythmes et ses positions favorites, ce qui l'aide à se calmer et à s'endormir, où sont les fossettes et les petits plis, quelle est l'odeur de son crâne et la

LE POUVOIR DES ÉTIQUETTES

Parents et professionnels de la santé doivent se méfier du pouvoir des étiquettes. Les paroles du médecin lors de l'échographie ou des auscultations prénatales ont déjà tout un poids. Les parents sont si attentifs, si impatients que certaines phrases : « Celui-là, il bouge bien, ce sera un nerveux » ; ou : « Avec celle-là, vous n'avez pas fini d'en voir » ; ou encore : « La tête est un peu grosse par rapport à la moyenne » peuvent avoir un effet certain. De même, à la naissance, la sage-femme et le médecin-accoucheur tiennent la place des fées d'autrefois et leurs paroles sont de vrais oracles. Malheureusement, on entend parfois des réflexions comme : « Beau bébé, mais un peu petit », « Quelle voix, on sent qu'il aime crier ! », etc.

Il n'existe pas de bébés capricieux, gâtés, têtus, paresseux ou méchants. Mais si les parents en sont persuadés et qu'ils ont collé cette étiquette sur le comportement de leur enfant, il y a effectivement des risques pour qu'à terme il le devienne. Cet effet bien connu des psychologues (l'enfant a tendance à ressembler à l'image que l'on se fait de lui) commence tôt et peut, à terme, influer sur le caractère de l'enfant.

Le tempérament du bébé dans les premiers mois dépend de nombreux facteurs, notamment physiologiques. Son caractère, lui, se formera progressivement, au fil des mois et des années, selon ce qu'il porte en lui et ce qu'il rencontre autour de lui. Ne pas en préjuger trop tôt est un cadeau à lui faire.

forme de ses pieds. Ces mille détails font que chaque bébé est unique au monde.

Son caractère se construira peu à peu. Si vous ne l'avez pas préjugé, vous aurez plaisir à le découvrir au fil des jours. Mais sachez qu'un bébé heureux et en bonne santé est un bébé gai. Avec un bon caractère, mais pas toujours un tempérament facile. Après tout, un bébé est un être humain et non un ours en peluche, n'est-ce pas ?

Jeux et jouets

Jouer est déjà très important pour votre bébé, malgré son jeune âge. Non seulement il joue avec son corps, mais il joue aussi avec l'autre. Quotidiennement, il a pris l'habitude de passer un moment à ces jeux partagés avec ses parents, avec ses frères et sœurs. Regards, sourires, gloussements, chatouilles sont autant de moyens qu'il a de dire son plaisir.

Jouer avec son petit bébé est non seulement possible, mais souhaitable, pour son éveil comme pour sa joie de vivre. Encore faut-il prendre un certain nombre de précautions.

Plus l'enfant est jeune, plus sa durée d'attention est faible. Il n'a pas faim, il n'a pas sommeil, il est calme : c'est le bon moment. Mais il faudra arrêter au premier signe de fatigue. C'est au bébé de donner le rythme. Il faut être prompt à repérer le moment où l'enfant « décroche », soit par fatigue, soit par sur-stimulation, et cesser le jeu immédiatement. Il réagit mieux s'il peut voir le visage, et notamment les yeux, de celui qui lui parle ou qui joue avec lui : il faut donc se mettre bien en face de lui pour retenir son attention. Enfin, le bébé étant très sensible à notre état d'esprit intérieur, on ne peut vraiment lui faire du bien en jouant avec lui que si l'on se sent soi-même disponible, gai et détendu.

Jusque vers l'âge de quatre mois, le bébé va progressivement régulariser ses rythmes personnels et développer des habitudes. On le voit très rapidement s'éveiller et communiquer de manière de plus en plus fine : il sourit, il gazouille et s'essaie à produire des sons. La découverte de son corps l'occupe beaucoup et il peut rester de longs moments à examiner ces drôles d'objets animés que sont ses mains ! Assis dans son fauteuil relax, il s'intéresse à voir bouger des

DES IDÉES POUR JOUER AVEC SON BÉBÉ

Voici quelques idées de petits jeux simples que vous pouvez faire avec lui. Mais attention : quelques minutes à la fois suffisent. Sachez sentir sa disponibilité et sa fatigue pour arrêter à temps, avant qu'il ne se lasse.

• Suspendez des petits jouets ou un mobile dans son lit, au-dessus de ses mains, puis au-dessus de ses pieds. Montrez-lui comment il peut les faire bouger.

• Faites-lui découvrir des odeurs nouvelles. Pour cela, vous pouvez passer sous son nez un flacon de vanille ou de cannelle, une banane ou une orange coupée en deux, un flacon d'eau de rose, etc. Commencez toujours par humer vous-même, mimant le plaisir. Puis faites humer à votre bébé. Expliquez-lui de quelle odeur il s'agit, et demandez-lui s'il trouve aussi que cela sent bon.

• Faites-lui connaître des sensations nouvelles en faisant appel à son sens de l'équilibre. Pour cela, calez-le dans vos bras, couché à l'horizontale, son dos contre vous. Puis balancez-vous légèrement, d'un côté, de l'autre, penchez-vous en avant, en arrière, baissez-vous, relevez-vous, etc.

• Accrochez des grelots à des rubans que vous nouerez tantôt aux poignets, tantôt aux chevilles de votre bébé. Montrez-lui comment, en bougeant la main ou la jambe, il peut provoquer un son. Il aura vite compris. Attention : ne le laissez jamais seul avec ses grelots ; il risquerait de les avaler.

• Trouvez des morceaux de tissus, aux textures différentes. Caressez-en la paume de votre bébé, puis son corps. Si vous avez un peu de temps, vous pouvez coudre ces morceaux de tissus en un patchwork puis confectionner un gros serpent que votre bébé adorera.

Le troisième mois

objets colorés ou à voir évoluer ceux qu'il aime. Sur le plan de l'éveil intellectuel, le bébé apprend à coordonner deux actions réflexes de façon à élaborer de nouveaux schémas d'action plus complets et mieux organisés. Il se construit de nouvelles façons de faire, mieux adaptées à la réalité. Les actions du bébé sont totalement centrées sur lui-même, et le plus souvent produites la première fois par hasard. Mais l'enfant devient ensuite capable de les répéter. Citons par exemple la capacité à suivre un objet des yeux, à porter la main à la bouche ouverte, à tourner la tête dans la direction d'où vient le son, etc.

Les plaisirs de la bouche

Pour le bébé, la bouche est l'endroit central du corps, source de tous les plaisirs. Le bébé doit se reprendre à plusieurs fois pour attraper son pouce, ses doigts ou son poing, mais il fournit tous les efforts nécessaires pour y parvenir, preuve de l'importance qu'il y attache et de la satisfaction qu'il en éprouve. Dans les échographies, on voit des tout petits bébés sucer leur pouce dès le stade de six mois de grossesse, c'est dire si ce réflexe est archaïque.

Un enfant actif sucera généralement son pouce de façon vigoureuse. D'autres auront plus de mal à le trouver. Cette activité, tout en calmant l'enfant et en lui procurant du plaisir, apaise les sensations de faim et de tension interne. Il est important pour l'enfant qu'il puisse ainsi téter en dehors de la période des repas, qui ne suffit pas à satisfaire son besoin de sucer.

Il ne s'agit déjà plus d'une activité réflexe mais d'une recherche et d'un apprentissage volontaire, signe d'une grande volonté, d'un début d'autonomie et d'une grande intelligence dans le développement.

Sucer et porter à la bouche : il s'agit bien là d'une activité compulsive, source de plaisir. Elle implique la bouche, les lèvres, la langue, mais aussi le tube digestif et les organes de la voix. Au début, la zone orale est totalement liée au plaisir de l'alimentation, du sein ou du biberon, du lait chaud, du ventre plein. Puis le pouce remplace le sein.

Porter à la bouche est également un moyen d'investigation. Le jeu, pour bébé, consiste souvent à sucer son poing, ses orteils ou sa sucette. Lorsqu'il grandit, la bouche ne se limite pas seulement au plaisir de la prise de nourriture et à la succion du pouce. Quand il devient capable d'attraper un objet, grosse peluche ou petite miette de pain, c'est pour le mettre aussitôt dans sa bouche : il mordille, lèche et tète tous les objets qu'il parvient à attraper. L'enfant se comporte comme s'il voulait connaître grâce à sa bouche tout ce qu'il peut attraper avec sa main.

En portant à la bouche, l'enfant cherche à faire rentrer dedans tout ce qui est dehors et comprend ainsi qu'il existe un dehors différent de lui. Grâce à ce geste, il apprend aussi les caractéristiques de l'objet : la bouche renseigne l'enfant sur sa forme, sa texture, sa saveur, son odeur. C'est pour lui la meilleure façon d'appréhender le monde extérieur.

Vous allez reprendre le travail

Votre congé maternité va se terminer dans quelques semaines. Encore un mois de tendre et permanente complicité, avant de devoir confier votre bébé à quelqu'un qui se chargera de prendre soin de lui à votre place. À l'idée de le faire garder toute la journée, vous frémissez. Vous savez déjà que cette séparation sera comme un arrachement. Pourtant vous, adulte, vous avez choisi la situation et vous la comprenez. Pas votre bébé. Que faire pour qu'il ne souffre pas de cette séparation ? Comment l'y préparer dans les semaines qui restent ?

▶ Si vous allaitez encore, n'attendez pas les derniers jours pour le sevrer. Donnez-vous deux ou trois semaines, afin de remplacer très progressivement les tétées par des biberons, sans que cela soit lié à une séparation. Vous pouvez garder les tétées du matin et du soir.

▶ Profitez du mois qui vous reste pour faire garder votre bébé, tantôt une heure, tantôt un après-midi. Confiez-le à son papa, à sa grand-mère, à sa tante, à une baby-sitter… Vous lui donnerez ainsi l'habitude de se sentir bien avec d'autres que vous. Il apprendra aussi à avoir confiance en votre retour.

▶ Si ce n'est pas encore fait, préoccupez-vous rapidement de savoir à qui vous allez confier votre bébé. La séparation ne se passera bien pour lui que s'il vous sent profondément en accord avec la personne qui le garde et sûre de vos choix. Si votre enfant va passer ses journées chez une assistante maternelle, prenez le temps de la rencontrer longuement pour échanger sur les habitudes de votre bébé et sur la manière de concevoir son travail avec ceux qui lui sont confiés.

▶ Enfin, prévoyez du temps pour une adaptation progressive.

Les besoins fondamentaux du bébé

Pour se développer harmonieusement, un bébé n'a pas besoin que de lait. Nous allons passer en revue les différents autres besoins qui sont les siens : il s'agit bien pour lui de besoins dont la revendication est légitime et dont la satisfaction lui est due. Nullement de simples désirs ou de caprices. En répondant à ces besoins, non seulement on ne gâte pas son bébé, mais on lui permet de devenir un enfant plus facile, parce que plus heureux.

Ces douze premiers mois, si riches sur le plan des acquisitions, sont aussi une période délicate. L'enfant n'est pas encore autonome et doit être assisté pour satisfaire ses besoins. Citons en vrac : besoins de chaleur, d'affection, de tendresse, de régularité, de calme, d'éveil, de jeux. Besoin que l'on s'intéresse à lui, qu'on ne le laisse pas s'ennuyer seul dans son coin. Besoin de vivre dans un milieu où il se sente en sécurité, tant matérielle qu'affective…

Si l'enfant est parfaitement équipé pour se développer au mieux de ses possibilités, c'est à nous, parents et éducateurs, de lui offrir les conditions qui le lui permettront.

Les besoins physiologiques

Ce sont les besoins de nourriture, de chaleur, de soin et de confort. Inutile d'épiloguer. Tous les parents connaissent d'instinct la priorité de ces besoins et y font face, y compris au milieu de la nuit. Il faut savoir que la faim est pour le bébé une vraie souffrance, et qu'il n'y a donc pas lieu de le laisser inutilement crier de faim pour la raison que « ce n'est pas l'heure ». Quant à la régulation du chaud et du froid, elle n'est pas au point chez le tout petit comme elle l'est chez l'enfant plus grand. Le bébé a facilement trop chaud ou trop froid, ce qui nécessite une certaine vigilance.

Les besoins affectifs et psychologiques

Autrement dit l'amour, la tendresse et la réponse adaptée aux situations de détresse. On a découvert combien l'attachement à sa mère (ou à la personne qui la remplace) était un besoin fondamental pour la structuration de la personnalité de l'enfant. Ces liens étroits se tissent très tôt à travers la reconnaissance olfactive et auditive de la mère, mais aussi grâce à ces échanges de regards et à toute cette communication intime qui se met en place. Ces liens sont également dépendants de la manière dont la mère sait ou non comprendre les appels de son enfant et comment elle y répond. Le père et les autres membres de la famille ont aussi une place importante dès cet âge, mais il est incontestable que la mère, pendant ces toutes premières années, tient un rôle privilégié et que le bébé a besoin de cette référence.

Affection, chaleur humaine, disponibilité et régularité de contact sont indispensables au bébé. Ils lui permettent de développer un sentiment de sécurité. Les séquelles observées chez ceux qui en ont manqué sont souvent difficiles à guérir. *A contrario*, il est démontré que le contact physique entre le bébé et son parent aide directement au gain de poids, à la bonne santé et au développement du cerveau.

Finalement, c'est assez simple : le bébé a besoin d'être d'emblée accueilli comme une personne de la famille à part entière. Ni plus (la vie ne tourne pas exclusivement autour de lui), ni moins (l'attention à porter à un enfant n'est fonction ni de son âge, ni de ses revendications).

Les besoins sensoriels et culturels

Dès la naissance, les sens de l'enfant sont efficaces et la structuration de son cerveau va se développer en fonction des informations reçues. Les structures mentales ne pourront s'élaborer de façon satisfaisante en l'absence de stimulations d'ordre sensoriel. Aussi est-il important, pour son intelligence future (au sens le plus large), de ne pas le laisser toute la journée seul dans un berceau blanc, mais de l'intégrer aux activités de la famille et de le stimuler. Contacts peau à peau, caresses, odeurs diverses, jeux de voix et de musiques, paroles douces, couleurs, objets, formes, contacts étroits avec tous les membres de la famille sont autant de façons de répondre à ces besoins.

Cet éveil n'a pas besoin d'être calculé, ni de s'appuyer sur des jouets sophistiqués : c'est une démarche très simple. Pour le bébé, qui a tout à apprendre, la vie quotidienne auprès de ceux qu'il aime, commentée avec des mots qui lui sont directement adressés, est une source permanente d'éveil, d'apprentissage et de découverte. Cette parole destinée à l'enfant a un rôle humanisant et favorise l'éclosion de l'intelligence en servant de support à la pensée.

Chez l'enfant, développement intellectuel et développement affectif ne sont pas distincts. C'est sur la base solide d'un climat bienveillant et chaleureux qu'il peut partir tranquillement à la découverte du monde.

La conscience de l'entourage

Dès ses premières journées de vie, le bébé a appris, grâce à son odorat, son ouïe, puis sa vue, à reconnaître sa mère. Très rapidement, il a également reconnu son père, dont il avait déjà entendu la voix à travers la paroi du ventre maternel, surtout si celui-ci a à cœur de s'occuper de son bébé et d'avoir des échanges avec lui.

À trois mois, l'enfant a encore davantage conscience de son environnement. Il distingue ses parents des autres personnes et connaît également bien ses frères et sœurs aînés dont la venue le réjouit tout particulièrement. S'il y a un chien ou un chat à la maison, l'animal est forcément venu faire connaissance avec le bébé : ce dernier l'a repéré et se montre curieux à son approche. Il devient plus attentif à ce qui l'entoure.

Le bébé repère vite les différences entre les personnes qui s'occupent de lui : chacun a son style et c'est cela, justement, qui est intéressant. S'il a repéré que sa mère est celle qui sent bon le lait et le câlin, il sait aussi ce qu'il peut attendre de son père. De même qu'ils ont, pour l'enfant, des odeurs, des voix et des visages différents, ils ont aussi des manières de jouer, de le stimuler et même de le porter contre eux qui leur sont propres. Le bébé a besoin des deux.

Une plus grande réserve

La contrepartie de cette plus grande vigilance du bébé à son environnement, c'est qu'il ne se laisse plus aussi facilement approcher ou manipuler par les personnes qu'il ne connaît pas ou peu. Il peut même se mettre à pleurer si un « étranger » veut le prendre dans ses bras. Que les mamies ou les amis ne s'attristent pas : cela signifie seulement une meilleure connaissance du monde de ce tout petit bébé... Bientôt, quand il les connaîtra mieux, il leur sourira aussi et leur tendra les bras. En attendant, vous qui comprenez les inquiétudes de votre bébé, protégez-le en suggérant clairement aux grands-tantes qu'il n'est pas nécessaire qu'elles se jettent sur lui pour l'embrasser...

Le lit de bébé

Le temps n'est plus très loin (il est peut-être déjà là) où votre bébé sera désormais trop grand pour continuer à dormir dans un couffin ou dans un berceau. Vous allez devoir lui trouver un lit. Si c'est votre premier enfant, vous n'avez peut-être pas encore choisi le lit dans lequel vous l'installerez.

Le lit traditionnel des petits enfants jusqu'à trois ou quatre ans est le lit à barreaux. La profondeur du lit est souvent réglable : on abaisse le sommier vers le sol au fur et à mesure que l'enfant grandit et un côté des barreaux peut coulisser à volonté. Les barreaux permettent à l'enfant de voir ce qui se passe dans la chambre tout en l'empêchant de sortir de son lit. Un conseil, choisissez un lit dont les barreaux sont amovibles : lorsque l'enfant s'entraîne régulièrement à les escalader, il est temps de les enlever !

Lorsque j'ai eu mes enfants, l'idée de les enfermer derrière des barreaux m'a gênée. Aussi ai-je, en bricolant un peu, conçu un système que je vous propose.

L'idée consiste à faire dormir l'enfant sur un matelas, posé sur un sommier à lattes directement sur le sol, dans une chambre parfaitement sûre (*cf.* semaine 34). Comme le bébé aime avoir un espace de sommeil « délimité » (il rampe souvent jusqu'à avoir la tête appuyée contre la paroi du lit et il semble que cela le rassure), j'ai fabriqué un encadrement. Cet encadrement est constitué de quatre planches aux dimensions du sommier (en général deux de 120 cm et deux de 60 cm). La largeur des planches a environ deux fois l'épaisseur du sommier + matelas. Il ne reste plus qu'à les coller ensemble. Pour plus de douceur, j'ai recouvert les planches d'un grand tissu molletonné : en fait un ancien « duvet » tendu par-dessus l'encadrement en bois, sur lequel j'ai posé le matelas. Mais tout entourage de lit ou « bourrelet anti-chocs » fait aussi bien l'affaire.

Tant que le bébé ne rampe pas, il se trouve dans ce lit comme dans tout autre lit à ses dimensions. La seule différence pour vous est que vous devez vous baisser pour l'embrasser ! Mais dès que le bébé rampe, il apprend à passer par-dessus l'encadrement de bois. Ainsi lorsqu'il ne veut pas s'endormir ou lorsqu'il est réveillé à l'aube, il peut, librement, sortir de son lit et aller chercher tel ou tel jouet dans sa chambre.

J'ai bien, une ou deux fois, retrouvé mes enfants endormis sur la moquette, surpris par le sommeil avant d'avoir trouvé la force de regagner leur lit. Mais jamais je n'ai eu de problèmes pour les coucher à l'heure fixée ni pour les faire patienter en attendant l'heure du petit-déjeuner. Une fois la porte de la chambre fermée, ils étaient dans leur domaine, où ils pouvaient évoluer librement. Ce système préservait ma tranquillité, tout en laissant mes enfants régler seuls et sans conflits leurs besoins de sommeil.

Il rit aux éclats

Le jour où le bébé éclate de rire pour la première fois est une date importante. Souvent lui-même semble étonné par ce son nouveau et incongru. Jusque-là, il riait, la bouche largement ouverte, mais… on n'entendait rien. Et soudain, au détour de quelques chatouilles, ce rire un peu rauque jaillit et réjouit toute la famille…

Bébé, ravi lui-même par le bruit de sa voix, ne demande qu'à rire. C'est le visage du parent, rieur et complice, qui indique au bébé ce qui est drôle et quand il faut rire. Chatouilles, comptines, petits jouets, bêtises du chien, rires en écho… Le jeu n'en finit pas.

> ### ➡ Une suggestion
> *Il y a un jeu que les bébés adorent et qui les fait rire aux éclats, sans que l'on sache vraiment pourquoi. Lorsque votre bébé est couché sur le dos face à vous, sur la table à langer par exemple, prenez ses mains dans les vôtres. Écartez largement ses bras sur les côtés puis, simultanément, ramenez-les vers l'intérieur en les croisant sur la poitrine. Ouvrez les deux bras, puis croisez de nouveau en changeant de sens (l'autre bras dessus). Recommencez trois ou quatre fois, tant votre bébé y trouve plaisir. Si vous terminez par une série de petits baisers sur le ventre, le succès est garanti !*

Les tendres câlins

Durant neuf mois, le bébé, dont les besoins physiologiques étaient comblés, vivait dans une relation avec sa mère d'une totale complicité. Bercé par ses déplacements, charmé par sa voix, caressé par le liquide amniotique. La naissance, en « expulsant » le bébé, va interrompre soudainement cette proximité. La mère et le bébé vont alors, pour rester proches et prolonger le corps à corps, devoir inventer une nouvelle tendresse.

Souvent, les jeunes mammifères s'agrippent à la fourrure de leur mère et se tiennent ainsi en étroit contact avec elle. Les mains des petits bébés d'homme, elles aussi, s'agrippent au moindre contact, témoignant du même désir. Parents, ne vous privez pas de tout ce qui vous permet de tenir votre bébé au plus proche, au plus chaud, tout contre vous (porte-bébé, châles…). Par ce contact corporel rassurant, le bébé se sent protégé. Le corps de sa mère ou de son père l'aide à trouver les limites de son propre corps. La confiance en ses parents vient lui donner confiance en lui.

L'enfant va se construire en mettant à l'intérieur de lui les sensations, les expériences, ce qu'il aura vécu par l'intermédiaire du corps de son parent. Le confort et la sécurité que ce corps lui apporte, tous les moments de tendresse et de jeu, de complicité autour du repas, au biberon comme au sein, toutes ces merveilleuses expériences donnent à l'enfant l'image d'un monde où il fait bon vivre. Parce qu'il peut aimer et être aimé sans risque, l'enfant va peu à peu partir avec confiance à la découverte du monde qui l'entoure et accepter, pour cela, de s'éloigner de sa mère.

La quantité de présence que le père et la mère assurent auprès de leur enfant n'est pas seule en cause. Que peut transmettre un corps crispé, épuisé, tendu, qui dit l'anxiété plutôt que la joie de la rencontre ? Chaque nouvelle mère a besoin d'un temps, variable pour chacune, pour créer des liens affectifs chaleureux et vivants avec son bébé. Ce temps, c'est celui qui lui est nécessaire pour oublier le bébé dont elle rêvait et adopter le bébé réel, celui dont elle a accouché et qui est là, avec ses sourires et ses pleurs.

L'enfant apprend le bonheur parce qu'il voit, dans le regard de ses parents, qu'il a le pouvoir de les rendre heureux. Dans les mois et les années qui viennent, il n'aura de cesse d'attirer leur attention, par ses exploits, ses clowneries, ses réalisations, ses appels : il veut chaque fois retrouver dans leur regard le même amour inconditionnel. Parce qu'il les charme, il devient charmant. Ce « pouvoir amoureux » qu'il exerce sur ses parents fait de lui une personne confiante en elle-même, prête à affronter le monde et ses défis.

Par ce contact corporel tendre et paisible, le bébé va s'adapter au monde qui l'entoure. Se savoir digne d'amour lui donne la force de supporter l'inévitable frustration. Progressivement, parce que la présence de ses parents ne peut plus être aussi totale que lors des premiers jours, le bébé va apprendre la frustration et ses bienfaits. Parce que sa mère vit aussi en dehors de lui, il va apprendre à assurer sa survie et devenir plus autonome. Parce qu'elle lui parle, l'appelle par son nom, le rassure sur son retour et le comble de mots d'amour, il va devenir pleinement humain, être de langage. C'est par la grâce de la tendresse et de la parole qui vient remplir l'absence que l'enfant va grandir, solide et confiant.

Dialoguer avec son enfant

Il est important de prendre très tôt l'habitude de dialoguer avec votre bébé. Ne croyez pas ceux qui vous disent que « c'est inutile, puisqu'il ne comprend pas ». Évidemment, le sens précis des mots lui échappe. Mais il est parfaitement conscient de votre intention d'entrer en relation avec lui. Il saisit le son de votre voix, ses intonations, votre humeur. Ces jeux de voix et ces échanges sont à la base de son futur langage et de sa sécurité intérieure.

Babillez de concert !

Parlez-lui, posez-lui des questions : « Bonjour Théa ! C'est papa. Tu as bien dormi ? Viens dans mes bras un moment. » Utilisez des mots simples, sans craindre de « parler bébé » si cela vous vient naturellement. Exagérez au besoin vos mimiques. Vous verrez votre bébé s'illuminer de plaisir et vous sourire. Vous le verrez aussi tenter d'imiter vos grimaces et vos expressions.

Le bébé a absolument besoin qu'on lui parle, qu'on l'écoute et qu'on l'accompagne, très jeune, dans ses gazouillis et dans ses productions vocales. Dans ces moments-là, il est important de savoir lui parler « bébé ». Le ton de voix « bébé » que les adultes adoptent spontanément envers les petits enfants assure à ces derniers une meilleure mémorisation des mots. Ce ton chantant, beaucoup d'études l'ont maintenant montré, est plus efficace pour l'apprentissage de la langue que le « parler adulte » plus plat. Alors ne vous sentez pas gêné de babiller avec votre bébé, en modifiant votre hauteur de ton et votre rythme d'élocution.

Pourquoi est-il si important de lui parler ?

Une raison est le plaisir que vous et votre enfant trouvez à ces tendres dialogues. Une autre est que c'est la seule façon de lui apprendre le langage ! Mettez-vous face à votre enfant pour qu'il voie bien votre visage et dialoguez avec lui, vous avec vos mots, lui avec ses gazouillis et ses sourires : c'est le meilleur moyen de l'habituer aux sons et aux mots de sa langue. C'est aussi de cette manière qu'on lui enseigne les mimiques qui sont le langage non verbal de sa propre culture. Très vite, l'enfant saura déchiffrer sur les visages le plaisir, l'amour, la tendresse, mais aussi l'agacement, la fatigue ou la colère !

Votre bébé vous parle, lui aussi : vos échanges sont un véritable dialogue. Il commence par émettre des sons, les écoute d'un air surpris, puis recommence et se met peu à peu à jouer de cette voix qu'il découvre. Répondez-lui. Gazouillez à votre tour. Vous verrez que ces merveilleux dialogues qui s'enchaînent sont un grand plaisir pour votre bébé. Imitez-le et il vous imitera. Vous pourrez alors lui faire découvrir de nouvelles sonorités.

Un dialogue quotidien

Vous pouvez parler et dialoguer avec votre bébé dans toutes les occasions où vous êtes avec lui. Lorsque vous faites quelque chose avec lui, comme l'habiller, le changer, ou préparer son repas, parlez-lui de ce que vous faites. Montrez-lui les objets qui vous entourent et nommez-les, expliquez-lui vos actes, posez-lui des questions et laissez-lui le temps de répondre. Il vous répond avec une grande variété de sons, mais aussi avec une attention soutenue qui vous pousse à continuer l'échange.

Vous n'avez pas besoin de vous forcer à simplifier à l'excès votre vocabulaire : parlez simplement, normalement, et vous serez compris. Ne craignez pas non plus de vous répéter : la répétition est un facteur important de l'apprentissage et les enfants semblent souvent l'apprécier. Enfin, un dialogue n'est pas un flot de paroles ininterrompu : dites des mots vrais, des mots qui ont un sens pour l'enfant, et sachez laisser des silences afin qu'il puisse prendre part à la « conversation ».

Votre bébé a trois mois

Il pèse :

....

Il mesure :

....

Ses yeux sont :

....

Ce qu'il aime particulièrement :

....

....

....

....

Ce qu'il a fait pour la première fois ce mois-ci :

....

....

....

....

....

Les vaccins

Les vaccins représentent un progrès extraordinaire de la médecine, protégeant les bébés de maladies qui autrefois pouvaient être très graves pour eux, voire mortelles. En partie grâce à eux, la mortalité infantile a beaucoup diminué.

Des effets secondaires légers, comme une douleur ou une poussée de fièvre, se produisent pour certains vaccins, qui obligent parfois à décaler une injection. Votre médecin vous expliquera comment prévenir ces petits inconvénients. Mais le désagrément pour l'enfant est sans commune mesure avec les risques auxquels l'exposerait la maladie.

Certains vaccins sont obligatoires, d'autres recommandés. Cela dépend de l'état sanitaire de la population. C'est ainsi que le BCG, vaccin contre la tuberculose, n'est plus obligatoire depuis 1997, car la maladie est devenue rare et se soigne bien par les antibiotiques. Mais la recrudescence de cas de tuberculose dans quelques régions de France peut amener le pédiatre à recommander le BCG dans ces cas particuliers, s'il estime qu'il y a un risque pour le bébé.

▶ Les trois vaccins qui restent obligatoires en France, et qui vous seront réclamés à l'entrée en collectivité, luttent préventivement contre la diphtérie, le tétanos et la poliomyélite. Ces trois vaccins sont regroupés sous l'appellation DTPolio, administrés en trois injections à un mois d'intervalle, la première survenant le plus souvent entre la naissance et trois mois.

▶ Les vaccins recommandés permettent de prévenir la méningite, l'hépatite B, la coqueluche, les infections à pneumocoques et la gastroentérite à rotavirus (Rotarix). Là encore, vous suivrez les indications de votre pédiatre pour savoir lesquels administrer à votre enfant et selon quel calendrier. La décision peut être différente selon le mode de garde de l'enfant, l'histoire sanitaire de la famille, le lieu de résidence, etc. Ces vaccins, même s'ils ne sont par définition pas obligatoires, peuvent protéger votre bébé d'affections douloureuses, aux conséquences parfois graves. À chaque parent de se renseigner et de faire les choix nécessaires. Seule une vaccination touchant la majorité de la population peut permettre d'éradiquer une maladie.

▶ Le ROR est conseillé dès l'âge de neuf mois pour les enfants gardés en collectivité, de douze mois pour les autres. C'est un vaccin qui protège l'enfant à la fois de la rougeole, des oreillons et de la rubéole.

Les deux premières de ces maladies ne sont généralement pas considérées comme graves, mais elles peuvent entraîner de sévères complications. Quant à la rubéole, elle est grave si elle est contractée par une femme enceinte, car elle fait alors courir un risque au fœtus.

Le quatrième mois

Qui est bébé ?

Cette période est à proprement parler celle de la socialisation. Le jeu essentiel du bébé consiste à émettre des sons. Pour le plaisir de les entendre, bien sûr, mais surtout pour le plaisir d'appeler sa mère ou son père et pour le plaisir de converser : la dimension sociale et la dimension d'échange du langage se mettent en place. Un bébé à qui l'on ne répondrait jamais, qui ne serait pas sollicité verbalement, finirait par diminuer notablement la quantité de sons émis.

Mais socialisation ne signifie pas uniquement langage verbal. Elle se traduit tout autant par une attitude du bébé qui sait de mieux en mieux communiquer et se faire comprendre. Il répond aux sollicitations et exprime ouvertement son plaisir ou son déplaisir.

En presque quatre mois, le bébé a déjà enregistré pas mal de souvenirs. Les expressions de son visage se modifient maintenant selon qu'il aperçoit votre visage, qu'il entend sa boîte à musique ou l'eau du bain couler, qu'il repère son biberon ou voit le chien entrer dans la pièce. Il adapte maintenant à la fois ses mimiques, ses roucoulements et ses gazouillis pour en faire un véritable moyen de communication.

Le bébé a développé à la fois une meilleure musculature et un début de coordination motrice : il sait attraper et garder un petit moment. Allongé sur le ventre, il peut maintenant garder les jambes étendues et se soulève sur les avant-bras. Il peut même arquer son dos et ses jambes afin de se balancer d'avant en arrière. Il peut enfin rouler de droite à gauche et finir par se retourner totalement, se retrouvant sur le dos.

La vision est maintenant proche de celle de l'adulte : le bébé accommode parfaitement, il peut coordonner ses deux yeux à des distances variables. Il a une bonne vision des couleurs et il s'y intéresse tout particulièrement. Enfin, il perçoit correctement la profondeur, ce qui l'aide beaucoup pour attraper les objets. Quand il est assis, sa tête se tient droite, ce qui lui permet d'avoir une vision plus globale du monde qui l'entoure… et lui donne envie de partir à sa découverte !

Il se réveille la nuit

À cet âge, le bébé est supposé « faire ses nuits », c'est-à-dire ne pas réveiller ses parents avant le petit matin. Malheureusement, ce n'est pas toujours le cas. Beaucoup de bébés se réveillent encore la nuit, le plus souvent à la fin d'un cycle de sommeil, lorsque le sommeil est plus léger. Ils n'ont pas appris à replonger d'eux-mêmes dans le cycle suivant. Certains se réveillent une fois, d'autres deux ou trois. Généralement, le bébé se met à crier, cela dure un certain temps, puis il se calme dans les bras de sa mère ou de son père et se rendort. Jusqu'au prochain réveil.

Comprendre ces réveils nocturnes

La première chose à faire est de chercher si l'on peut effectivement trouver une cause à ses réveils. Voici des éléments sur lesquels vous pouvez utilement vous interroger. Chacun appelle une solution appropriée.

- Le bébé a faim, il n'a pas assez mangé ou a mangé trop tôt.
- Il a mangé trop vite et n'a pas assez tété ou sucé.
- Il a soif : il fait trop chaud ou trop sec, le bébé est trop couvert.
- Il n'est pas « dans son assiette » (nez bouché, douleurs digestives, otite latente, régurgitations…).

Souvent, la cause n'est pas à rechercher dans un malaise physique mais psychologique.

- L'atmosphère de la maison est agitée ou anxieuse.
- L'énervement a été grand en fin de journée.
- Vous n'avez pas pris le temps de le bercer, de le rassurer et de l'aider à glisser dans un sommeil paisible.

Que faire ?

Si vous avez déterminé la cause de ces réveils, vous pourrez efficacement y remédier. Sinon, voici quelques « trucs » qui ont fait leurs preuves.

- Lui donner un bon repas, copieux et digeste, un peu plus tard le soir.
- Disposer un humidificateur dans sa chambre.
- Lui donner son bain le soir.
- Avant de le coucher, lui donner un biberon d'eau contenant une légère infusion de tilleul ou de fleur d'oranger.
- S'assurer d'une ambiance calme autour de lui, surtout en fin de journée.

Si rien ne marche ?

Si, même en le cajolant, vous ne parvenez pas à calmer votre bébé, il faut consulter votre pédiatre. Il y a peut-être un problème qui vous échappe et que lui peut résoudre. Un bébé qui pleure beaucoup la nuit est une source de tension et de fatigue pour les parents qui doivent souvent être aidés à cette occasion. Sinon, l'énervement de chacun ne fait qu'aggraver les choses.

LES CHOSES À NE PAS FAIRE

À cet âge, il y a trois choses qu'il ne faut absolument pas faire, car elles ne peuvent que nuire à votre bébé. Vous devez essayer de les éviter, quels que soient votre degré de fatigue et la facilité qu'elles offrent. Ces erreurs sont :
• lui donner un sirop calmant pour ne plus l'entendre.
• le laisser systématiquement s'endormir au sein.
• le laisser pleurer des heures sans tenter de le soulager.
Si votre bébé pleure, il a une raison pour le faire, et ces attitudes, parce qu'elles ne cherchent pas à comprendre, ne règlent en aucun cas le problème.

Si vous ne comprenez pas la raison de ces pleurs, que votre bébé n'est manifestement pas malade et qu'il vous semble que vous ne pouvez rien faire pour l'apaiser, asseyez-vous à côté de son lit et posez une main sur lui en parlant doucement. Il sera rassuré sur votre amour et votre compassion. Vous lui aurez au moins donné l'image d'un monde où l'on n'appelle pas à l'aide en vain. Mais évitez de le prendre dans vos bras et de rendre ces réveils de nuit agréables pour lui, si vous ne voulez pas qu'il en prenne l'habitude. Votre bébé est trop jeune encore pour devenir « un enfant gâté, » mais il est assez grand déjà pour adopter des habitudes. Autant que celles-ci soient les bonnes !

Les débuts à la crèche (ou chez l'assistante maternelle)

Cette fois, le congé de maternité est vraiment terminé. La mère va faire sa rentrée professionnelle, et le bébé son entrée à la crèche ou chez l'assistante maternelle.

Les premières séparations entre le bébé et ses parents, et plus spécialement sa maman, sont très importantes. Ce sont celles qui vont s'inscrire en lui et faire le lit de toutes les autres. Pour les parents, de même, la séparation d'avec leur enfant est un « revécu » de celles qu'ils ont, dans leur histoire, plus ou moins bien vécues. On le voit, les émotions sont fortes autour de cet événement, et les enjeux sont importants.

Après trois mois de vie étroite avec son bébé, la maman doit reprendre son travail. Elle peut être heureuse de sortir à nouveau de chez elle, de retrouver ses collègues, mais elle vit pourtant la séparation d'avec son bébé comme une déchirure. Se séparer, pour la maman, c'est renoncer à cet état fusionnel, où elle est très proche physiquement de son bébé pour qui elle est, avec le père, l'unique référence. Confier son bébé, c'est donc accepter de ne plus être la seule à s'occuper de lui et tenter de concilier sa vie de maman, sa vie d'épouse et sa vie professionnelle. On sait combien cela peut se révéler difficile.

L'assistante maternelle (ou l'auxiliaire de puériculture de la crèche), comme tout le personnel qui contribue à l'accueil du petit enfant, a ici un rôle fondamental à jouer. Leur compétence, leur expérience et la manière dont ils vont savoir parler aux parents et à l'enfant vont faire d'eux les acteurs essentiels de cette période, tellement déterminante pour la suite.

Sans quelques précautions, cette séparation peut être mal vécue de part et d'autre. Un bébé de cet âge est très sensible à la séparation d'avec sa mère et ses besoins affectifs sont importants. Il ne possède ni les moyens de comprendre la situation ni ceux d'exprimer sa détresse. Mais rassurez-vous : à part quelques rares exceptions, les bébés s'habituent vite à leur nouveau mode de vie et se montrent ensuite contents, chaque matin de la semaine, de rejoindre leur crèche ou leur « tata ».

Rendre la séparation moins difficile

La première règle, c'est de fonctionner en douceur. Le temps de l'adaptation est fondamental pour que le bébé s'habitue. Peu à peu, il apprendra à s'y retrouver dans ses deux cadres de vie et avec les différentes personnes qui prennent soin de lui. Mais l'adaptation n'est pas une simple immersion progressive dans un milieu. C'est un temps où l'un de ses parents va accompagner son bébé dans son nouveau lieu, y être avec lui, se tenir dans toutes les pièces où il se tiendra bientôt seul. Ce lieu sera pour lui « investi » de la présence de son papa ou de sa maman et le bébé se souviendra de lui lorsqu'il s'y retrouvera seul. L'adaptation est aussi le moment de faire bien connaissance avec l'auxiliaire ou l'assistante qui s'occupera de son bébé.

Préserver sa sécurité intérieure

La seconde règle d'une séparation réussie, c'est de préserver la sécurité intérieure du bébé. Pour cela, il est bon qu'il n'y ait ni rupture ni conflit entre la crèche et la maison. Une phase de transition de quelques minutes est nécessaire, matin et soir,

CE QUI PEUT AIDER VOTRE BÉBÉ
• Installez dans le lit de votre enfant deux ou trois jouets qui viennent de la maison, pour créer un lien.
• Glissez près de son oreiller un petit foulard de soie que vous aurez gardé au cou plusieurs jours. Imprégné de votre odeur, il rappellera votre présence à votre bébé et le rassurera.
• Préparez une liste des « habitudes de vie » de votre bébé, ainsi qu'une liste de toutes les questions que vous avez à poser à l'auxiliaire ou à l'assistante maternelle qui s'occupera de votre enfant. Vous serez sûre, de cette façon, de ne rien oublier d'important.
• Si vous en avez la possibilité, arrangez-vous avec le papa pour que, les premiers temps, votre bébé ne fasse que de petites journées à la crèche. Être d'emblée séparé de vous huit à dix heures par jour lui semblerait très long.

destinée à échanger au sujet du bébé, de sa nuit, de sa journée, de son rythme.

Il faut se rappeler que les craintes d'un enfant font souvent écho à l'anxiété et à la culpabilité de sa maman. Si celle-ci est sûre de son choix, son enfant l'acceptera paisiblement. Mais si elle se sent malheureuse, culpabilisée ou mécontente du mode de garde choisi, l'enfant va le ressentir. Il va se dire que, si sa maman est inquiète, c'est certainement qu'elle a des raisons de l'être et qu'il y a un danger pour lui. Alors il va refuser. Inutile de tricher, cependant, de faire semblant d'être bien : l'enfant est en contact direct avec la réalité des émotions maternelles. Mieux vaut, dans ce cas, lui parler simplement : « Tu sens que je suis triste de te laisser toute la journée, mais peu à peu, nous nous y habituerons l'un et l'autre. Je suis sûre que tu seras bien ici et nous serons très heureux de nous retrouver ce soir. »

Mal préparée, la séparation peut entraîner de part et d'autre de la souffrance et du mal-être. Pour que les choses se passent bien, évitez toute précipitation. Faire garder son bébé, se prépare des semaines à l'avance. Il faut non seulement choisir l'assistante maternelle et s'entretenir avec elle, cela est évident, mais aussi bien se préparer psychologiquement, en parler avec le papa, et avec le bébé pour l'habituer à être en relation avec d'autres personnes, à dormir dans un autre petit lit, etc.

La sécurité de votre bébé

La maison, c'est le lieu où l'on se sent protégé. Mais c'est oublier que les accidents domestiques existent et qu'ils causent des blessures, voire des décès, chez de nombreux enfants. Les plus jeunes payent un lourd tribut, même si les risques augmentent quand l'enfant commence à se déplacer seul. Connaître ces risques permet de prendre les précautions qui s'imposent.

La table à langer

Votre bébé est devenu beaucoup plus mobile. Il est capable de se tortiller, de se soulever, de se balancer. Vous le couchez à un bout du lit, vous le retrouvez à un autre. Cela demande une beaucoup plus grande vigilance de votre part. Même si vous ne l'avez jamais vu faire, dites-vous que votre bébé sera capable, d'un jour à l'autre, de donner un coup de rein et de se retourner.

Aussi, vous ne devez jamais le laisser seul sur une table à langer, pas même quelques secondes. Si vous devez vous retourner pour attraper quelque chose, gardez une main posée sur votre bébé. Si vous avez oublié un vêtement dans une autre pièce ou que vous deviez répondre au téléphone, enveloppez le bébé dans une serviette et emmenez-le avec vous. Autre solution : posez-le sur la moquette. Mais surtout, ne le laissez jamais seul en hauteur.

On voit encore trop d'accidents de bébés victimes de traumatismes crâniens pour être tombés sur le carrelage du haut de leur table à langer. Chaque fois, la mère dit : « Je ne pensais pas qu'il était déjà capable de remuer autant. »

La baignoire

Un bébé est capable de se noyer dans une toute petite quantité d'eau. C'est pourquoi, là encore, il n'est pas question de le laisser seul, même quelques secondes. Avant de donner le bain, on branche le répondeur téléphonique et « on n'y est pour personne ». Il n'est pas non plus prudent de confier la surveillance du bébé à un frère ou une sœur plus âgés : avant l'adolescence, un enfant n'est pas assez raisonnable, il n'a pas la vigilance ni la présence d'esprit nécessaires.

Les petits objets

À presque quatre mois, votre bébé a fait de gros progrès en matière de préhension. Tout ce qu'il attrape, il le porte à la bouche. Vous devez redoubler de vigilance en ce qui concerne sa sécurité. Ne laissez à sa portée aucun objet qu'il pourrait avaler, mettre dans son nez ou ses oreilles. Avant de confier un jouet à votre enfant, assurez-vous qu'il ne présente aucun danger.

Les jouets du commerce sont soumis à des contrôles et à des règlements très stricts qui les rendent pour la plupart inoffensifs, mais méfiez-vous cependant des yeux des peluches qui pourraient s'arracher ainsi que des grelots ou des sifflets présents dans les hochets et les peluches. Faites encore plus attention aux jouets que vous avez fabriqués vous-même, aux jouets des enfants aînés qui peuvent comporter des petites pièces et aux objets que vous avez détournés de leur utilisation pour en faire des jouets.

Il existe d'autres risques que celui d'avaler un petit objet :

▶ Certaines peintures recouvrant les objets contiennent du plomb et les avaler est particulièrement dangereux.

▶ Attention à ce qui pourrait se casser (objets en verre), le faire suffoquer (sacs en plastique, coussins…), l'étrangler (ficelles, grands élastiques…), le blesser (angles vifs) ou l'empoisonner (restes de nourriture contenant des germes…).

SE FORMER AUX PREMIERS SECOURS
La Croix-Rouge (entre autres) dispense partout en France des cours de « Prévention et secours civiques, niveau 1 ». En deux jours ou en quelques soirées, on y apprend à faire face aux situations d'urgence qui peuvent se présenter avec un nourrisson ou avec un enfant : étouffement avec un petit objet, blessure avec ou sans saignement, traumatisme, perte de connaissance, etc.
Cette formation, simple et concrète, qui apprend à maîtriser les réflexes de premier secours, peut permettre de sauver une vie…

Faut-il stimuler son bébé ?

La première année du bébé est à la fois la plus active et la plus sensible. Toutes les grandes acquisitions vont se mettre en place, notamment les habitudes spécifiquement humaines. C'est pendant cette période que vont se construire les structures de base qui supporteront toute l'évolution ultérieure. Bien sûr il ne faut pas croire pour autant que tout est figé ou déterminé à un an, mais seulement que tout ce qui se vit et s'acquiert pendant cette période compte. Rien n'est suffisant pour s'assurer de l'avenir. Mais il est précieux que cette première année se passe au mieux pour l'avenir de l'enfant.

Connaissant les compétences naturelles des nouveau-nés, certains parents ou éducateurs ont déduit qu'il fallait « profiter » de la première année pour éveiller et stimuler son bébé à tout prix. Cette notion se retrouve dans des phrases comme « Toute est joué avant six ans », et se mue peu à peu en « Tout est joué avant trois ans, un an, la naissance ». Celui qui aurait raté son départ dans la vie pour quelque impondérable, n'aurait aucune chance de se rattraper. Ce qu'on disait sur le plan psychologique, certains l'affirment maintenant sur le plan intellectuel, et justifient ainsi toutes les dérives, tous les abus.

Une théorie qui cherche à nous convaincre que nos bébés ont tous du génie est évidemment tentante. Quel parent ne le souhaiterait pas ? D'autant qu'on nous persuade que cette période de grande réceptivité aux apprentissages est brève : si on ne commence pas très tôt, c'est fichu, définitivement ! Du coup, certains parents ont pu se livrer avec leurs enfants à de véritables leçons destinées à précipiter leur développement.

Respecter son rythme

Trop de stimulations physiques ou intellectuelles peuvent faire du bébé un enfant anxieux, agité. Il risque de payer cher, par la suite, le fait d'avoir atteint tel ou tel stade plus tôt que son voisin de crèche. D'ailleurs, quelle importance ? Il a bien le temps de se lancer dans la rivalité et la compétition.

Certes, les premiers mois et les premières années tracent les premières marques et les premiers souvenirs dans le cerveau de l'enfant, mais le cerveau est un organe flexible, adaptable, toujours en remaniement. Un bébé en avance dans un domaine sera rattrapé par les autres enfants un an plus tard, un bébé plus lent dans un autre domaine rattrapera sans problème ses camarades. Même si le développement est un processus continu, où chaque étape a une influence sur les suivantes, ce déroulement n'est pas immuable. Le déroulement de la vie n'est pas linéaire, et une souplesse importante des processus laisse « du jeu » dans les mécanismes pendant de très longues années. Si un train est manqué, un autre passera. L'enfant ne perd pas ses capacités en quelques mois : c'est sa façon d'apprendre qui évolue.

Lui apprendre à un an ce qu'il apprendra tout simplement à trois ans, c'est non seulement ne pas respecter son rythme, mais c'est aussi l'empêcher de vivre ce qu'il doit vivre à un an. Chaque étape est importante. Pour que l'édifice de l'être humain soit solide, il faut que sa structure ait été construite sur des bases fermes, acquises au moment où elles devaient l'être.

Un éveil au quotidien

Cela étant dit, tous les bébés gagnent à se trouver dans un environnement riche de nombreuses possibilités, qui les aide à épanouir leurs merveilleuses aptitudes. Les parents attentifs à l'éveil de leur bébé ont à cœur de soigner simultanément :

- son développement sensoriel et corporel, qui lui permet de percevoir le monde qui l'entoure et d'agir sur lui ;
- son développement intellectuel, qui lui permet de comprendre les informations qu'il perçoit, de les mémoriser, puis de les réutiliser ;
- le développement social et affectif, qui lui permet de créer des liens et l'intègre dans un échange d'amour indispensable. Ce dernier point est essentiel : c'est parce que vous aimez votre bébé que vous voulez pour lui ce qu'il y a de mieux et lui offrir les stimulations qu'il apprécie.

Mais un jeune bébé a autant besoin de rester seul, parfois, dans son lit ou dans son parc. Il apprend à se suffire à lui-même, à gazouiller avec ses jouets et à trouver sa propre autonomie, ce qui est fondamental. Il a aussi le droit de ne rien faire, de rester tranquille, à regarder et écouter ce qui se vit autour de lui. Alors surtout, évitons l'activisme et privilégions, autour du bébé, une ambiance faite de calme, de tendresse et de patience.

L'éveil du bébé ? Il passe avant tout, de façon naturelle, par ce quotidien que partagent parents et enfant, fait de mille petits riens qui s'échangent en permanence : autant de messages d'amour, autant de stimulations, autant d'occasions de découvrir et d'apprendre sur ce monde qui est le sien.

Voyager avec bébé

Les voyages sont bons pour les enfants : ils mettent de la nouveauté dans la routine de leur existence et augmentent leurs expériences. Mais, avec un bébé de cet âge, ils demandent une solide organisation. Ce n'est qu'à ce prix qu'ils seront effectivement positifs. L'improvisation est vivement déconseillée. D'une part parce que, si elle vous donne moins de travail avant le départ, elle risque de vous en donner davantage après. Ensuite parce que, pour un bébé, tout changement dans les habitudes est générateur d'une anxiété qui ne se transformera en plaisir que s'il sent ses parents rassurés, tranquilles et parfaitement organisés.

Le voyage en voiture

La sécurité est la première exigence qui vient évidemment à l'esprit. La sécurité de votre bébé tient à deux facteurs :

▶ la prudence et la sûreté du conducteur ;

▶ l'utilisation d'un lit-auto (homologué). Jusqu'à six mois environ, âge où il pourra tenir assis dans un siège-auto, votre bébé ne doit voyager que dans un lit-auto, à armatures métalliques, solidement arrimé aux points d'attache des ceintures de sécurité et protégé par un filet.

Voici deux choses à éviter absolument :

▶ Le couffin installé sur le siège arrière, qui n'assure aucune protection à l'enfant en cas de choc latéral et n'empêche pas l'enfant d'être éjecté si la portière s'ouvre sous un choc.

▶ Le bébé assis sur les genoux d'un adulte, pris comme lui à l'intérieur de la ceinture de sécurité. En cas de choc, la ceinture écraserait l'abdomen de l'enfant et provoquerait de graves dommages.

Organiser le voyage

Prévoyez tout le matériel dont vous aurez besoin, des couches aux biberons, et de l'eau minérale, en bonne quantité. Pour ce qui est du gros matériel dont vous aurez besoin sur place, pensez à demander aux gens chez qui vous allez d'en emprunter pour le temps de votre séjour. Pensez à ce tout ce qui peut vous simplifier la vie : les préparations stérilisées en biberons jetables, le lait en briquettes prêt à l'emploi, le chauffe-biberon qui se branche sur l'allume-cigare, les petites lingettes nettoyantes, etc. Enfin, prévoyez à l'avance vos étapes et où vous passerez la nuit.

CONSEILS PRATIQUES
- Ne fumez pas dans la voiture : en circuit fermé, l'air devient vite irrespirable pour l'enfant.
- Attention à la température dans la voiture : à l'arrêt, il peut faire une chaleur terrible à midi sur l'autoroute, ou très froid le soir sur une route de montagne.
- Si vous emportez un châle ou une petite couverture pour coucher votre bébé, emportez aussi une grande taie d'oreiller. La couverture, pliée et glissée dans la taie, fera un matelas à langer de dépannage tout à fait acceptable si vous devez changer votre bébé dans une gare, une voiture, un hall d'aéroport, etc.
- Ne laissez jamais votre bébé seul dans la voiture. Même quelques minutes. Même s'il dort.
- Tenez compte de son âge dans le choix de votre destination : il préférera la campagne, le grand air et un rythme de vie calme et régulier.

Le voyage en train

Que le voyage ait lieu de jour ou de nuit, le train est certainement le moyen le plus simple, le plus sûr et le plus confortable pour voyager avec un bébé. On peut bercer, bouger, marcher, jouer... Les TGV sont pour la plupart équipés d'un espace pour changer les bébés et on peut réchauffer biberons et petits pots au wagon-restaurant. Seul inconvénient : les bagages. On est souvent très chargé lorsqu'on voyage avec un bébé. N'oubliez pas que la SNCF propose, à certaines conditions, de venir chercher les bagages à domicile.

Ses premiers jouets

Quand bébé commence à savoir attraper, il aime avoir à sa disposition des objets qu'il peut facilement empoigner, secouer, mordre, jeter, récupérer, etc.

Les jouets utiles vers 4 mois

- À cet âge, bébé attrape les objets et il va adorer tous ceux (hochets, anneaux de dentition, animaux en plastique) qu'il pourra prendre dans la main, passer dans l'autre, mettre en bouche, secouer, dont il pourra faire sortir un son, etc.
- Il aime les boîtes à musique ou les mobiles animés. Il commence à s'intéresser aux peluches et aux poupées de tissu.
- Les tapis d'éveil sur lesquels on l'allonge éveillé sont gais et forment une bonne source de stimulations sensorielles.
- Les portiques sont très agréables aussi. Un peu chers, ils peuvent être faits « maison » avec un simple tréteau.
- C'est aussi le début des jeux de bain. Pour commencer, balles de ping-pong de couleurs vives et petits jouets en plastique feront l'affaire.

Le hochet

Premier jouet à n'être pas son propre corps, le hochet fascinera longtemps l'enfant. Il apporte des stimulations mentales importantes : le bébé acquiert la notion des couleurs, des formes, des textures. Le hochet a deux rôles essentiels. Il permet tout d'abord au bébé de s'entraîner à la manipulation : le hochet est attrapé, agité, secoué, passé d'une main dans l'autre. Ensuite il stimule son intelligence et lui permet de découvrir le lien de cause à effet : il agite le hochet, celui-ci produit un son. Le bébé semble surpris, recommence le même geste et produit le même résultat. Quelle joie pour lui de se découvrir capable d'agir sur les objets !

On comprend mieux que le bon hochet sera un objet de petite taille, facile à prendre en main, souple, léger, incassable, de matière non toxique et qui produit facilement un son.

La peluche

Il faut quelques mois avant que le bébé ne s'intéresse à ses peluches. Jusque-là, il est inutile d'encombrer son lit avec des jouets qui risqueraient de le déranger. Mais, peu à peu, le bébé va découvrir le plaisir de caresser, d'agripper, de plonger ses petits doigts dans la fourrure, de regarder dans les yeux, de mâchouiller, de câliner. Très vite, le jeune enfant va s'attacher à ses peluches, et il se peut que l'une ou l'autre devienne un vrai substitut maternel, source de consolation et de réconfort en cas de fatigue ou d'absence de maman. Le bébé va vouloir se coucher avec sa peluche dans ses bras, ou bien lui dire bonsoir. Des histoires d'amour se nouent là qui dureront parfois toute une vie (nombre d'adolescents ont encore leur ours en peluche). Il arrive que l'enfant joue avec la peluche comme avec une poupée, mais, le plus souvent, elle sera un compagnon que l'on transporte partout avec soi, que l'on assied à table, que l'on emporte en promenade. Douce, consolatrice, elle deviendra vite et restera longtemps un compagnon privilégié.

Pour un tout-petit, choisissez des peluches en petit nombre, de petite taille, très souples (le bébé s'endormira dessus) et facilement lavables en machine.

Pères, occupez-vous de votre bébé !

Les pères s'occupent de plus en plus de leurs bébés. Là où leurs pères se seraient, pour certains, sentis gênés de se promener en poussant un landau ou mal à l'aise de changer une couche, cela leur paraît naturel. Aujourd'hui, il est banal de croiser dans la rue un jeune père avec son bébé sur le ventre, dans un sac-kangourou. Du fait des séparations précoces des couples, on voit aussi de plus en plus de pères seuls avec leur bébé le temps d'un grand week-end, voire une semaine sur deux.

L'évolution au sein du couple s'est faite essentiellement sous la pression des femmes. Les jeunes filles font des études et travaillent au même titre que les garçons. Le jour où elles ont un enfant, elles n'ont pas plus d'expérience qu'eux, pas plus d'heures de baby-sitting ni de jeunes frères et sœurs. Mais elles vont se mobiliser totalement sur cette nouvelle tâche. Devenues mères, elles relèvent le défi.

Et le père, pendant ce temps-là ?

Impressionné par ce si petit être, le père se sent souvent maladroit. Il ne sait pas comment tenir son bébé ni comment communiquer avec lui. Parce que la mère acquiert très vite de nouvelles compétences au contact quotidien de son enfant, l'écart se creuse avec le père, pris par ses activités professionnelles. C'est alors que le cercle vicieux risque de se refermer. Alors que l'on voit beaucoup de pères aller chercher leur bébé à la crèche, il n'y en a plus beaucoup aux réunions d'école… Pourtant, s'occuper très tôt de son bébé est le meilleur moyen de créer une relation bonne et durable avec lui. Devenir père se fait dans l'exercice concret, quotidien, de la paternité.

Quel est l'intérêt pour l'enfant ?

Il est énorme. Les rôles des deux parents sont devenus davantage interchangeables. Pour autant, l'homme apporte à l'enfant des sensations différentes de celles de la mère, et dont l'enfant a tout à fait besoin. Un père qui s'occupe de son bébé n'est pas une « mère *bis* » ni un « papa poule ». C'est un père au sens fort, qui invente au quotidien la relation qui le lie à son enfant, avec son corps, son histoire et sa sensibilité d'homme.

L'odeur, le contact, la voix, la façon de porter du père sont différents et permettent à l'enfant une nouvelle ouverture sur le monde. Grâce à cela, l'enfant apprend peu à peu à différencier ses parents, et à se situer lui-même en tant que petite fille ou petit garçon.

Un père qui joue avec son bébé, ne se comporte pas de la même manière que la mère. Son jeu est généralement plus physique et plus stimulant, plutôt qu'intellectuel ou médiatisé par un jouet. Le bébé vit avec lui une expérience différente. Il intègre si bien cette donnée que, dès l'âge d'un mois, le bébé manifeste une attitude tout à fait spécifique et particulière lorsque son père ou sa mère s'approche de lui ! Comme si déjà, avec papa, il s'attendait à être davantage stimulé ou à vivre des expériences exaltantes...

Chaque père devrait se donner le plaisir de passer chaque jour un moment en tête à tête avec son bébé et de s'en occuper seul chaque semaine pendant un temps plus long, une demi-journée ou une journée. Père, mère et enfant ont tout à y gagner. Trop de pères ignorent encore à quel point leur petit enfant les aime, les attend et a besoin d'eux. Combien il serait parfois plus important le soir de rentrer faire un câlin plutôt que de terminer un ultime dossier...

La mère parfaite n'existe pas

S'occuper quotidiennement d'un bébé, élever son enfant sont des tâches difficiles. Trouver sa vérité à travers les consignes des livres de puériculture, les conseils des grands-mères ou des copines, et son propre bon sens se fait parfois au prix de longues hésitations et souvent avec une bonne dose d'anxiété.

Quelle image nous proposent les médias ? Celle d'une femme toujours détendue et souriante, disponible et reposée, ayant déjà perdu son ventre et ses kilos en trop, mère d'un charmant bambin rose et rond qui mange bien, à heures fixes et dort de longues nuits d'une seule traite. Ses seules interrogations concernent le moelleux des couches et la taille des petits pots, problèmes dont elle discute avec son mari, très concerné. Bref : une mère idéale.

Vous, à côté ? Vous êtes fatiguée par des nuits trop courtes. Votre bébé est enrhumé. Il pleure la nuit et les voisins cognent au plafond. Chacun s'énerve. Ou bien votre bébé refuse de boire son jus d'orange, ou vomit tous ses biberons, ou ne veut pas s'adapter à la garderie, ou a horreur du bain, que sais-je ? Parfois vous vous dites « C'était donc ça, un bébé ? » et vous vous sentez au bord du désespoir.

Un sujet tabou ?

Rien ni personne ne vous a préparée à ces difficultés. Vous vous comparez à la mère des magazines, la mère parfaite de l'enfant parfait, et vous vous sentez doublement mise en échec. Parce que personne n'est là pour vous dire que oui, les choses sont difficiles, oui, elles vont s'arranger, oui, vous faites pour le mieux avec tout votre amour, vous commencez à croire que, mauvaise mère, vous êtes responsable des difficultés de votre bébé. Halte ! La mère parfaite n'existe que dans les feuilletons et les publicités. Vous êtes en train d'apprendre à être mère. Cela demande du temps et des efforts, de l'intuition et de l'amour. Cela ne vient pas d'emblée le premier jour. Peut-être, pour votre cinquième enfant, aurez-vous plus d'aisance. Mais, en attendant, c'est vous qui êtes là. Vous rencontrez les difficultés normales d'une mère d'un bébé normalement constitué. C'est lui, votre tout-petit, qui vous a faite mère, et c'est lui qui vous aidera à en devenir une bonne. Pour vous, il a toutes les indulgences. Telle que vous êtes, avec votre anxiété et vos maladresses, mais aussi avec votre immense tendresse, vous êtes tout pour lui.

Acceptez-vous comme vous êtes

Ne cherchez pas à être parfaite sur tous les plans. Ne mettez pas votre fierté dans le fait d'avoir un bébé calme, un dîner qui embaume la maison, un ventre redevenu plat et un brushing parfait. Ne vous laissez pas enfermer dans la culpabilité : on a toujours tendance à se sentir mauvaise mère lorsque son bébé ne s'endort pas, repu, une fois le lait avalé.

Si votre bébé ne se calme pas malgré tous vos efforts, alors dites-vous pour une fois qu'il a besoin de pleurer et pensez à autre chose. De même, si vous sentez la colère ou l'énervement monter, arrêtez. Servez-vous des techniques de relaxation apprises lors des séances de préparation à l'accouchement. Détendez-vous, écoutez une musique que vous aimez, préparez-vous une tasse de thé, occupez-vous l'esprit avec un bon livre. C'est souvent à ce moment-là, lorsque vous cesserez d'essayer à tout prix de faire dormir votre bébé et que vous renoncerez à agir, qu'il va se calmer pour de bon. Comme s'il se disait : « Maman s'assied, elle se détend, elle est bien, je peux donc me détendre aussi. »

Le mythe de la mère parfaite

Quelle mère ne s'est jamais dit, un soir de déprime : « Je n'aurais jamais dû avoir un bébé. Je ne serai jamais une bonne mère. Jamais je ne ferai aussi bien que ma mère. Je suis nulle et seule à blâmer s'il pleure trop, mange trop ou pas assez, s'il dort trop longtemps ou trop rarement, si je le tiens trop souvent contre moi, ou insuffisamment, ou pas au bon moment, ou maladroitement... »

La « super-maman » est un mythe qui a la vie dure. Non seulement il ne s'allège pas de nos jours où les mères travaillent davantage et où les pères mettent la main à la pâte, mais il se renforce. La « super-jeune maman » se doit de tout réussir : ses enfants, son métier, son couple. Je mets intentionnellement les enfants en premier, tant le poids social qui pèse sur la maternité est lourd. Avoir un enfant « doit » apporter à la jeune maman satisfaction et plénitude. Une femme qui a un enfant est supposée l'avoir choisi, voulu, en avoir pesé et assumé les conséquences, donc n'être que joie et compétences.

Si la masculinité ne se définit jamais par la paternité, on associe bien souvent féminité et maternité. Ce mythe de la femme faite pour avoir des enfants et sachant d'instinct les comprendre et s'en occuper ne repose sur rien de réel. Les jeunes femmes n'ont jamais été si mal préparées à s'occuper d'un bébé. Mais ce mythe permet de séparer celles qui réussissent dans leur rôle de mère de celles qui échouent. Réussir, c'est ressembler à l'image de la publicité : dans une maison nette, au sol brillant, une jeune mère mince et élégante

Votre bébé a quatre mois

Il pèse :

....

Il mesure :

....

Ses horaires de repas sont :

....

....

....

....

Ses horaires de sommeil sont :

....

....

....

....

Ce qu'il a fait pour la première fois ce mois-ci :

....

....

....

....

....

épluche des légumes frais pour préparer la soupe de son bébé qui dort si gentiment dans son berceau en dentelle, les fesses au sec. Elle est reposée et dynamique, elle a tout le temps et les compétences nécessaires pour répondre aux besoins de son bébé et de son conjoint. Si le bébé est calme et le mari satisfait, c'est qu'elle est compétente. Si le bébé pleure et que le mari râle, c'est l'échec.

Le poids de la culpabilité

Ce qui est frappant dans ce mythe qu'entretiennent des mères elles-mêmes (malgré quelques best-sellers humoristiques et bienvenus), c'est l'illusion que la mère a le contrôle de la situation. Il suffit de surprendre les regards courroucés des passants à la vue d'une jeune mère avec son bébé hurlant dans ses bras et incapable de le faire taire. Tout est supposé dépendre d'elle, de son comportement et de son talent. Si ceux qui l'entourent ne réagissent pas de la façon souhaitée, c'est qu'elle s'y est mal prise. C'est donc à elle de changer. Viennent alors la culpabilité, l'épuisement et le sentiment d'échec, qui mettent en place un véritable cercle vicieux.

L'amour ne suffit pas, sinon la quasi-totalité des bébés seraient calmes. Il faut que les mères redéfinissent leur rôle de manière plus réaliste. Elles ne sont pas celles sur qui repose l'entière responsabilité du présent et de l'avenir. Que faire ? Ne pas se comparer : chaque trio, père, mère, enfant(s), est unique. Si la mère tente de se détendre, de se reposer, si elle passe plus de temps à câliner et à dialoguer avec son bébé qu'à calculer la quantité de lait qu'il a avalée ou le temps qu'il a dormi, alors elle est la mère parfaite de cet enfant-là : il ne pouvait en avoir une meilleure, il ne rêve pas d'une autre.

Le cinquième mois

Qui est bébé ?

À cet âge, le bébé a atteint une étape importante de son développement physique. Sans pouvoir encore s'asseoir ou se tenir assis seul, il peut néanmoins rester un long moment dans la position assise s'il est bien calé dans une chaise haute, ou soutenu par des coussins. De plus, il tient maintenant sa tête bien droite. Ces deux acquisitions vont lui permettre de commencer à se servir efficacement de ses mains. La plupart des bébés manipulent encore mal les objets qu'ils tiennent dans leurs petites mains maladroites, mais presque tous sont capables à cet âge d'attraper un hochet et, parfois, de le porter à la bouche.

Comme bébé dort moins et que sa curiosité est sans cesse en éveil, c'est pendant des temps de plus en plus longs qu'il est capable de jouer et de faire appel à ses proches pour jouer avec lui. Il est bon d'être disponible, mais il est aussi important que le bébé sache rester un moment seul, à regarder, à explorer, ou à gazouiller en tête à tête avec ses peluches préférées.

Certains bébés sont plus actifs que d'autres : à cette période, ils passent du temps à se retourner ou à se déplacer dans leur lit. Ils adorent être tripotés, secoués ou lancés en l'air. Dès l'aube, ils appellent pour vous convier à participer avec eux à cette nouvelle journée de découverte. À peine réveillés, à six heures du matin, ils réclament avec véhémence un compagnon d'activité. Coucher un tel bébé plus tard ou doubler ses volets par des doubles-rideaux risque de ne servir à rien. La seule solution pour les parents consiste soit à se lever lorsque bébé s'éveille, soit à lui apprendre à se suffire à lui-même et à jouer seul un moment.

D'autres bébés sont plus calmes. S'ils dorment dix ou douze heures par nuit, leurs siestes durant la journée seront plus courtes. Éveillés les premiers, ils peuvent rester un long moment dans leur lit. Attraper leurs doigts ou leurs orteils, les porter à la bouche, mâchouiller soigneusement leur hochet favori, s'essayer à de nouvelles vocalises sont des activités qui peuvent les faire attendre, paisibles, jusqu'à l'heure du petit-déjeuner.

Le sommeil est généralement bon, de même que l'appétit, à condition qu'on laisse l'enfant réguler seul ses besoins et qu'on ne le force jamais à manger plus qu'il ne désire.

Le caractère du bébé s'affirme. Il sait nettement ce qu'il veut : de l'attention, des jeux, s'exciter de plaisir. Il sait également ce qu'il ne veut pas et peut protester avec une certaine violence en réponse à une frustration qui lui est imposée si on lui retire un jouet par exemple.

Petit être sociable, le bébé de quatre mois et demi, bien que passionnément attaché à sa mère, noue de bons contacts avec les autres membres de la famille. Ses aînés sont source de fascination et de grandes crises de rire. Son père l'attire et il le recherche activement du regard, de la voix et du geste. Le père qui noue des relations étroites avec son bébé le comble de plaisir, et lui fait cadeau psychologiquement d'une ébauche d'autonomie à l'égard de sa mère qui lui sera précieuse.

L'enfant gâté

Il existe encore beaucoup de gens pour vous dire : « C'est normal qu'un bébé pleure, il fait ses poumons », « Laisse-le pleurer, il finira par se fatiguer », ou encore « Ne le prends pas tout le temps dans les bras, au moindre caprice, tu vas en faire un enfant gâté », etc.

Pourtant, vous souffrez d'entendre votre bébé pleurer et votre instinct de mère vous souffle de le prendre avec vous pour tenter de le soulager. C'est vous qui avez raison.

Un bébé ne pleure pas « pour rien ». Un bébé n'est pas capricieux : c'est une notion d'adulte qui, à son âge, lui est complètement étrangère. Lui a une raison de s'exprimer par des cris. Le minimum que l'on puisse faire, à défaut de le soulager, c'est de lui dire, par des mots et par des gestes : « Je suis là, je suis avec toi, je ne comprends pas pourquoi tu pleures, mais je vais essayer de te soulager. »

L'enfant qui appelle ou se plaint attend du parent une réponse adaptée et compréhensible. C'est ainsi qu'il se sentira aimé, qu'il acquerra confiance en lui et confiance en ses parents, qu'il deviendra capable de donner de l'affection et qu'il deviendra autonome.

À l'inverse, l'enfant privé d'affection, qu'on laisse trop souvent face à sa souffrance, risque de se refermer sur lui-même et de se désespérer. Quel message transmet-on à un jeune enfant lorsqu'on ne le soutient pas dans ses moments difficiles ? Il se sent abandonné : comment lui ferez-vous croire que vous l'aimez et que la vie est belle ?

Vous ne ferez pas de votre bébé un enfant gâté si vous répondez à ses appels et si vous suivez ce que votre instinct vous dicte. Votre enfant pleure, il a besoin de votre présence.

Spontanément, vous avez envie de lui porter secours et de le soulager. Il vous parle : répondez-lui. Il a faim : nourrissez-le. Il a besoin de compagnie : prenez-le dans la pièce où vous êtes et faites la conversation. Il veut vos bras : câlinez-le. Il a besoin de calme : offrez-lui de rester un moment tranquille dans sa chambre ou dans son espace habituel.

Chaque chose en son temps. Votre bébé est à l'âge où il est bon que l'on réponde à ses désirs et à ses besoins, pour en faire un enfant heureux et confiant. Mais il est également capable, à quatre mois, d'attendre un peu sans s'inquiéter et de se rassurer tout seul.

Attention : il arrive que bébé pleure parce qu'il a besoin, à ce moment-là, de décharger ses tensions internes et de les transformer en une bonne fatigue qui l'amènera au sommeil. C'est le cas en fin de journée, ou lorsqu'il y a eu du bruit, de l'animation. Il est fréquent de se tromper dans ce cas et d'offrir à bébé un surcroît de distraction pour le détourner de ses cris, ce qui fonctionne quelques minutes, puis il se remet à pleurer. On offre alors plus d'activités, ce qui fatigue et énerve encore plus bébé… Répondre à ses pleurs, oui, mais cela consiste parfois à comprendre qu'il a juste besoin qu'on le laisse pleurer un peu, puis tenter de se calmer seul dans son petit lit.

Aménagez sa chambre

La chambre est le lieu où il passe le plus de temps, et souvent des moments de tranquillité et de solitude. Elle est au cœur de son univers. Il est donc souhaitable de faire de cette pièce un lieu d'éveil, où le bébé se sentira entouré de choses intéressantes.

Le bébé doit bénéficier d'un environnement riche, où expériences et stimulations sont possibles. Dès qu'il se déplace, il a besoin de pouvoir explorer librement l'espace et d'avoir accès à certains de ses jouets lorsqu'il le désire. Le meilleur environnement, c'est celui où l'enfant peut faire ce dont il est capable, en toute sécurité, et avec une tranquillité certaine pour les adultes. Selon son âge, cela peut prendre des formes différentes.

Dans cet espace de jeu bien délimité, où l'enfant prendra l'habitude de se tenir, vous placerez des objets, peu nombreux mais que vous renouvellerez de temps à autre, qui retiendront sa curiosité et son attention : hochets, tissus de couleur, petits jouets en plastique, petit livre en tissu ou en plastique, tableau de découverte, peluche, etc.

Cet espace « spécial bébé » doit bien sûr évoluer en fonction de sa croissance et de ses nouvelles possibilités. Dès que l'enfant se déplace, il faut prévoir, en plus du parc où vous le mettrez quand vous ne pourrez pas le surveiller, un espace de jeux un peu plus « physiques » : petit matelas, gros coussin, bloc de mousse, « poire » remplie de petites billes, bref, de quoi lui permettre de s'entraîner, de grimper et d'escalader, ce qui est la grande passion des enfants.

Dès que l'enfant tient ses mains ouvertes au lieu de les laisser fermées, vous pouvez y placer de petits objets légers. Dès qu'ils

QUELQUES IDÉES DE DÉCORATIONS

La plupart sont amovibles et peuvent donc être renouvelées pour soutenir la curiosité de l'enfant.

- Décorez le plafond, surtout au-dessus du lit du bébé, de grands posters colorés, d'un cerf-volant, ou de grandes photos.
- Suspendez dans la pièce des objets légers qui volent au gré des courants d'air : ballons de baudruche, guirlandes de Noël, oiseaux en papier, mobile léger, etc.
- Bébé adore les visages. Découpez-en dans les magazines et accrochez-les à côté de son lit. Mieux encore : affichez de grandes impressions des photos des personnes de la famille qu'il connaît.
- Collez sur les vitres des décorations comme on en vend à la période des fêtes de fin d'année ou de Pâques, ou bien fabriquez-en en les découpant dans des feuilles de plastique adhésif.
- Bébé aime tout ce qui bouge : si vous avez un aquarium avec de jolis poissons, c'est dans sa chambre qu'il faut l'installer. Il a été démontré que l'aquarium a aussi un effet calmant sur les jeunes enfants.

toucheront sa paume, il s'y agrippera. Il peut déjà être capable de tenir les objets quelques secondes, avant de les lâcher sans l'avoir voulu. Au début, le bébé ne regarde même pas ce qu'il tient dans la main. C'est pourquoi vous devez tout d'abord attirer son attention.

Choisissez un petit objet, par exemple une pince à linge. Montrez-le bien à votre bébé. Touchez l'intérieur de sa main avec, afin qu'il referme ses doigts dessus. Puis retirez votre main afin qu'il tienne seul l'objet. S'il le fait tomber, ramassez-le et redonnez-le-lui une fois encore. Ensuite laissez sa main se reposer. Ne ménagez pas vos encouragements et votre enthousiasme. Embrassez sa petite main pour lui montrer combien vous aimez ce qu'elle vient de faire !

Quand il est très jeune, le bébé agrippe les objets sans toujours comprendre ce qu'il fait. C'est pourquoi il est intéressant de lui faire tenir des hochets. En agitant le bras qui tient l'objet, le bébé provoque un bruit, qui lui fait tourner la tête vers sa main. Il fait ainsi le lien entre le mouvement de sa main et le bruit produit par le hochet.

Votre bébé est ambidextre. N'oubliez pas de faire fonctionner ses deux mains : glissez-lui le hochet tantôt dans la main droite, tantôt dans la gauche.

La diversification alimentaire

À l'approche de ses cinq mois, des changements importants peuvent commencer à intervenir dans l'alimentation de bébé. Jusque-là, il ne se nourrissait que de lait. Maintenant, il va pouvoir commencer à goûter à bien d'autres saveurs et textures. Il y a quelques années, la diversification alimentaire commençait dès le quatrième mois, mais des liens ont été faits entre cette précocité et les risques d'allergie. Ce risque devient beaucoup plus faible au-delà de cinq mois, aussi est-ce un bon moment pour commencer, tout en douceur, à varier l'alimentation. Pour autant, il n'y a aucun inconvénient à repousser cette étape et à continuer à nourrir son bébé de lait jusqu'à ses six mois. Au-delà de six mois, on remplace le lait premier âge par du lait deuxième âge, mieux adapté, et on ajoute éventuellement une farine au biberon du soir (sans gluten jusqu'à dix ou douze mois) pour aider bébé à tenir toute la nuit, mais cela n'est pas indispensable (certains bébés ont du mal à la digérer).

Sur le plan nutritionnel, il faut se rappeler que le bébé a surtout besoin de lipides pendant ses deux premières années, et que lui donner trop de protéines et trop vite pourrait faire le lit d'une obésité à venir. Enfin, supprimer trop tôt le lait pourrait engendrer un manque de calcium à cette période où il en a tant besoin pour sa croissance.

Le bébé est souvent à même d'influer sur le rythme de la diversification. Il est capable de faire comprendre s'il aime cette variété progressive et s'il apprécie de manger à la cuiller.

L'apprentissage de la cuiller

Certains bébés apprennent très vite à manger à la cuiller. D'autres, en revanche, ont bien du mal à s'y faire. Ils tètent la cuiller, ou la sucent, ou encore refusent carrément de manger avec. On peut aisément le comprendre : un bébé habitué à aspirer, en pressant avec la langue, la nourriture qui arrive directement dans sa bouche, doit se livrer, avec la cuiller, à un tout nouvel apprentissage. Le contact de cet objet froid et dur dans sa bouche lui est fort désagréable. Il m'arrive de penser qu'apprendre à manger avec des baguettes ne doit pas être facile non plus…

Bien que votre bébé en soit encore essentiellement à une alimentation lactée, rien ne vous empêche de lui faire goûter des petites choses pour éveiller son goût : jus d'orange, glace à la vanille, fromage blanc, etc. Bien sûr, il s'agit de toutes petites quantités, mais c'est aussi l'occasion de vous servir d'une cuiller.

POUR AIDER VOTRE BÉBÉ

- N'utilisez pour commencer que des toutes petites cuillers (genre cuiller à moka).
- Choisissez des cuillers en plastique (moins froid que le métal), comme celles utilisées dans les cafétérias ou pour les pique-niques.
- Disposez deux ou trois cuillers dans son parc. Comme ses autres jouets, il les prendra et les mettra à sa bouche, s'habituant ainsi à leur contact. Autant de gagné pour le jour où vous lui donnerez son repas avec !
- Donnez-lui très tôt l'habitude de boire son jus de fruit dans une petite cuiller.

Procéder en douceur

Il est plus facile de commencer par introduire les fruits en compote, mixés, car un bébé préfère spontanément le goût sucré. C'est grâce à cette préférence gourmande qu'on pourra l'amener à accepter une nourriture solide et le contact de la cuiller.

Chaque bébé, comme chacun de nous, a ses goûts et ses préférences. C'est pourquoi il est conseillé d'introduire les nouveaux aliments progressivement, afin de ne pas insister sur ceux qui sont refusés. Inutile aussi d'introduire trop vite ceux dont le goût est nettement prononcé, comme le céleri, le chou ou l'artichaut.

Après les fruits, on introduit les légumes, sous forme de soupe non salée, mélangée à du lait et prise au biberon, ou sous forme de purée épaisse donnée à la cuiller.

Inutile pour l'instant, tant que le bébé boit encore beaucoup de lait, d'introduire la viande. Cela pourra être fait dans les trois mois qui viennent, sous forme d'un morceau de blanc de volaille, puis de poisson, le tout parfaitement haché.

Avec l'arrivée des purées et des compotes, la quantité de lait consommée en biberon va diminuer. Aussi introduit-on rapidement les laitages, souvent très appréciés des bébés.

Les produits bio

Si vous pouvez vous procurer des fruits et des légumes biologiques, c'est évidemment une excellente façon d'appliquer le principe de précaution… Malgré leur coût élevé, c'est le seul moyen d'être sûr que son bébé ne consomme pas une quantité importante de pesticides et autres additifs.

Les petits pots pour bébé

Les normes imposent un contrôle rigoureux sur le plan bactériologique, sur la teneur en sel et en vitamines, etc. Les petits pots pour bébés qu'on trouve dans le commerce sont donc parfaitement sains. Pour autant, ne nourrir l'enfant qu'avec ces aliments tout prêts ne lui donnerait pas le goût des purées et autres préparations maison. Mais ces préparations, très variées, peuvent vous dépanner les jours où vous n'avez pas eu le temps de faire cuire des légumes.

Bientôt, vous pourrez utiliser aussi, pour les soupes de légumes de votre bébé, les purées de légumes surgelées présentées sous forme de galets. Elles existent dans de nombreuses variétés et sont aussi bonnes que pratiques à utiliser. Vous trouverez facilement des purées de légumes surgelées biologiques.

Parler et communiquer

Les premières conversations que l'on entretient avec son bébé sont assez surréalistes. Elles consistent en un échange de sons très variés, mais encore un peu difficiles à interpréter ! Pourtant, même si le plus souvent on lui parle un langage « normal », il est bon de prendre quelques moments pour lui parler « bébé ».

Le bébé a un répertoire qui gagne en variété et il passe beaucoup de temps à essayer de nouveaux sons, à s'écouter, à s'entraîner. Il associe de plus en plus les voyelles et les consonnes : da, ma, ata, gue… Il comprend réellement le sens de mots simples et de petites phrases qu'il entend prononcer souvent : « Au lit », « Voilà papa », « À table », « Biberon », « Le bain »…

Babiller ensemble

Mettez-vous en face de votre bébé et captez son regard, afin qu'il comprenne que vous entrez en relation avec lui. Imitez les sons qu'il produit. Repérez ce qu'il émet, et renvoyez-le en écho, avec parfois une petite variation, un enrichissement. Dans les sons produits par bébé, vous pourrez repérer les sons préférentiels « ma-ma » et « pa-pa ». Ce sont des sons que le bébé a entendus de nombreuses fois dans votre bouche, et dont il a vite compris qu'ils ont une valeur certaine que les autres mots ne possèdent pas.

Vous voulez que votre bébé connaisse son prénom ? Alors appelez-le par son prénom lorsque vous vous adressez à lui. Et ne l'appelez pas toujours « mon chaton », « mon amour », « mon bébé »… ou par cent autres surnoms adorables !

Raconter sa vie

Pour que bébé apprenne à vous comprendre, puis à s'exprimer, il faut passer du temps à parler avec lui, s'adresser directement à lui. Même s'il émet peu de sons, il vous écoute et engrange du vocabulaire pour plus tard. Il ne s'agit pas de l'immerger dans un bain de langage qui n'aurait pas de sens. Bébé n'apprendra pas à parler s'il est laissé devant la télévision ou à côté de la radio. Il a besoin d'échanges.

Parlez-lui de ce qu'il vit au quotidien en commentant avec lui les activités, comme les promenades, qui sont une source très riche de découvertes et de nouveau vocabulaire.

Dialoguer, c'est interroger votre bébé, même s'il n'est pas encore à même de vous répondre. Soyez sûr qu'il le fera très rapidement. Mais, en attendant, il comprend qu'il est quelqu'un de valable dont l'avis compte. « Tu appelles ? Tu en as assez d'être dans ton lit ? » « Tu ne bois plus ? Est-ce parce que tu n'as plus faim, ou parce que tu as besoin de faire un rot ? »

Rimes, rythmes et grognements

Continuez à chanter pour votre bébé (sinon, il est toujours temps de vous y mettre !), des petites chansons répétitives, des comptines avec des jeux de mains, des berceuses, en le câlinant ou en dansant, pour l'endormir ou pour lui donner de l'entrain. N'oubliez pas qu'une langue, ce n'est pas seulement une question de mots, mais aussi d'accent, de rythme et de jeux de mots.

Quand vous croisez des animaux ou que vous les regardez avec lui dans un livre d'images, donnez le nom et imitez leurs cris : succès et mémorisation garanties ! Incitez votre bébé à imiter les animaux avec vous.

Un bébé très bavard

Ne vous étonnez pas d'entendre votre bébé parler tout seul, lorsqu'il est tranquille dans son lit. Les sons qu'il produit l'amusent et le surprennent tant qu'il se sert de sa voix comme d'un instrument de musique. Lorsque vous l'entendrez vocaliser, dites-vous qu'il fait ses gammes.

Mais il n'est pas seul : il parle volontiers à ses jouets. Si vous avez mis un miroir contre son lit, il parle aussi probablement à son reflet, ce petit copain qui répond si bien aux mimiques qu'on lui adresse ! Puis il vous parle à vous, dès que vous vous installez en face de lui et que vous entamez la conversation.

Les productions du bébé sont d'abord limitées à l'émission de voyelles (i, a, e, u). Puis interviennent les consonnes, qui enrichissent le vocabulaire (pi, pa, bi, bo, mo, ma…). Comme certaines syllabes ressemblent à des mots que vous aimeriez lui entendre prononcer (pa pour papa, ma pour maman), vous allez, parfois inconsciemment, renforcer la production de ces syllabes. Au point que votre bébé s'en servira bientôt pour vous appeler.

L'imitation

Bébé s'exerce à imiter vos intonations ou vos accents. Vous les reconnaîtrez, aussi clairement que lorsque vous faites semblant de parler une langue étrangère : lui aussi connaît l'air avant les paroles… Asseyez-vous en face de votre bébé. Regardez-le dans les yeux. En lui souriant, émettez un son très simple et bien articulé, un « ba », un « to », un « meuh », par exemple (toujours un seul à la fois). Recommencez l'opération d'un air encourageant, toujours avec le même son et en souriant, jusqu'à ce que votre bébé ait émis le même son que vous. Il arrivera qu'il vous imite très bien. D'autres fois, il fera celui qui ne comprend pas du tout ce que vous lui voulez. Sans doute n'est-ce pas le bon moment : vous reprendrez plus tard.

ENREGISTREZ-LE
Un jour où votre bébé est lancé dans un long monologue, enregistrez-le. Puis repassez-lui l'enregistrement. Il sera tout content d'avoir enfin un interlocuteur digne de lui, sans se douter qu'il est en train de converser avec lui-même !
Si vous continuez à faire des enregistrements réguliers et datés des productions verbales de votre bébé, vous serez sans doute très heureux, le jour où il parlera couramment, d'avoir gardé des traces de ses progrès successifs.

La position assise

Les âges donnés ne sont que des moyennes. Or, le bébé moyen n'existe pas et les marges d'un enfant à l'autre peuvent être importantes. Aussi, soyez sans inquiétude si votre enfant ne suit pas précisément ce calendrier : il aura appris autre chose dans l'intervalle !

▶ *20 semaines.* Le bébé, posé assis, tient son dos droit. Il tombe parfois sur le côté ou devant et ne peut pas se redresser. Il se tient en appui sur les mains. Il se tient bien s'il a des coussins et un dossier.

▶ *28 semaines.* L'enfant tient assis seul mais il utilise ses mains pour se stabiliser.

▶ *32 semaines.* L'enfant, assis sur le sol, peut se tenir droit sans s'appuyer sur les mains.

▶ *36 semaines.* L'enfant se tient assis, sans appui, pendant une dizaine de minutes. S'il se penche, il peut se relever.

▶ *40 semaines.* L'enfant s'assied seul sur le sol.

Coucou, le voilà !

S'il est maintenant conscient de son existence et de son corps distinct de celui de sa mère, le bébé n'est pas encore convaincu de la permanence des objets. Il a tendance à croire que ce qu'il ne voit plus, objets ou personnes, cesse d'exister. Il ne croit pas que les choses puissent rester identiques à elles-mêmes, en dehors de son regard, de sa présence, ou simplement s'il les voit sous un autre aspect. Non seulement il ne recherche pas les jouets qui ne sont pas près de lui, mais il ne tente même pas de récupérer un jouet que vous avez glissé sous un coussin, devant ses yeux.

Pour l'aider à progresser, vous pouvez jouer avec lui à des petits jeux tout simples, que d'ailleurs il adore.

▸ Montrez-lui les objets sous différents différents angles (de face, de côté, à l'endroit, à l'envers, de près, de loin, en les secouant, en les lançant en l'air…) afin qu'il s'entraîne à effectuer mentalement la synthèse de ces différentes visions et qu'il aboutisse à une image globale des objets.

▸ Jouez à « Coucou, le voilà ! ». Ce jeu consiste simplement à cacher votre visage derrière une serviette ou un battant de porte, puis à vous montrer de nouveau. Plusieurs fois de suite. Il est important de verbaliser en même temps : « Où elle est maman ? Elle est partie ? La voilà ! » – avec force mimiques et sourires.

▸ Dans une étape suivante, faites ce jeu avec un jouet, un hochet ou une peluche, quelque chose que le bébé aime bien. Vous le cachez, pendant que l'enfant regarde, sous le drap, sous le lit ou sous un coussin. Commentez toujours : « Regarde, je mets le lapin sous le drap. Où il est le lapin ? Il a disparu ? Ah non, le voilà ! »

Votre bébé a cinq mois

Il pèse :
....

Il mesure :
....

Ce qu'il mange :
....
....
....

Ce qu'il aime :
....
....
....

Ceux qu'il aime :
....
....
....

Ce qu'il a fait pour la première fois ce mois-ci :
....
....
....

Ces jeux tout simples sont très importants pour faire percevoir à l'enfant que les gens et les choses continuent à exister hors de sa vue. Vous saurez qu'il a franchi cette étape lorsque, après que vous aurez caché le lapin devant ses yeux, il repoussera lui-même le drap pour le retrouver. En attendant, vous lui aurez offert de grandes parties de rire et d'amusement.

Le sixième mois

Qui est bébé ?

La plupart des bébés dorment moins : ils peuvent rester éveillés pendant deux heures consécutives. En revanche, ils font des nuits complètes et se réveillent un peu plus tard le matin. Les rythmes de la journée se sont aussi bien régularisés.

Physiquement, on peut dire désormais que la coordination est bonne ; les yeux, les mains et la bouche fonctionnent dans un but commun : situer les objets, les attraper, les manipuler, les porter à la bouche. Les deux mains se synchronisent.

Mentalement, la mémoire progresse et permet la constitution de souvenirs moins éphémères en ce qui concerne le proche passé. Le bébé met en place des habitudes et des références stables qui le sécurisent : connaissant la succession des événements, il peut les anticiper. Cela lui donne l'impression d'un début de maîtrise sur son environnement.

Le bébé tient presque assis, même s'il a encore besoin pour cela d'être dans une petite chaise ou d'avoir le dos soutenu par un coussin. La tête tient tout à fait droite. La position assise, parce qu'elle libère les mains, est très importante pour le développement de l'enfant qui peut manipuler tout à loisir, attraper et lâcher sans perdre, ce qui est pour lui très excitant.

Le développement intellectuel n'est pas en reste. Le bébé découvre de nouveaux schémas de comportement, il les répète pour les apprivoiser et tire un grand plaisir à s'entraîner ainsi.

Il découvre qu'en lançant sa jambe en l'air, lorsqu'il est couché sur le dos dans son lit, il parvient à faire bouger le mobile. Ou encore qu'en criant « Mamama », il fait venir une maman ravie ! Le bébé passe beaucoup de temps à apprendre les liaisons de cause à effet. S'il fait ceci, il se passe cela. Et il sait faire bien d'autres choses encore : répondre à son nom, jouer à cache-cache en mettant un tissu sur sa tête, rire aux éclats, attirer l'attention, refuser les aliments qu'il n'aime pas, etc.

Les capacités de dialogue sont en constante progression. Il faut en profiter pour lui apprendre que ses balbutiements peuvent avoir un sens, renforçant ainsi son désir de s'exprimer. Pour cela, il faut partager son langage, lui renvoyer, en les modulant et en les enrichissant, ses propres productions.

Il faut aussi lui parler comme à une personne sensée et capable de vous comprendre. Cela veut dire utiliser les bons mots, les mots précis correspondant à ce que vous êtes en train de faire, et ne pas vous cantonner à un langage « bébé ». Il est d'ailleurs tout à fait erroné de l'appeler ainsi, car jamais un jeune enfant ne dira spontanément « mimine » au lieu de « main » ou « bobo » au lieu de « mal » si un adulte ne le lui a pas appris ! Alors, plutôt que de devoir ensuite le contraindre à « désapprendre », autant lui donner tout de suite l'expression correcte.

Les différences individuelles s'accentuent : ce n'est plus seulement le rythme des acquisitions motrices qui varie, mais aussi l'ordre dans lequel vont se faire ces acquisitions. Certains bébés vont maîtriser en premier les mouvements généraux du corps, par exemple s'asseoir ou ramper. D'autres attendront pour cela d'avoir acquis la maîtrise parfaite des petits gestes, ceux des mains. Rien n'est mieux ou plus prometteur : à chacun son style, tout simplement !

Les premières soupes de légumes

La diversification alimentaire, pour qu'elle se passe bien, doit être progressive. Elle dépend en partie des choix et des goûts de chacun. L'essentiel est de ne pas se montrer trop rigide et de s'adapter à son enfant. Vers dix ou douze mois, tous mangent plus ou moins la même chose…

Le biberon de soupe présente de nombreux avantages :

◗ il apporte les vitamines, les sels minéraux et la cellulose dont le bébé a besoin sur le plan nutritionnel ;

◗ il permet d'augmenter la quantité de nourriture donnée au bébé sans excès de sucre ou de farine, donc sans trop augmenter sa ration calorique ;

◗ il aide à régulariser le transit intestinal et permet d'agir sur les légers troubles digestifs. Bébé est constipé ? Forcez sur les légumes verts. Bébé a la diarrhée ? Misez sur les carottes.

Comment commencer ?

Le bébé étant surpris par une nouvelle saveur, il convient de l'introduire progressivement. Le mieux consiste à n'utiliser, les premiers jours, que le bouillon de cuisson des légumes. On remplit le biberon à la hauteur normale, mais en remplaçant l'eau par le bouillon de légumes. On ajoute le nombre de mesures de lait habituel, et on le donne ainsi au bébé. Après quelques jours, on ajoute des légumes écrasés dans le biberon. Ainsi le bébé s'habitue à un nouveau goût avant de s'habituer à une nouvelle consistance.

Quand on veut passer à la purée de légumes dans le biberon, il faut veiller à y mettre, dans un premier temps, une ou deux mesures du lait en poudre habituel. L'enfant aimera en retrouver le goût.

À cet âge, certains bébés sont déjà habitués à la cuiller et sont prêts à manger leur repas de cette façon. Dans ce cas, l'étape où la soupe est servie dans le biberon ne durera que le temps de l'adaptation. Une purée à la cuiller et un petit biberon de lait remplaceront le biberon de « soupe au lait » !

Inutile de saler la soupe. En revanche, une petite noisette de beurre dans la purée de légumes est la bienvenue.

Comment préparer les légumes ?

Utilisez les légumes du marché les plus frais possible. Il est préférable de cuisiner des légumes biologiques, frais ou surgelés (plus facile à trouver dans tous les supermarchés). Épluchez-les et coupez-les en petits morceaux. Faites-les cuire dans de l'eau du robinet (elle va bouillir longuement) : quinze minutes en autocuiseur sous pression, trente minutes environ en casserole (cuisson normale). Ne salez pas l'eau de cuisson. Puis mixez le tout.

Ne faites pas trop de purée de légumes à la fois, car elle ne conservera ses qualités que peu de temps. En revanche, vous pouvez en congeler sans problème. La consommation doit alors suivre immédiatement la décongélation.

➡ **Une suggestion**
Il est déconseillé de donner à un bébé une soupe ou un bouillon cuits depuis plus de quarante-huit heures. Vous pouvez en revanche faire cuire de la soupe pour plusieurs jours et la congeler, sous forme de purée épaisse, en petites quantités. Au repas, vous décongèlerez juste la quantité dont vous avez besoin. Pour congeler de la soupe en petites quantités, pensez aux emballages, parfaitement lavés, de petits-suisses ou de flan, ainsi qu'aux aux bacs à glaçons.

Quels légumes choisir ?

Commencez par les légumes les plus classiques : pommes de terre, carottes, poireaux (en petite quantité : certains enfants n'en aiment pas trop le goût). Lorsque le bébé sera habitué, vous pourrez, selon la saison et vos réserves, ajouter des haricots verts, des courgettes, des tomates, des épinards, des fonds d'artichaut, des bettes, de la salade ou du persil.

Attendez encore un mois ou deux avant d'introduire les autres légumes : navet, chou-fleur, céleri, aubergine.

Il sera alors temps de varier le goût de la soupe et d'initier l'enfant à de nouvelles saveurs. La plupart des bébés aiment beaucoup les biberons de soupe de légumes. Profitez-en pour donner au vôtre le goût des légumes verts que tant d'enfants refusent plus tard pour n'y avoir pas été habitués.

Et si l'enfant refuse le biberon de soupe ?

Si l'enfant refuse le biberon de lait fait au bouillon de légumes, revenez au biberon de lait pur. Vous ferez une nouvelle tentative dans quelques jours. La diversification alimentaire doit se faire avec beaucoup de douceur.

Si le bébé refuse l'introduction des légumes mixés dans le biberon :

◗ En avez-vous mis suffisamment peu pour commencer (une ou deux cuillerées à café) ?

◗ N'avez-vous pas mis de légumes au goût trop fort dans la soupe (poireau ou oignon par exemple) ?

◗ Avez-vous suffisamment agrandi la tétine du biberon afin que la soupe coule sans trop d'efforts de la part du bébé ?

◗ Avez-vous essayé de présenter la soupe à la cuiller et de continuer à servir seulement le lait au biberon ?

Alimentation : simplifiez-vous la vie

C'est aussi le moment de confier à votre bébé une timbale à couvercle avec bec perforé afin qu'il puisse boire seul. En plastique, donc incassable, munie d'anses, à fond alourdi, donc difficile à renverser, elle est l'objet qui permet à votre bébé de faire la transition entre la tétine et le verre. Dans un premier temps, confiez-lui cette timbale vide afin qu'il fasse connaissance avec l'objet : il va la retourner, la secouer, la jeter par terre, etc. Puis remplissez-la d'une boisson qu'il aime particulièrement et montrez-lui comment s'en servir. Il apprendra vite et gagnera chaque jour en habileté.

Un autre objet va vous simplifier la vie lors des repas que votre enfant va prendre à la cuiller : il s'agit du bavoir en plastique rigide qui se fixe autour du cou de l'enfant sans lien, donc rapidement et sans danger. Le bas du bavoir étant moulé en creux, il recueille la nourriture que l'enfant laisse tomber. Il est donc non seulement sûr, mais très pratique. Après le repas, un simple coup d'éponge suffit pour le nettoyer. Pas question d'essayer de faire manger bébé proprement pour l'instant : les débuts des repas à la cuiller ne le permettent pas, et les mains directement plongées dans la purée sont inévitables !

EST-CE QU'IL PEUT PRENDRE SON BIBERONS SEUL ?

Votre bébé est capable de tenir seul son biberon. Pouvez-vous en profiter pour le laisser boire seul ? Je vous le déconseille pour l'instant. Sauf s'il peut continuer à boire son biberon dans des bras accueillants, il estimerait vite que l'autonomie est une voie peu attirante ! Outre les risques toujours possibles de fausses routes alimentaires, il faut se rappeler que se nourrir est bien autre chose qu'une question de calories. C'est maintenant, au cours de cette période justement appelée « phase orale », que l'enfant noue ses premiers liens avec l'alimentation. Vous sentez déjà si vous avez affaire à un enfant plein d'appétit ou réticent, qui aime tout ou qui paraît souvent « difficile », qui attend impatiemment l'heure du repas ou qui la laisserait volontiers passer... Faire du repas un moment de plaisir et de partage est une bonne prévention contre d'éventuels troubles ultérieurs.

Les jouets sonores

Au cours de la première année de l'enfant, la découverte du monde passe par ses sens : la vue, qui distingue nettement les formes et les couleurs ; le goût, avec l'introduction de nouveaux aliments ; l'odorat, qui fonctionnait déjà parfaitement dès la naissance ; l'audition, avec la reconnaissance des voix et des bruits de la maison, le début du sens du rythme ; le toucher, enfin, soit par les doigts soit par l'intermédiaire de la mise à la bouche. Le développement moteur est important et permet à l'enfant de nouveaux exercices : la tête tient bien dans l'axe du dos et l'enfant acquiert peu à peu la position assise, celle qui libère enfin les mains. La préhension gagne d'ailleurs en précision : le bébé, qui attrapait à pleine main, découvre l'opposition entre le pouce et l'index, formant ainsi une pince d'une grande efficacité. Les exercices de manipulation se développent. L'enfant prend conscience de son corps, l'explore et développe une meilleure maîtrise de ses gestes.

Vers six mois, le bébé aime particulièrement les sons : les sons bizarres, surprenants, différents. Il aime découvrir quel geste peut les provoquer et trouve plaisir à s'y entraîner longuement. Vous pouvez bien sûr vous procurer des jouets produisant des sons (hochets, jouets en plastique « couineurs », tableau de découverte, etc.). Mais vous pouvez également, pour varier l'intérêt, tirer parti de ce que vous avez chez vous et fabriquer facilement des hochets et des jouets sonores.

Tant que l'enfant ne sait pas attraper et secouer, c'est vous qui maniez le jouet. Dans ce cas, faites varier l'origine du son, afin d'entraîner l'enfant à le repérer : oreille droite, oreille gauche, au-dessus de sa tête, derrière l'enfant, etc.

POUR CHANGER DES JOUETS TRADITIONNELS
• Au rayon « animaux » des grands magasins, vous trouverez des jouets « couineurs » de formes variées et bon marché ou des clochettes que vous pouvez suspendre solidement au-dessus du lit de l'enfant ou accrocher à son mobile. Autre idée : nouer un moment une clochette autour du poignet ou de la cheville de l'enfant avec un ruban.
• Récupérez des emballages vides en plastique très solide : petits pots, flacons ou petites bouteilles qui ferment bien. Remplissez ces contenants avec des petits objets (une seule sorte par récipient) : légumes secs différents, graviers ou sable, perles ou billes, etc. En agitant les flacons, vous obtiendrez des sons divers que vous pourrez varier à volonté. Vous pouvez rendre ces « hochets » maison plus gais en les décorant avec des gommettes ou de l'adhésif de couleur. Attention cependant à ne jamais laisser votre bébé manipuler ces jouets sans une surveillance vigilante : si le plastique se fend, il peut devenir coupant ; et les éléments contenus à l'intérieur peuvent être dangereux si votre bébé les porte à sa bouche.
• Faites entendre systématiquement à votre bébé tous les sons correspondant aux objets de la maison ou aux activités ménagères : clés, papier déchiré, robinets, etc.
• L'éveil sonore passe aussi par une audition attentive de tous les objets sonores de la maison. En faisant le tour d'une pièce avec le bébé, faites émettre des sons aux objets qui le peuvent, soit par leur nature (tic-tac du réveil, eau qui goutte), soit parce que vous les frappez avec autre chose (frapper à la porte).
• Asseyez votre bébé sur vos genoux et allumez la radio. Se promener avec lui sur la bande des fréquences, tout en jouant avec l'intensité du son, fait de votre poste de radio l'un des plus beaux jouets d'éveil sonore.

Un bébé autonome

Un enfant autonome, c'est un enfant capable de s'occuper un moment, tranquillement, sans faire appel à la présence d'un adulte. C'est un enfant qui, quel que soit son âge, sait trouver en lui-même les ressources intérieures pour « se tenir compagnie » un moment, jouant de son imaginaire, en paix et heureux.

Un point important pour développer cette dimension imaginative et autosuffisante est l'aménagement de la chambre de l'enfant, ou, si le bébé n'a pas de chambre à lui, d'un coin que vous lui réserverez. Outre qu'il doit être intéressant, cet espace doit être absolument sans danger, ce qui vous permet d'y laisser votre enfant seul, même s'il n'est pas dans son lit à barreaux (lequel lit pourra rapidement être remplacé par un simple matelas encadré et posé sur un sommier à lattes placé directement sur le sol). Vous laisserez par terre des objets qui peuvent l'intéresser et cela donnera à votre enfant un bel espace de liberté.

Quand le laisser seul dans sa chambre ?

Aux heures où vous le mettez au lit, bien sûr, mais aussi quand vous êtes occupé(e) à prendre une douche, au téléphone ou à préparer à manger. Un bébé n'est pas malheureux lorsqu'il est laissé un peu tranquille, sur son espace de jeu ou dans sa chambre. Il apprend qu'il peut se débrouiller seul pour s'occuper et s'amuser, et il le fait d'ailleurs très bien. L'éveil, c'est aussi le travail de l'enfant et il prend cela en charge parfaitement, pour peu qu'on ne crée pas de dépendances à l'adulte dont il aura du mal à se déprendre ensuite.

Nous avons vu plus haut à quel point le bébé était poussé à la découverte et à l'apprentissage par des élans intérieurs puissants. Pas de risque qu'il s'ennuie, même si vous n'êtes pas à sa disposition de façon permanente, pour peu que l'environnement lui offre de quoi s'occuper les mains, le corps et l'esprit.

Lorsque vous êtes dans la même pièce que lui, vous pouvez aussi le laisser faire ses expériences et ses découvertes, en l'encourageant de la voix, tout en continuant vos propres activités. Il appréciera votre présence et la liberté respectueuse que vous lui laissez.

L'enfant qui apprend à compter sur ses propres ressources est aussi un enfant qui fait confiance à ses proches, les contient dans son cœur et s'en sent aimé.

La main et le jeu

La plupart des bébés de cet âge tendent clairement la main vers les objets qu'ils souhaitent attraper. Ils sont capables de saisir un jouet suspendu au-dessus d'eux. Une fois l'objet en main, l'enfant est capable de faire tourner son poignet afin de regarder l'objet sous différentes faces. Étudier les objets sous plusieurs perspectives, à différentes distances ou à l'envers fait partie des intérêts principaux de l'enfant de cet âge. Il apprend ainsi qu'un objet peut se présenter sous de multiples apparences, tout en restant identique à lui-même. C'est le commencement de ce que l'on appelle la permanence de l'objet. Voici en outre quelques idées pour encourager votre bébé à saisir des objets et à les manipuler.

- Confiez à votre enfant une boîte facile à ouvrir et à fermer (par exemple une boîte à chaussures) dans laquelle vous mettrez quelques objets sans danger qu'il pourra manipuler tout à son aise. Comme la nouveauté provoque toujours un renouveau de l'intérêt, il est bon de changer ces objets souvent.

- Faites toucher à votre bébé des objets qui peuvent procurer des sensations variées. Un glaçon, ou une vitre l'hiver, et vous dites : « Froid. » Un radiateur, ou le biberon de lait : « C'est chaud. » Les promenades permettent d'élargir ces expériences.

- Prenez votre bébé sur vos genoux et laissez-le manipuler de petits objets, par exemple remplir une tasse avec un petit tas de raisins secs posés à côté.

Le pouce et la sucette (ou tétine)

L'un comme l'autre ont leurs partisans et leurs détracteurs. Cette querelle dépend des modes. Ce qu'il faut prendre en compte avant tout est le besoin fondamental qu'a le bébé de téter, besoin que le temps consacré aux repas suffit rarement à satisfaire.

Âgé de quelques semaines, bébé pleure, sans que l'on sache toujours pourquoi. C'est long, déchirant. Il tente de placer son petit poing dans sa bouche, mais, trop mal coordonné, trop énervé, il ne peut le retenir. Maman glisse une tétine dans la petite bouche qui se referme dessus et c'est le miracle : bébé suce avidement, heureux, apaisé. Bientôt, il s'endort, épuisé. Comment résister à ce merveilleux objet ? Si bien qu'il devient vite une habitude… dont il sera difficile de se passer.

Téter est le premier plaisir du bébé.

Bébé, pas encore né, suce déjà son pouce : c'est ce que l'échographie nous révèle. Aucune faim ne justifie ce geste, seulement le besoin intense de sucer. Dans les semaines qui suivent la naissance, les parents constatent rapidement combien sucer est une activité rythmique qui apaise le bébé. Rassuré, en sécurité, il se berce et se détend.

Si certains bébés trouvent très vite leur pouce ou leur poing et se calment ainsi, d'autres n'y parviennent pas. Pourquoi leur refuser le même apaisement et ne pas leur donner une tétine ? Les conséquences sur la dentition sont, à cet âge, de faux problèmes. Si bien que beaucoup de parents répondent à ce besoin de succion de leur bébé par la tétine, qui devient l'outil indispensable de son apaisement et de son endormissement.

Pouce ou tétine ?

La sucette est très décriée. Elle serait malsaine, transporterait toutes les saletés, ferait des parents des esclaves. En fait, on constate surtout qu'elle procure une réelle satisfaction à l'enfant très jeune. Elle aide notamment les enfants qui ont des coliques ou des difficultés digestives à se calmer. Elle apaise les colères et les chagrins. Elle aide à attendre l'heure du repas...

Il y a évidemment un « mauvais » usage de la tétine. Son rôle n'est pas de remplir la bouche du bébé chaque fois que celui-ci tente d'exprimer une insatisfaction, mais de permettre, lorsqu'il le souhaite, un plaisir oral. C'est différent !

A priori, le pouce est préférable dans la mesure où il laisse le bébé libre de le prendre ou non, à volonté, sans que l'adulte ait à intervenir. Mais le jour où les parents décident d'inciter et d'aider leur enfant à cesser cette habitude, lorsqu'il n'en aura plus besoin, il sera beaucoup plus simple de le « sevrer « de la tétine que du pouce. Par définition, il l'a toujours sur lui ! Si bien des parents hésitent à faire ce choix, c'est qu'ils se posent la question : quand et comment arrêter ?

Vers quatre à cinq mois, un cap est franchi

L'intensité du besoin de téter diminue. Quant au bébé, il dispose désormais d'autres moyens de le satisfaire et de trouver son calme : il peut sucer son poing ou un morceau d'étoffe, enfouir sa tête dans l'odeur familière d'une poupée de tissu, etc. Aussi est-ce le bon moment pour que l'enfant apprenne à se passer de sa tétine, ce qui, à cet âge, est facile. Il suffit d'en diminuer progressivement l'usage, la journée d'abord, et d'inciter le bébé à gérer son malaise autrement. On lui parle, on le distrait, on le câline.

Passé la période des six ou sept premiers mois, on court le risque d'une dépendance à la tétine : le bébé ne peut plus se calmer ni s'endormir sans elle. Or, qui dit dépendance de l'enfant dit dépendance des parents, corvéables à merci pour aller remettre dans la bouche du bébé la tétine qu'il a laissée tomber. De plus le bébé, habitué à sentir la tétine dans sa bouche lorsqu'il s'endort, va se réveiller la nuit entre deux cycles de sommeil, parce qu'il ne la sentira plus. Au lieu de se rendormir tranquillement, il va appeler l'adulte à l'aide, prenant ainsi l'habitude, si sympathique, de voir maman au milieu de la nuit…

Bien sûr, on peut trouver des solutions pour que le bébé devienne plus autonome avec la tétine : en mettre plusieurs dans le lit de l'enfant afin qu'il ait plus de chances d'en trouver la nuit, en « clipper » une sur le revers de son pyjama, etc. Mais elles ne règlent pas la question de fond qui est qu'une fois la tétine devenue une habitude forte, comme un doudou, en priver l'enfant serait pire que le mal, du moins tant qu'il n'a pas l'âge de décider avec ses parents que c'est le bon moment d'arrêter.

Finalement, on fait quoi ?

Aux parents de faire leur choix. À l'âge de votre bébé, vous pouvez choisir ou non de supprimer l'usage de la tétine (et du pouce). Téter est un comportement inné que le bébé emploie spontanément pour se rassurer et maîtriser les émotions qui l'envahissent. C'est un besoin à respecter. Il est nuisible d'empêcher un bébé de satisfaire ce besoin, quel que soit le moyen choisi. Qu'il se satisfasse avec son pouce ou avec une tétine est tout à fait secondaire. Mais une fois l'habitude prise, c'est-à-dire passé six à douze mois, en priver l'enfant de force n'est pas une bonne idée.

Aux parents fumeurs, je demande : vous qui êtes prisonnier de votre plaisir oral, attendez-vous de votre bébé qu'il soit plus fort que vous ? L'éducation est un exemple : soyez exigeant pour vous-même avant de l'être pour lui...

Le seul signe qui puisse vous inquiéter, c'est de constater que votre bébé tète toute la journée et semble ainsi se couper du monde. Lorsque le bébé est reposé, qu'il n'a pas faim, qu'il joue, il n'éprouve pas en permanence le besoin de téter. Sauf si celui-ci prend le pas sur le besoin d'échange, d'exploration et de communication. Auquel cas il est bon de s'interroger sur ce qui ne va pas pour l'enfant et sûrement de passer davantage de temps à s'occuper de lui et à jouer avec lui.

Et le biberon ?

Le cas des enfants habitués à téter un biberon pour s'endormir se traite exactement de la même façon (rappelons que le biberon ne doit en aucun cas contenir autre chose que de l'eau, à cause du risque élevé de caries dentaires).

Sa première dent

Si votre bébé a les pommettes rouges, suce vigoureusement son poing, bave beaucoup, a les gencives enflées et semble souffrir, il y a de grandes chances pour qu'il soit en train de se préparer à sortir sa première dent. Il peut aussi manquer d'appétit, avoir envie de mordre, avoir les fesses rouges et abîmées. Sa première dent peut apparaître dès 5 mois ou n'être toujours pas sortie à un an, sans qu'il y ait lieu de s'inquiéter dans un cas comme dans l'autre. Il n'existe pas d'enfants qui n'ont pas de dents, et la date d'apparition de la première est absolument sans importance et sans aucun rapport avec le reste du développement de l'enfant.

Si les poussées dentaires sont souvent douloureuses, il est faux de prétendre qu'elles sont responsables de fièvre, otite, diarrhée, bronchite, vomissement, convulsions, troubles divers. L'enfant, souvent moins résistant pendant cette période, est exposé à des infections qu'il faut soigner comme telles. Négliger un symptôme en le mettant sur le compte des dents serait une erreur.

COMMENT SOULAGER LE BÉBÉ ?

Les anneaux de dentition ont un grand succès, comme tout ce qui se tient bien dans la main, peut se mâchouiller et se frotter sur les gencives (une carotte « bio » pelée, par exemple). Les anneaux réfrigérants ont l'avantage de diminuer le « feu de joue » et la douleur des gencives, grâce à l'effet du froid. On peut aussi masser les gencives enflammées à l'aide d'une cuiller ou avec le doigt, éventuellement enduit d'un sirop adapté, comme on en trouve plusieurs sur le marché. Le pharmacien vous guidera, ainsi que dans l'utilisation de granules homéopathiques.

Il a de la fièvre

Les jeunes enfants peuvent monter très vite à des températures élevées. Un bébé trop couvert ou exposé soudain à une forte chaleur (dans une voiture immobilisée au soleil, par exemple) ne peut pas réguler sa température interne assez rapidement et risque le classique « coup de chaleur » qui se traduit entre autres par une température très élevée.

Une main posée sur le front n'est pas un bon indicateur de la température : plus vous avez les mains froides, plus le front vous semblera chaud. Si vous avez un doute, s'il vous semble que votre enfant a de la fièvre, seul un thermomètre vous le confirmera. Le thermomètre frontal à cristaux liquides vous donnera déjà une bonne indication de la température, mais c'est le classique thermomètre rectal ou le thermomètre auriculaire (un peu cher mais vraiment pratique) qui vous donneront des indications tout à fait fiables.

Si la fièvre de votre bébé dépasse 38 °C et qu'elle est associée à d'autres signes (toux, diarrhée, pleurs douloureux, etc.), il est bon de prendre rendez-vous avec votre médecin. Lui seul pourra déterminer les causes de cette température élevée et vous dire comment la traiter. En effet, la fièvre n'est pas une maladie en elle-même, mais un signe associé à une maladie qu'il convient de diagnostiquer.

> ➡ **Une suggestion**
> *Si votre bébé hurle lorsque vous enfoncez le thermomètre, enduisez le bout avec un peu de vaseline : il glissera beaucoup mieux. Vous pouvez aussi demander à votre médecin de vous apprendre à mesurer la température sous le bras et dans la bouche : cela se fait dans les pays anglo-saxons et semble moins désagréable aux enfants.*

Que faire en attendant le médecin ?

Si la fièvre est faible (inférieure à 38,5 °C) et bien tolérée par l'enfant, le mieux est de ne rien faire. Une prise de température toutes les trois ou quatre heures permettra de contrôler l'évolution de la situation. Si la fièvre est plus élevée, il est préférable de la faire baisser pour la maintenir à un niveau raisonnable. Il existe en effet un risque de convulsions fébriles qui n'est pas à négliger, surtout chez un bébé qui en a déjà fait. Dans tous les cas, donnez souvent à boire à l'enfant.

COMMENT FAIRE BAISSER LA FIÈVRE ?

Il existe des moyens simples et efficaces, qui dispensent d'employer des médicaments risquant de brouiller les symptômes, alors qu'un diagnostic n'a pas encore été posé.
- Découvrez l'enfant. Ôtez brassière et couvertures. Ne lui laissez, au maximum, qu'une petite chemise de coton.
- Faites marcher un ventilateur dans sa direction.
- Enveloppez-le dans un linge fin (petit drap de lit), imbibé d'eau froide puis essoré.
- Laissez-le une vingtaine de minutes dans un bain dont l'eau est d'une température inférieure de 2 °C à la sienne.

Les risques d'étouffement

Malgré toute votre vigilance, il peut arriver que votre bébé porte à la bouche un petit objet, qu'il l'avale et s'étouffe. Le plus fréquemment, ces objets sont :

- des bonbons durs, de gros morceaux de viande, de carotte, de pomme ou de pain, des noyaux de cerise ;
- des « amuse-gueules » servis en apéritif (cacahuète, amande, pistache) ;
- des morceaux de jouets : œil de peluche, bouton de vêtement, bille, pièces détachées ;
- des objets divers de la maison : capsule de bouteille, morceau de crayon, capuchon de stylo, gravier, etc.

Le scénario est toujours le même. Le bébé attrape un objet et le met dans sa bouche. Au lieu de recracher ou de déglutir, il le fait passer par mégarde dans les voies respiratoires. Dans le cas d'un étranglement bénin (il a « avalé de travers »), l'enfant est pris d'une quinte de toux et devient tout rouge. Vous pouvez l'aider en le plaçant la tête plus bas que le corps et en lui tapotant le dos, de façon qu'il recrache ce qui l'étouffe.

Le cas où l'enfant a absorbé un corps étranger qui s'est bloqué dans le larynx est beaucoup plus grave. L'enfant porte ses mains à son cou. Il respire à peine ou pas du tout, il ne peut ni parler ni tousser, il devient pâle, puis violet. Il se peut même qu'il perde connaissance. Cette situation est tout à fait effrayante, mais, vu l'urgence, elle nécessite que vous gardiez à tout prix votre sang-froid et le contrôle de la situation.

QUE FAIRE ?
Si l'enfant respire, encouragez-le à tousser et emmenez-le immédiatement au service des urgences de l'hôpital.
Si l'enfant ne peut ni respirer ni tousser, ouvrez sa bouche et, avec une lampe, regardez si l'objet est visible et si vous pouvez l'attraper avec les doigts ou avec une pince. Mais attention : s'il y a un risque d'enfoncer davantage l'objet plutôt que de l'ôter, mieux vaut ne pas y toucher. Tenter alors la manœuvre suivante (selon les recommandations sur les premiers secours édictées par la Croix-Rouge).
• Asseyez-vous, couchez le bébé à califourchon sur votre avant-bras, sur le ventre, tête penchée en avant, plus basse que le thorax ; maintenez la tête avec les doigts de part et d'autre de la bouche. Administrez cinq claques dans le dos, entre les deux omoplates, avec le plat de l'autre main.
• Si le corps étranger n'a pas été rejeté, poursuivez, en plaçant cette fois le bébé sur le dos, couché sur votre avant-bras en appui sur votre cuisse, la main soutenant sa tête. Placez la pulpe de deux doigts de l'autre main au milieu de la poitrine du nourrisson, 2 cm sous une ligne imaginaire reliant les mamelons. Effectuez cinq compressions, plus lentes et plus profondes, avec vos doigts Le but de cette manœuvre est de faire sortir brusquement l'air des poumons de l'enfant afin qu'il expulse l'objet bloqué sur son trajet. Vérifiez maintenant que l'objet ne se trouve pas dans la bouche du bébé.
Si le corps étranger n'a pas été rejeté :
• Chargez une personne présente d'appeler les secours par téléphone (urgence médicale ou pompiers). Reprenez la manœuvre décrite ci-dessus jusqu'à l'arrivée des secours.
• Même si l'enfant a recraché l'objet, emmenez-le sans tarder voir un médecin, afin qu'il détermine s'il en résulte des lésions ou des séquelles.

Les réveils nocturnes

Autant les problèmes de sommeil dont nous avons traité au troisième mois sont souvent passagers et se règlent simplement lorsqu'on en a trouvé la cause, autant ceux-ci demandent une attention particulière dans le cas contraire. En effet, il n'est pas rare que certains enfants de six mois n'aient toujours pas pris l'habitude de dormir seuls la nuit entière. Les parents, épuisés, se décident fréquemment à consulter leur pédiatre, mais il est assez rare que le problème soit d'ordre médical. Toutefois, le pédiatre commencera toujours par s'en assurer avant d'évoquer des questions psychologiques.

Ces enfants qui, à six mois, réveillent encore leurs parents une ou plusieurs fois par nuit sont la plupart du temps des enfants comme les autres, mais à qui l'on n'a pas appris à se rendormir seuls. Il est normal que le bébé se réveille à la fin de chaque cycle de sommeil, mais il doit être capable de se rendormir rapidement et sans aide. Certains ne le font pas. Pourquoi ?

▶ Il peut s'agir d'un bébé que l'on a habitué à s'endormir dans certaines conditions (dans les bras de sa mère, ou avec son mobile, etc.), et qui, lorsqu'il se réveille la nuit, a besoin des mêmes conditions pour se rendormir.

▶ Peut-être a-t-on continué à le nourrir la nuit, alors même qu'il n'en avait plus besoin sur le plan physiologique. Son organisme, habitué à recevoir du lait au milieu de la nuit, continue d'en réclamer.

▶ Plus fréquemment, il s'agit d'enfants surprotégés par des parents anxieux. Le père ou la mère se précipitent au moindre appel de l'enfant, même s'il est encore à moitié endormi. Plutôt que de lui faire confiance et le laisser essayer de faire face à ses difficultés, les parents interviennent et convainquent ainsi l'enfant qu'il ne peut pas se débrouiller seul. Insécurisé, il devient plus exigeant. Les parents, épuisés, finissent par lever l'enfant, jouer avec lui, le câliner, le prendre dans leur lit. Et pour lui, qui trouve cela bien agréable, l'exception devient généralité.

Ainsi se crée un cercle vicieux dont il est difficile de sortir.

Pour sortir du cercle vicieux

▶ Pour que votre enfant devienne autonome, il faut qu'il ait confiance en lui. Pour cela, il faut que VOUS ayez confiance en lui, et en sa capacité à régler seul ses problèmes de sommeil.

▶ Faites la part de votre culpabilité (lui donnez-vous assez de temps pendant la journée ?) et soyez convaincu qu'il est meilleur pour votre enfant de dormir seul, tranquille, toute la nuit, qu'avec votre présence intermittente.

▶ Ne l'habituez pas à s'endormir dans des conditions qui nécessitent votre présence.

▶ C'est vous qui savez ce qui est bon pour lui, c'est à vous d'être à la fois ferme et tendre. Posez-vous la question : « Est-ce que je sens que mon bébé commence à me "manipuler" ? Dans ce cas, ai-je envie d'être ferme ou bien est-ce que je prends du plaisir moi aussi à "jouer les prolongations" ? »

▶ Profitez de la journée pour parler à votre enfant et l'assurer de votre amour.

▶ Trouvez-lui un « doudou », peluche ou lange, qui le rassurera en remplaçant peu à peu sa mère au milieu de la nuit.

▶ C'est au père de se lever la nuit et d'expliquer tranquillement au bébé que sa mère dort, parce qu'elle est fatiguée, qu'elle ne se lèvera pas et qu'il veuille bien se taire pour la laisser dormir. C'est plus efficace que dans le sens inverse !

- Tant que l'enfant trouvera un « bénéfice » à se réveiller la nuit (il vous voit, il a un câlin, vous jouez avec lui, etc.), sachez qu'il n'a aucune raison d'arrêter.

- N'habituez pas l'enfant à finir sa nuit dans votre lit, pas plus que vous ne devez finir la vôtre dans sa chambre, couché(e) à côté de son lit.

- Inutile de laisser pleurer l'enfant quinze ou vingt minutes pour vous lever ensuite et lui donner ce qu'il attend : vous lui avez seulement appris qu'il faut pleurer davantage et être plus patient.

- Ne vous précipitez pas non plus chaque fois que vous l'entendez. Laissez-lui le temps d'essayer de se rendormir seul. S'il n'y parvient pas, allez voir si quelque chose ne va pas, sur quoi vous pourriez intervenir (fièvre, couche sale, etc.). Parlez-lui tout doucement, sans allumer la lumière de la chambre. Restez à côté de lui un moment mais sans le sortir de son lit, puis retournez vous coucher. S'il appelle à nouveau, contentez-vous de le rassurer verbalement depuis votre lit.

- Vous ne pourrez apprendre à votre bébé à dormir seul dans son lit que lorsque vous serez vous-même convaincu(e) qu'il le faut et que c'est bon pour lui. Si vous pensez, au contraire, que la solitude est effrayante et que la nuit doit être conviviale, alors n'essayez même pas ! Dites-vous que tout cela est culturel, qu'autrefois les familles dormaient toutes ensemble, et acceptez pleinement la situation.

Des bonnes habitudes bénéfiques

Tant que l'enfant est très jeune, il souffre généralement peu de ses difficultés de sommeil et de ses réveils nocturnes. Le plus souvent, il récupère le jour, lors de ses siestes, le sommeil qu'il n'a pas eu la nuit. Néanmoins, je suis persuadée que l'enfant qui est autonome la nuit et dort correctement est finalement plus heureux. Il est plus à même de contrôler son équilibre émotionnel et de faire face aux défis de la journée. Il est plus relaxé, ses parents aussi : l'ambiance générale est meilleure.

Ce sont les parents, parfois les enfants aînés, qui payent le plus lourd tribut aux troubles du sommeil du petit dernier. Leurs journées peuvent être très affectées par la fatigue, sur les plans physique, intellectuel ou émotionnel. De merveilleux parents peuvent se retrouver à crier sur leur bébé, ou à fondre en larmes d'épuisement, tant la privation de repos peut être douloureuse. Ils peuvent aussi se trouver en difficulté dans leur vie de couple, tout simplement parce que cette dernière est désormais réduite à très peu de chose. À ne plus partager que l'épuisement, les conflits surviennent rapidement.

D'où l'importance de mettre en place de bonnes habitudes de sommeil dès le plus jeune âge, et de consulter un psychologue si l'on n'y parvient pas, sans attendre l'épuisement.

Les bébés nageurs

L'expression prête à confusion car elle laisse penser que les bébés vont prendre des cours pour apprendre à nager. Or il ne s'agit pas du tout de cela, un enfant n'étant pas capable d'apprendre à nager au sens strict, avec une bonne coordination motrice, avant cinq ans environ.

L'idée ici est différente. Elle part du constat que le bébé, qui a vécu toute la première partie de sa vie dans l'eau, peut y évoluer de façon naturelle et détendue. Un bébé que l'on emmène en piscine dès l'âge de quatre à six mois n'a pas encore oublié ces sensations. Non seulement il n'a pas peur de l'eau, mais il s'y sent très vite en sécurité, capable d'explorer et de s'adapter à ce « nouveau » milieu de la même façon qu'il explore son environnement à la maison.

De bonnes conditions de confort

La condition est que, le bébé étant toujours accompagné d'un de ses parents, donc en sécurité affective, on ne se préoccupe que de le voir heureux dans l'eau.

Les conditions de confort et de sécurité doivent être absolument respectées :

- une eau suffisamment chaude, 32 °C environ ;
- un temps de baignade court, 15 à 20 minutes ;
- un bon repas dans l'heure qui précède le bain (risque d'hypoglycémie).

Un moment de jeu et de complicité

La découverte de l'eau doit passer par le jeu, l'échange, le plaisir. Encore une fois, il ne s'agit nullement d'être « efficace » mais de favoriser autant que possible l'épanouissement du bébé dans ce nouveau milieu. Pour cela, il est toujours préférable d'intégrer un club ou un groupe de parents et d'enfants, plutôt que d'emmener seul son bébé à la piscine. Vous y serez conseillés, entourés de maîtres nageurs compétents dans leur spécialité. Vous serez accueillis dans une piscine bien chauffée, et munie de nombreux jeux, bouées ou tapis flottants.

Enfin, on vous expliquera comment vous y prendre pour sécuriser au maximum votre bébé :

- entrer dans l'eau avec lui, en le tenant sous les aisselles ou contre votre ventre, les yeux dans les yeux ;
- se repérer dans les jouets, attraper, passer à un autre ;
- trouver son équilibre sur le tapis flottant ;
- ressentir peu à peu le désir de s'éloigner du parent pour aller jouer, etc.

L'immersion totale est une étape plus tardive, qui ne survient que si l'enfant le désire, sans être un but fixé. Vous serez vite surpris par l'aisance et la joie du bébé.

Pour trouver les adresses, vous pouvez vous renseigner auprès de la Fédération nationale de natation préscolaire.

Ses premiers livres

Il n'est jamais trop tôt pour mettre des livres entre les mains de son bébé. Avant même de savoir de quoi il s'agit, il prend plaisir à s'exercer manuellement à tourner les pages, parce qu'il est séduit par les formes, les dessins et les couleurs. Si vous lui lisez des petites histoires, il est également charmé par la voix de son père ou de sa mère s'adressant à lui.

On peut sans risque faire le pari que les enfants qui ont été mis très tôt en contact avec le livre en garderont ensuite le goût et, plus âgés, resteront des enfants lecteurs. Or, à six mois, votre bébé peut être passionné par les images et les pages qui tournent. Donnez-lui des petits livres bien colorés, et vous le surprendrez plus d'une fois, seul dans son lit, en train de les feuilleter.

Il existe de nombreux livres pour les tout-petits parmi lesquels vous pouvez choisir. Prenez de préférence ceux qui peuvent être mâchouillés et secoués sans trop souffrir : livres en carton épais, en plastique ou en tissu.

DES LIVRES PERSONNALISÉS

Vous pouvez fabriquer, pour un coût extrêmement modique, les premiers livres de votre bébé. Voici comment.

• Procurez-vous un petit album de photo avec pochettes en plastique, ou un petit classeur dans lequel vous insérerez des pochettes plastiques. À l'intérieur de ces pochettes, glissez des photos ou des dessins colorés susceptibles d'intéresser votre bébé : photos des membres de la famille, photos ou dessins découpés dans des journaux d'objets ou d'animaux familiers (chien, biberon, gommettes vives, etc.). Les catalogues et les magazines sont une source précieuse de dessins de toutes sortes.

• Faites un livre-à-toucher. Dans le classeur, remplacez les pochettes plastiques par des feuillets cartonnés. Collez dessus des « objets à toucher ». Pour cela, enduisez la surface de colle, puis déposez dessus : du sable, du riz, de la farine, un morceau de tissu, etc.

• Mettez systématiquement de côté toutes les cartes de vœux que vous avez reçues aux anniversaires ou en période de fête, ainsi que les cartes postales du monde entier. Trouez-les sur le côté comme des feuilles de classeur. Passez un ruban dans les trous : vous obtenez un joli livre, facile à feuilleter et à renouveler.

Votre bébé a six mois

Il pèse :

....

Il mesure :

....

Ce qui le met en colère :

....

....

Ce qui le met en joie :

....

....

Ses jeux et jouets préférés :

....

....

Ce qu'il a fait pour la première fois ce mois-ci :

....

....

....

Comprendre le oui et le non

À l'âge de six mois, si vous avez prononcé le petit mot « non » en y mettant le ton, votre bébé sait déjà que « non » est un mot avec lequel on ne plaisante pas. C'est un mot qui empêche et qui coupe certains élans très prometteurs ! Cette compréhension est précieuse pour les mois à venir, lorsque bébé sera plus autonome dans ses mouvements et prendra donc plus de risques. Il doit avoir compris que lorsque l'adulte dit « non » sur un certain ton, il doit s'arrêter.

Quoique vous en pensiez, les prémices des premières limites sont à mettre en place maintenant. Il n'est plus loin le temps où votre enfant se déplacera seul. Il commencera alors à se mettre en danger ou bien à maltraiter animaux et objets. Il faut que votre voix puisse l'arrêter lorsque son comportement est inadapté et l'encourager lorsque c'est pertinent. « Oui » et « non » sont alors les messages les plus simples à comprendre.

Mais « oui » et « non » n'ont pas seulement à voir avec la discipline. Ils servent aussi à donner un point de vue, un accord ou un désaccord. Ils sont indispensables au dialogue.

Pour cela, commencez par joindre le mouvement de tête correspondant, de haut en bas ou de droite à gauche, chaque fois que vous dites oui ou non à votre bébé : il saura ainsi le dire aussi bien que vous avant de savoir parler.

Proposez-lui des petits jeux ou des dialogues, où le « oui » dit le vrai ou l'accord, où le « non » le faux ou le désaccord : « Le biberon est prêt ? Oui, il est prêt, on peut manger ! » « Il est là le ballon ? Non, il n'est pas là. *(Sortez-le)* Il est là, le ballon ? Oui ! » « C'est la poupée ? Non, c'est la peluche. »

Le septième mois

Qui est bébé ?

Le petit garçon ou la petite fille de six mois révolus est déjà un personnage très complexe qui n'a plus grand-chose à voir avec le nouveau-né qu'il était. La vue est parfaite : le bébé voit loin, nettement, et repère toutes les nuances colorées. Il sait distinguer les sons, en reconnaît beaucoup et sait trouver leur provenance. Il se sert très bien de ses deux mains : il les tend vers tout ce qu'il voit et il examine tout ce qu'il tient. Il est aussi capable de boire seul son biberon... à condition quand même d'être blotti dans les bras de maman ou de papa.

Physiquement, il peut se tourner dans tous les sens et rouler sur lui-même. Certains enfants ont déjà trouvé comment ramper, ou plutôt comment se glisser sur le sol, poussés par la curiosité. Presque tous commencent par se déplacer vers l'arrière, ce qui leur est plus facile.

Le bébé connaît bien son nom : il se retourne quand on l'appelle. Il apprécie beaucoup la compagnie des autres enfants et fait une vraie fête à ses frères et sœurs aînés. Pour ceux qu'il aime, il babille, proteste, échange, module sa voix. Il se sourit dans le miroir et devient conscient que les différentes parties de son corps forment une unité.

Mis debout et soutenu sous les aisselles, l'enfant peut se tenir, jambes droites et résistantes. Il adore être dans cette position.

Lui parler deux langues

La question se pose généralement lorsque les parents sont de langue maternelle différente ou lorsque, de même nationalité, ils vivent ensemble dans un pays étranger. Les parents se demandent régulièrement s'il est bon de parler deux langues à leur bébé et si cela risque de nuire à ses apprentissages ou à son équilibre.

Les études récentes montrent qu'il n'en est rien, surtout si une langue est clairement dominante sur l'autre. Les petits bébés ont un « don » inné pour les langues. La structure de leur pensée et celle de leurs cordes vocales vont se déterminer en fonction de la langue entendue et parlée. C'est ainsi que l'on explique qu'une langue apprise une fois l'enfance passée ne pourra jamais être parfaitement prononcée, sans un soupçon d'accent rémanent.

On comprend dès lors la richesse que peut constituer pour un enfant la possibilité de ne pas être rigidifié dans un seul système de pensée et de parole. À l'ère de l'Europe, de la mondialisation, des nouveaux outils de communication, on peut dire que les enfants à qui leurs parents ont très tôt parlé deux langues ont une grande chance, car ils ont appris sans efforts ce qui demandera des années de travail à d'autres.

Apprendre à maîtriser deux langues est toutefois une difficulté supplémentaire pour l'enfant. Aussi, faire preuve de patience et de compréhension est indispensable. Mais si les choses se font naturellement et qu'on n'attend de l'enfant nul exploit, alors il n'y a aucune limite d'âge inférieure pour commencer.

Pour que le bébé apprenne simultanément les deux langues, sans rejet à terme de l'une ou de l'autre, deux règles semblent importantes :

- Il est préférable que chaque parent parle à l'enfant dans la langue où il se sent à l'aise, de façon à ne pas nuire à la communication.
- Il faudra laisser l'enfant, lorsqu'il parlera, employer la langue de son choix.

Il semble que les cas où les parents parlent la même langue, et où l'enfant en apprend une deuxième au-dehors (nourrice, garderie, crèche, etc.), soient plus faciles à gérer pour lui. La distinction entre la langue familiale, maternelle, celle « du dedans », et la langue sociale, extérieure, est plus facile à faire. Dans ce cas, il faut être vigilant pour que la langue familiale ne soit pas dévalorisée aux yeux de l'enfant par rapport à la langue « sociale », celle des copains et de la télévision.

Quoi qu'il en soit, ici encore, l'essentiel est de privilégier avec son bébé la communication vraie. Ce qui veut dire lui parler la langue dans laquelle les mots doux viennent le plus spontanément. C'est cette langue-là qu'il comprendra et apprendra le mieux : la langue de la tendresse.

Il se tient debout

Souvent, dès l'âge de cinq mois, le bébé tente de se redresser sur ses jambes. On sent bien qu'il aime être mis debout, alors même qu'il est encore incapable de s'asseoir !

Autour de six mois, il peut se tenir debout, jambes droites et résistantes, s'il est bien soutenu sous les aisselles. Puis il prend de l'assurance. Lorsqu'il est assis ou allongé et que vous lui tendez les mains, il s'y agrippe fermement et passe ainsi directement à la position debout. Il apprend peu à peu à se tenir droit, sans être soutenu autrement que par les mains.

Il est manifeste que certains adorent cela : ils jubilent, sautent, plient et tendent les jambes, et hurlent parfois lorsque vous voulez les asseoir.

Mais tous ne sont pas ainsi : certains bébés plus calmes, moins « physiques », attendront encore trois ou quatre mois avant de vouloir tenir debout, sans que cela ait de conséquence sur la nature de leur développement. En effet, si tous les enfants ne marchent pas au même âge, les étapes qu'ils suivent pour y parvenir sont généralement les mêmes.

Apprendre à nommer

L'utilisation plus poussée des livres, pour apprendre du vocabulaire ou pour raconter une histoire, suppose que votre bébé ait déjà fait une acquisition fondamentale : savoir ce que désigner signifie. Il aura fait un grand pas lorsqu'il saura que le mot « biberon » :

- sert à évoquer l'objet en son absence ;
- désigne à la fois l'objet concret dans lequel il boit son lait et la représentation imagée qu'il peut en trouver dans un livre. L'usage de l'imagier devient alors possible et les livres prennent une tout autre signification qu'un simple goût pour les couleurs et les formes.

Voici comment vous y prendre.

Il est toujours préférable de partir de l'objet concret plutôt que du dessin. La bonne démarche consiste à partir du corps de l'enfant. « Voici ta main », puis « Celle-ci, c'est ma main, la main de maman ». Prenez une poupée : « Voici la main de la poupée. Montre-moi la main de la poupée. »

Puis prenez un objet, familier de l'enfant, par exemple son biberon. Nommez-le en le montrant : « Voici ton biberon. Je prépare le biberon. » Puis en l'absence de l'objet : « Où il est ton biberon ? Tiens, je vais aller chercher ton biberon à la cuisine. Le voilà, regarde. » Enfin, vous lui montrez les dessins dans l'imagier en disant : « Tu vois, cela, c'est le dessin du biberon ; c'est le biberon. » Un jour où le biberon est posé sur la table devant lui, demandez-lui : « Où il est ton biberon ? Montre-le-moi. » Vous saurez ainsi qu'il connaît le sens du mot et qu'il est capable de montrer du doigt l'objet. Enfin, une fois l'étape précédente franchie, ne lui montrez que le dessin en lui demandant : « Où il est le biberon ? Montre-le-moi. »

Cela peut prendre du temps avant que votre enfant ne soit capable de vous montrer le dessin du biberon avec son doigt, toutes ces étapes pouvant prendre plusieurs mois. Mais prenez patience. Le jour où votre bébé sera capable de vous désigner, en pointant avec son doigt sur un livre, les objets ou les animaux qu'il connaît bien, vous pourrez lui offrir de vrais livres, commencer à lui lire de petites histoires pendant qu'il regardera les images et feuilleter avec lui un bel imagier.

COMMENT CHOISIR UN IMAGIER ?
Le choix du premier imagier est très important. Il doit répondre à quelques règles :
- il n'y a qu'un élément, objet ou animal, sur chaque dessin ;
- le dessin est précis jusque dans ses détails, très réaliste, comme une photo, pas caricaturé, mais sympathique ;
- les dessins sont grands, clairs et colorés.

Il existe aussi des imagiers bien conçus où les objets sont à la fois isolés un à un (souvent en marge de la page) et intégrés dans un grand dessin en pleine page. Le jeu avec l'enfant consiste à retrouver l'objet simple dans le dessin complexe (la casserole dans la cuisine, le lapin dans le champ, etc.).

Gifles et fessées

Il arrive que votre bébé vous énerve beaucoup et mette vos nerfs à rude épreuve. Les parents qui vivent dans un immeuble sonore et dont le bébé pleure la nuit me comprendront. Les parents du bébé « qui ne veut rien manger » aussi. Une fessée parce que « comme ça au moins tu sauras pourquoi tu pleures » vous démange parfois le bout des doigts.

Pourtant, disons-le tout net : il est aussi dangereux qu'inutile de frapper un bébé, même légèrement. Lui n'en comprendra pas la raison et, au-delà de la douleur, en sera très malheureux. Vous, sous le coup de l'énervement, vous aurez parfois du mal à contrôler votre force. C'est toujours une erreur.

Le bébé secoué

Vous avez sans doute entendu parler du syndrome du bébé secoué. Aujourd'hui, en France, des centaines d'enfants de moins de 2 ans sont victimes de secousses violentes infligées par des adultes : des dizaines d'entre eux décèdent et une grande partie gardera des séquelles très graves. Ces bébés ont été secoués par des adultes à bout de nerfs, épuisés, ne sachant plus que faire pour arrêter les pleurs. Ne voulant pas frapper, ils secouent. Mais ce simple geste peut avoir des répercussions extrêmement graves sur le cerveau encore immature de l'enfant. Cette information doit être connue de tous ceux qui ont la charge de garder un bébé : il ne faut jamais secouer sa tête. Ce geste peut être mortel.

Si votre enfant pleure de façon excessive, il y a une raison qu'il est important de chercher à comprendre. Taper ou secouer ne servira à rien, sinon à soulager la tension de celui qui le fait, mais ce soulagement fera vite place à une culpabilité destructrice. Même une tape sur les fesses pour sanctionner une « bêtise » n'a pas de valeur éducative. Mieux vaut une explication simple donnée d'une voix calme.

Retrouvez votre calme

Si vous êtes dans une situation de nervosité et d'épuisement telle que vous sentez que vous pourriez frapper votre bébé, il est indispensable de vous faire aider et de prendre du repos. Sur le moment, vous pouvez essayer les « trucs » suivants : vous isoler dans une autre pièce ou aller marcher un peu, attraper un oreiller et passer vos nerfs dessus, vous mettre à la fenêtre et respirer profondément, crier dans un coussin, vous passer de l'eau fraîche sur le visage et sur le cou, boire un verre d'eau ou une tasse de tisane, vous asseoir et écouter une musique douce, regarder une photo de votre bébé sur laquelle il a l'air d'un ange… Mais le plus important est de mettre votre bébé en sécurité, par exemple tout simplement dans son berceau, dans sa chambre, puis de quitter la pièce. Là, vous trouverez un moyen ou un autre de reprendre vos esprits et de mettre cette crise en perspective. Votre bébé, s'il ne criait que d'énervement et de fatigue, finira lui aussi par retrouver son calme.

Faites-vous aider

Si vous sentez la violence monter à l'encontre de votre enfant, n'hésitez pas à vous faire aider. Appelez par exemple un membre de votre famille ou un ami : personne ne vous jettera la pierre, au contraire. Vous pouvez également téléphoner aux numéros d'aide et de soutien parental. Tous les parents ont vécu des expériences plus ou moins similaires, des moments où ils se sont sentis à bout de patience et proches de leurs limites. Tout parent se trouve à un moment ou à un autre confronté à une situation où il a besoin d'aide.

Si vous vous êtes fâché fortement contre votre bébé et que vous l'avez frappé, ne restez pas sur une double rancune et incompréhension. Réconciliez-vous dès que possible, faites la paix, prenez-le dans vos bras et expliquez-lui, avec des mots, la vérité de la situation : la fatigue, l'énervement, la peur. Mais dites-lui aussi que rien n'entamera votre amour.

Enfin, si vous vous sentez fragile et débordé, confiez-vous, ne restez pas seul dans cette épreuve et souvenez-vous que les cris permanents ne valent guère mieux.

Qu'est-ce qu'un « bon » jouet ?

Voilà une question difficile, tant la réponse varie selon que l'on se met à la place de l'enfant, du parent ou du psychologue.

Pour les parents, un bon jouet est généralement celui qui fait beaucoup d'usage : l'enfant y joue souvent et longtemps. C'est aussi celui qui va lui apprendre quelque chose et qui le fera progresser. Pour l'enfant, c'est sûrement, une fois le premier attrait passé, le jouet qui offre le plus de possibilités de jeux. À ce titre, le grand carton vide détient une sorte de record... Et pour le spécialiste, quelles doivent être les qualités du « bon » jouet ? Je vais tenter de donner quelques éléments de réponse.

❱ *Un bon jouet correspond à son destinataire.* Cela signifie que, s'il y a de mauvais jouets (parce qu'ils sont dangereux ou inutiles), il y a peu de bons jouets dans l'absolu. Un jouet est bon pour tel enfant parce qu'il correspond bien à ses goûts et à son niveau de développement, mais sera moins bon pour tel autre. Donc un bon jouet est avant tout un jouet choisi en fonction de celui à qui on le destine.

❱ *Un bon jouet est un jouet étudié.* Il a été conçu par des spécialistes (certains papas en sont d'excellents !) en fonction des enfants auxquels il est destiné et il a été testé sur des enfants. Il est solide, résistant, et parfaitement fiable sur le plan de la sécurité.

❱ *Un bon jouet est simple.* Il ne fait pas tout à la place de l'enfant. Au contraire, il lui laisse toute la place pour agir, concevoir et imaginer à partir du jouet. C'est l'enfant qui est l'initiateur et l'acteur du jeu, le jouet offrant seulement un support à son imagination.

◗ *Un bon jouet est multi-usages.* Il doit pouvoir servir de différentes façons, à différents usages. Selon l'humeur du moment de l'enfant, selon l'évolution de son développement, le jouet doit pouvoir évoluer et offrir plusieurs modes d'action. Par exemple, un camion-porteur est mieux s'il peut aussi servir de coffre à jouets, s'il fait « vroum-vroum » et si l'enfant peut prendre appui dessus pour se mettre debout.

◗ *Enfin le bon jouet, pour l'enfant,* c'est celui que son père ou sa mère aura pris le temps de découvrir avec lui, celui qu'il aura « investi » de son attention et de son amour.

Le parc

Bien sûr, à l'âge où il commence à ramper, l'enfant prend des risques : pour lui-même, car il va se déplacer, toucher à tout, mettre tout dans sa bouche, grimper aussi haut que possible ; pour ce qui l'entoure également, car il risque de casser et de renverser beaucoup. Ce n'est pas une raison pour le boucler dans son parc jusqu'à ce qu'il soit devenu raisonnable. D'une part, parce qu'il va vite en faire le tour et que ce n'est pas là qu'il va développer au mieux son intelligence avide de découvertes. Ensuite, parce qu'il va bientôt s'y ennuyer (si ce n'est déjà fait) : même si vous ajoutez de nouveaux jouets, votre bébé va se mettre à protester vigoureusement. Vous n'aurez le choix qu'entre être avec lui dans le parc pour l'amuser ou bien le laisser sortir.

Le parc est très utile dans les moments où vous ne pouvez pas surveiller votre bébé, car il le protège du danger. Vous êtes appelée au téléphone ? Vous devez aller préparer quelque chose à la cuisine ? Mettez votre enfant dans son parc, même s'il n'est pas d'accord. Un enfant de cet âge n'a que très peu conscience des risques qu'il prend. Dans ce domaine, vous devez à la fois le protéger et tout lui enseigner. En vous souvenant qu'il n'apprendra que s'il peut faire ses propres expériences.

Savoir lâcher

Si l'enfant de sept mois sait bien attraper les objets, il a encore souvent des difficultés pour les lâcher. Bien sûr, il lâche un objet qu'il tenait pour en attraper un autre, ou par maladresse. Mais lâcher délibérément, pour tendre à quelqu'un ou pour envoyer, nécessite une détente musculaire inverse de la tension exercée pour tenir. Il s'agit là d'un apprentissage pour lequel vous pouvez aider votre enfant.

Lorsqu'il a un objet en main, posez votre main à plat sous l'objet. Montrez-lui qu'il peut lâcher l'objet sans que celui-ci tombe : il reste posé, à plat sur votre main, et le bébé peut sans problème le reprendre.

Une fois cela acquis, vous pouvez jouer ensemble, chaque fois que l'occasion se présente, à « prendre et donner ». Par exemple, lorsque le bébé est assis face à vous, tendez-lui une petite balle. Lorsqu'il l'a prise, incitez-le à vous la confier. Demandez-la-lui en tendant la main : « Tu me donnes ta balle ? » S'il vous la donne, faites une chose amusante avec la balle, par exemple la lancer en l'air, puis rendez-la-lui. L'enfant est alors incité à lâcher les objets qu'il tient et à vous les donner, parce qu'il est amusé par ce que vous en faites.

Ce jeu peut intervenir à tous moments. Il est avec vous dans la cuisine, assis dans sa chaise haute ? Tendez-lui une spatule, une carotte ou un gobelet, etc., puis demandez-les à nouveau. Chaque fois, jouez une seconde avec l'objet avant de le rendre.

Une fois bien compris, le jeu peut se compliquer. Vous pouvez aborder les échanges : « Tu me donnes la carotte ? Tiens, prends la cuiller à la place. » N'oubliez pas de verbaliser ce que vous faites. Ainsi vous pouvez également en profiter pour accroître le vocabulaire de votre enfant. « Oh, tu as pris le cube bleu ? Tiens, donne-le-moi. Moi, je te donne le cube vert. Tu vois le vert ? Maintenant, donne-moi le vert et je te rends le bleu. » Et ainsi de suite.

Une fois que l'enfant sait lâcher en ouvrant les doigts et en posant l'objet sur votre main, vous pouvez passer à l'étape suivante. Assis tous deux par terre face à face, à un mètre ou deux de distance, vous lui apprenez à lâcher en accompagnant le geste d'un mouvement du bras. Si vous prenez un petit ballon, l'enfant vous imitera et apprendra peu à peu à lancer.

Chantez-lui des chansons

Comptines et chansons pour les petits enfants font partie de notre patrimoine national. Vous n'en connaissez pas ? Demandez aux grands-mères. Elles ont tout oublié ? Allez dans les bibliothèques, dans la partie réservée aux enfants. Vous y trouverez tout un répertoire de disques et cassettes que vous pourrez emprunter et apprendre.

Les jeunes enfants adorent qu'on leur chante des chansons. Ils aiment les chansons rythmées, répétitives, courtes. Ils aiment que vous les fassiez sauter sur vos genoux en rythme ou que vous dansiez en les portant dans vos bras tout en chantant.

Les meilleures de ces comptines sont celles qui s'accompagnent de gestes, toujours les mêmes. L'enfant anticipe l'action et rit aux éclats lorsqu'elle se produit. Il en profite aussi pour apprendre du vocabulaire. Si vous lui chantez régulièrement « Alouette, gentille alouette », votre bébé saura vite où se trouve sa tête, son ventre, sa main, etc.

Mais ce que l'enfant adore plus que tout, c'est le contact étroit et ludique qui se crée entre vous lorsque vous lui chantez une chanson. Vous lui transmettez une joie de vivre qui ne se démentira pas. Dès qu'il le pourra, il chantera avec vous et gardera toute sa vie ce plaisir. Connaissez-vous des adultes qui chantent sous la douche ou dans les embouteillages ? Je suis sûre que, très jeunes, on a chanté pour eux…

Des conflits avec la « nounou »

Que la « nounou » soit une assistante maternelle ou une auxiliaire de puériculture, il n'est pas rare qu'au bout de quelques mois de garde des conflits, plus ou moins clairement exprimés, surviennent entre les parents et celle qui prend soin quotidiennement de leur bébé.

Prenons l'exemple de l'assistante maternelle : c'est souvent une femme qui a cessé de travailler à l'extérieur pour garder les enfants de mères qui, elles, travaillent au-dehors… Cela provoque souvent un double mouvement d'envie réciproque, même s'il n'est pas toujours exprimé. L'assistante maternelle aimerait bien, parfois, se débarrasser des enfants, avoir un statut professionnel plus gratifiant, avoir des collègues, des heures de liberté hors du foyer, etc. Quant à la mère, elle pense bien souvent le matin : « Quelle chance a l'assistante maternelle de rester chez elle, d'avoir le temps de préparer des petits plats, d'aller se promener au square et de voir grandir ses enfants ! »

Le métier d'assistante maternelle mélange relations affectives et relations contractuelles. De son point de vue, elle fait ce métier parce qu'elle aime les enfants, mais d'abord pour gagner sa vie. Du point de vue des parents, l'amour est primordial : ils rêvent des nounous dévouées et se trouvent désemparés et vaguement déçus lorsque l'assistante maternelle annonce qu'elle augmente son tarif journalier ou qu'elle prend ses congés en juillet alors qu'eux les prennent en août. Ils projettent sur elle l'image d'une mère toute occupée de leur bébé.

Des reproches réciproques

Les assistantes maternelles reprochent souvent aux parents de ne pas respecter le contrat, d'arriver en retard le soir, de ne pas bien s'occuper de leur enfant (la mère prend du temps pour elle au lieu de le donner à son enfant, elle le nourrit de petits pots, elle ne le change pas assez souvent, etc.).

Si l'assistante maternelle est souriante, accueille gentiment l'enfant, le rend en racontant les petits plaisirs de la journée : tout va bien pour la mère. Mais il suffit qu'elle fasse des remarques sur l'heure d'arrivée des parents, qu'elle soit surprise avec son téléviseur allumé, réclame son mois ou raconte une chose qui s'est mal passée dans la journée, et elle devient vite, pour un instant ou pour plus longtemps, celle qui inquiète…

Les causes des tensions

La rivalité entre la mère et l'assistante maternelle est fréquente : il est très difficile de partager celui que l'on aime tant, son petit bébé, avec une autre femme. Très difficile d'admettre qu'une autre a la possibilité, en son absence, de le bercer, de le consoler, de jouer avec lui, de recueillir ses premiers mots ou ses premiers pas… Difficile de ne pas l'envier, de ne pas craindre qu'un jour ou l'autre que son bébé s'attache à elle davantage. Surtout lorsque le bébé, adorable toute la journée, fond en larmes à l'arrivée de sa maman…

À toutes les étapes du développement de l'enfant, il faut que les parents confrontent leurs pratiques éducatives avec celles de l'assistante maternelle pour ce qui concerne l'alimentation, le sommeil, la tétine, la propreté… Ce n'est pas simple. L'assistante maternelle est une professionnelle, elle a de l'expérience : elle « sait » ce qui est bien pour les bébés. Mais, pour la mère, c'est son bébé : elle sait ce qu'elle souhaite pour lui. On voit que l'équilibre des forces en présence est fragile et qu'il repose sur un volcan de sentiments passionnels.

Lorsqu'un désaccord survient, il faut absolument en parler aussi rapidement et aussi simplement possible. Cela peut se faire en présence d'un tiers, s'il existe un Relais assistantes maternelles, par exemple. Il est dans l'intérêt de chacun de résoudre le problème, à commencer par celui du bébé lui-même, qui a besoin que ces deux femmes se parlent et se respectent pour se sentir en confiance.

Il aime sa maman, il s'attache à son assistante maternelle, mais jamais il ne confond les deux…

Le stade du miroir

Cette étape dans le développement de l'enfant est importante. Au début de sa vie, le bébé n'a pas une conscience globale de son corps. Il ne se vit pas comme clairement distinct de sa mère, et ses mains lui semblent de drôles de jouets... Ce n'est que progressivement qu'il acquerra un sentiment d'identité propre, connaissant bien les limites de son corps et faisant la part de qui est « moi » et « non-moi ». Cette étape a été définie comme « le stade du miroir », puisqu'il s'agit du moment où le bébé, se regardant dans un miroir, reconnaît son image et identifie consciemment l'ensemble de son corps comme lui appartenant.

À quel âge l'enfant se reconnaît-il ?

Tous les spécialistes du développement ne sont pas d'accord sur l'âge auquel l'enfant atteint ce stade. Aux environs de quatre mois, le bébé jubile devant sa propre image, mais avec la même joie que provoquerait l'apparition d'un autre enfant. Si sa mère apparaît dans le miroir, se plaçant derrière lui, il est évident qu'il la reconnaît. Cela marque l'ébauche de la reconnaissance de soi.

Vers sept ou huit mois, cependant, les choses se précisent. L'enfant a longuement exploré son corps, avec ses mains ou avec sa bouche. Il a appris à s'en servir. Il connaît bien les visages de ceux qu'il aime et il répond à son nom. À cet âge, le bébé marque un intérêt certain pour le miroir. Il parle à son reflet et ébauche des grimaces. Il n'y a pas de doute : il commence à reconnaître sa propre image.

Ce stade a acquis valeur de symbole : il prouve que l'enfant accède à la conscience de sa personne propre. Mais cette

Votre bébé a sept mois

Il pèse :
....

Il mesure :
....

Ses chansons préférées :
....
....
....
....

Ses activités quotidiennes et ses habitudes :
....
....
....
....

Ce qu'il a fait pour la première fois ce mois-ci :
....
....
....
....

conscience ne se met pas en place du jour au lendemain. Si, entre six et huit mois, l'enfant semble s'y reconnaître, il faudra attendre l'âge de deux ans environ pour être sûr que l'enfant fait le lien entre son propre corps et l'image que le miroir lui renvoie.

Les spécialistes utilisent certains « trucs » pour savoir où en est l'enfant dans sa connaissance du miroir. Les parents peuvent les essayer (mais sans garantie !). En voici deux :

▶ Le bébé étant assis face au miroir, avancez-vous derrière lui sans faire de bruit, de façon qu'il vous voie dans le miroir (sans vous avoir entendu venir). S'il se retourne, c'est qu'il a compris le rôle de reflet joué par le miroir. Sinon, il croit encore que sa mère est face à lui.

▶ Faites une petite tache de rouge à lèvres sur le front de votre enfant. Puis prenez-le dans vos bras et placez-vous tous deux face au miroir. Le jour où il portera alors spontanément la main à son front pour toucher la tache, vous saurez qu'il est convaincu d'être face à son image et qu'il a dépassé le fameux « stade du miroir ».

➡ Une suggestion

Vous pouvez placer un miroir dans la chambre de votre enfant, et ce, dès son plus jeune âge. C'est d'abord pour lui une source d'intérêt et de gazouillis. Ensuite, cela l'aide à prendre conscience de son « schéma corporel », qui n'est autre que l'image qu'il se fait de son propre corps. Ne craignez rien : cela ne développe pas un goût immodéré pour la coquetterie ! Mais attention : choisissez un miroir incassable ; prenez-le assez grand pour que l'enfant puisse s'y voir en entier et non morceau par morceau ; fixez-le contre un mur, au niveau du sol.

Lorsque vous vous tenez face au miroir avec votre bébé, ne renforcez pas sa confusion entre la personne et son reflet en lui disant par exemple, montrant le miroir : « Là c'est maman, là c'est bébé. » Il semble important d'être précis et de dire en pointant son ventre : « Là c'est bébé » puis, en pointant le miroir : « Là, c'est l'image de bébé. » De même, efforcez-vous de faire la distinction entre « maman » et « l'image de maman ». Vous, vous savez que l'image n'est pas la personne, mais votre enfant ne le sait pas.

Le huitième mois

Qui est bébé ?

Jusqu'ici, les objets et les gens devaient se déplacer et venir à l'enfant puisqu'il était lui-même dans l'incapacité d'aller les chercher. Maintenant, tout change : c'est désormais l'enfant qui va au-devant de ce qu'il désire. Il a en effet acquis les capacités motrices nécessaires pour se déplacer dans son environnement et aller à la découverte du monde. Le bébé étant d'une grande curiosité naturelle, il va mettre sa toute nouvelle mobilité à son service. Il apprend à ramper, puis à marcher à quatre pattes, pour découvrir ce qui est loin de lui ; il apprend à se mettre debout pour explorer la verticalité.

La main est en passe de remplacer la bouche dans la découverte des objets : c'est désormais elle qui renseigne l'enfant de façon privilégiée. Il faut dire que, depuis que le pouce s'oppose à l'index, permettant de former une pince, la dextérité s'est beaucoup améliorée.

À cet âge, l'enfant est capable de s'amuser vraiment avec ses jouets, de les connaître et de faire des choix parmi eux. Il imite les actions des grandes personnes et cherche à faire les choses par lui-même. Enfin, taquin et drôle, il fait désormais preuve d'un vrai sens de l'humour.

À côté de cela, apparaissent de vraies peurs et le petit intrépide a souvent besoin de venir se rassurer auprès de vous.

Le moment des départs et des retrouvailles

La séparation de chaque matin, quand on dit au revoir à son enfant et que l'on part travailler, est un moment délicat. Se retrouver le soir de façon que tout se passe bien demande également une certaine habileté. Y a-t-il une bonne manière de dire au revoir et de dire bonjour à son petit enfant ? À interroger les professionnels de la petite enfance, il semblerait que oui…

Une séparation sans angoisse

Quitter son enfant sans lui communiquer d'anxiété, cela s'apprend. En voici les règles de base :

- Être clair dans son message. Ne pas partir en exprimant, par le dit ou le non-dit, le souhait de rester. Ne pas revenir sur ses pas, même si l'enfant appelle ou semble triste : une fausse sortie, et c'est le drame assuré. Certains parents attendent que leur enfant pleure pour partir, coupables, malheureux mais rassurés sur son attachement…

- Ne pas « jeter » l'enfant dans les bras de l'assistante maternelle (ou de l'auxiliaire) et partir en hâte sans lui dire au revoir. Ne pas non plus partir quand il a le dos tourné. Dans les deux cas, il s'agit d'éviter la crise de larmes, mais le résultat est pire. Cela crée une angoisse chez l'enfant. Mieux vaut qu'il exprime sa tristesse.

- Toujours dire au revoir, faire un bon câlin, mais ne pas traîner. Le départ sera bien vécu par l'enfant s'il est bien vécu par le parent.

- Savoir qu'il y aura toujours des périodes, au cours de ces trois ans, où l'enfant protestera. Cela ne veut pas dire qu'il n'est pas bien. Mais certains jours, il préférerait peut-être rester à la maison, ou rester avec maman, et c'est bien compréhensible.

Les retrouvailles sont tout aussi délicates

▶ Si le bébé est encore petit, il ne faut pas se jeter sur lui, au risque de l'effrayer. Le temps lui a paru long : il faut prendre celui de se faire reconnaître. Tout d'abord l'appeler par son nom. Se mettre face à lui. Attendre qu'il réagisse, puis, après seulement, le prendre dans ses bras.

▶ S'il est plus grand, il faut comprendre qu'il a attendu longtemps et qu'il est normal qu'il fasse attendre un peu à son tour.

▶ Certains parents peuvent être blessés que l'enfant ne leur sourie pas, voire qu'il pleure lorsqu'ils arrivent. Qu'ils se rassurent : l'enfant les attend et il est heureux de les retrouver. Mais la fatigue accumulée se résout souvent par quelques larmes dans les bras de ceux qu'on aime…

▶ Certains petits râlent pour venir et râlent pour repartir. Les parents le comprennent difficilement et croient qu'il s'agit d'un caprice. C'est plutôt que les petits enfants ont horreur des changements. Une fois qu'ils ont fait l'effort de s'adapter, ils ne veulent plus changer à nouveau. Être déplacés matin et soir leur est pénible : ils s'habitueront mais il leur faut un peu de temps.

Que mange-t-il ?

Voici un exemple de régime d'un bébé de sept à dix mois environ (à moduler selon votre enfant, son poids et les conseils de votre pédiatre).

Voici donc comment pourront être composés les menus de votre bébé dans les mois qui viennent, mais cela peut varier beaucoup d'un enfant à l'autre, selon son poids et son appétit, ainsi que d'un jour à l'autre.

◗ *Le matin* : biberon de lait avec, facultativement, 1 ou 2 cuillerées de farine, ou une petite compote.

◗ *À midi* : 120 g de purée de légumes délayée dans du lait, au biberon, puis pure et donnée à la cuiller. Ajoutez un petit peu de gruyère râpé par-dessus. Au choix : carottes, pommes de terre, petits pois, haricots, potiron, épinards, etc. À partir de huit mois environ : 30 g de blanc de volaille, de poisson maigre haché (colin, limande, truite, etc.), ou de jambon blanc maigre, ou un jaune d'œuf (pas avant dix mois). En dessert, au choix : compote de fruits, petit-suisse, yaourt, fruit mûr écrasé, etc.

◗ *Au goûter* : biberon ou laitage + compote + biscuit.

◗ *Au dîner* : biberon de soupe de légumes délayée avec du lait (environ 150 g de lait et 50 g de purée de légumes mixée). Fromage ou dessert (compote ou laitage).

Une alimentation plus variée

Maintenant que votre bébé est bien habitué à sa soupe de légumes du déjeuner, et peut-être aussi du dîner, vous allez pouvoir diversifier davantage son alimentation. L'essentiel est toujours de vous y prendre progressivement, afin de n'introduire dans l'alimentation qu'un aliment nouveau à la

> **QUELQUES CONSEILS POUR VARIER SES REPAS**
> • Commencez par ne donner de la viande qu'une fois par jour. Le soir, une soupe de légumes coupée de lait suffit.
> • Épluchez soigneusement les fruits avant de les cuire et/ou de les mixer.
> • N'ajoutez pas de sucre blanc dans les compotes de fruits et ne salez que très légèrement vos préparations.
> • Faites confiance aux surgelés (qui permettent de ne préparer qu'une petite quantité de purée ou de viande). Vous pouvez aussi surgeler vous-même vos préparations.

fois. Ce mois-ci, vous allez faire goûter à votre bébé la viande et le poisson (hachés finement, la valeur d'une cuillerée à soupe). Vous pouvez varier à volonté les viandes et poissons, mais choisissez de préférence les chairs maigres.

Pour les desserts et le goûter, vous allez aussi proposer des nouveautés à votre bébé : petit-suisse, yaourt nature, fruit poché et écrasé, compote de fruits.

Il veut manger tout seul

C'est souvent le cas à cet âge. Mais ce désir ne va pas sans créer parfois des difficultés. Pour deux raisons liées au stade de développement de votre enfant. La première est qu'il est en pleine phase de manipulation : il aime attraper, explorer, toucher. La seconde est son tout nouveau désir d'indépendance. Il aimerait bien faire des choses seul, mais sa maladresse l'empêche souvent d'y parvenir. Les repas sont pour lui une occasion exceptionnelle de découverte : quelle joie de plonger les doigts dans la purée ou d'attraper seul son biberon ! Bien sûr, le résultat n'est pas toujours heureux. Mais il serait dommage de ne pas profiter du temps des repas pour le laisser s'exercer à attraper, porter à la bouche et manipuler.

POUR RENDRE LE REPAS PLUS FACILE

• Choisissez une chaise basse (avec tablette) ou une chaise haute à large base.

• Au besoin, étendez par terre une toile cirée ou une grande feuille de papier journal.

• Confiez-lui une cuiller, même s'il ne sait pas s'en servir. Pendant qu'il essaiera, vous pourrez tranquillement le nourrir avec une autre. Quand il est lassé de la cuiller, donnez-lui une biscotte à grignoter ou une soucoupe avec quelques petits pois : cela l'occupera et favorisera son désir d'indépendance.

• Laissez-le se débrouiller seul le plus possible.

• Dès que vous sentez que le jeu prend le pas sur le fait de se nourrir (bébé jette pour le plaisir), retirez l'assiette et mettez tout simplement fin au repas.

Vous pensez bien que, pour lui, ce qu'il y a de plus intéressant à manipuler et à porter à la bouche, c'est la nourriture. D'où les fréquents conflits lors des repas :

- votre enfant veut attraper la cuiller et le biberon, manger seul, avec ses doigts, le tout très « salement » ;
- vous voulez le faire manger pour être sûre de ce qu'il a avalé, pour que cela aille plus vite et que ce soit plus propre.

Désolée, mais... c'est votre enfant qui a raison. Si vous sentez que votre bébé veut manger seul, il est bon de l'y encourager. Si vous refusez, vous risquez de compromettre sa future autonomie. Même s'il mange moins que si vous vous battez pour garder la cuiller en main, ce repas lui est infiniment plus profitable, parce qu'il est en accord avec son développement, donc éducatif au sens fort.

Prenez patience et dites-vous qu'un enfant qui s'exerce beaucoup sera plus vite autonome qu'un autre et plus habile. Essayez de vous convaincre que le résultat est une des premières formes de sa créativité... Et tant pis pour les saletés, vous les nettoierez facilement après le repas !

Comment s'y prend-il pour manger seul ?

À cet âge, il saisit généralement des petits morceaux de nourriture entre le pouce et les deux doigts suivants. Si la nourriture se glisse à l'intérieur de la main, il aura bien du mal à la récupérer. Pour porter dans sa bouche, il s'essuie généralement la bouche avec sa main pleine de nourriture. En conclusion, il est d'une grande maladresse et gâche de la nourriture. Quand il se lasse de cet exercice difficile, il finit par lancer par terre le contenu de son assiette !

Que peut-on le laisser manger seul ?

Il aimera tout ce qu'il peut attraper avec ses doigts et porter à sa bouche. Entre autres :
- céréales en morceaux (corn-flakes, céréales au miel, etc.) ;
- pain grillé, biscotte… ;
- carottes ou pommes de terre cuites, coupées en dés ;
- petits pois ;
- fromage tendre ;
- viande hachée ou miettes de poisson.

Les plaisirs du bain

À cet âge, beaucoup de bébés adorent le bain. L'eau le leur rend bien : elle les détend et les équilibre. Si votre enfant fait partie de ceux qui se précipitent dans le bain et ne veulent plus en sortir, vous n'aurez pas de problèmes pour enrichir son plaisir de nouveaux jeux différents. En revanche, s'il fait partie de ceux qui vont se baigner à contrecœur ou en hurlant, l'apprivoiser sera plus difficile. Incitez, prenez le temps de jouer, mais ne forcez jamais : l'effet obtenu serait l'inverse de celui recherché. C'est dans la douceur et la patience que l'enfant peut progressivement explorer cet espace en toute sécurité.

Comme votre bébé a grandi, il ne tient plus dans le lavabo ou dans sa petite baignoire en plastique. Vous devez désormais le baigner dans la grande baignoire.

Premier conseil : attention à votre dos. Il risque de souffrir (et vous aussi) si vous passez le temps du bain penchée par-dessus le rebord de la baignoire. Imposez-vous donc de vous agenouiller après avoir posé près de vous tout ce dont vous aurez besoin.

Les plaisirs du bain seront nombreux pour votre bébé, si vous vous souvenez que le temps du bain n'est pas seulement destiné à se laver, mais aussi à s'amuser et à se relaxer.

Laissez couler l'eau, lentement, à une douce température, pour que l'enfant puisse jouer avec le filet d'eau. C'est souvent un grand amusement. Un autre est constitué par les éclaboussements. Bien sûr, vous devrez d'abord vous envelopper dans un peignoir, ensuite passer une serpillière dans la salle de bains. Mais cela n'est rien en comparaison du plaisir que l'enfant prend à jouer avec l'eau. Sachez que les enfants qui apprennent ainsi à ne pas craindre l'eau sont aussi ceux qui auront le plus de plaisir à aller à la piscine ou à la mer et à nager.

Autre grand plaisir du bain : la patouille. Dès que votre bébé tient assis dans le bain, vous pouvez lui fournir un grand nombre de joujoux avec lesquels il jouera tout à loisir. Remplir, vider, transvaser… il ne s'en lasse pas.

AVEC QUOI JOUER ?

En plus des jouets de bain prévus à cet effet, utilisez :
- tasses et gobelets en plastique ;
- petite bouteille plastique percée de trous (avec une aiguille à tricoter chauffée) ;
- louche, passoire, entonnoir ;
- pot-verseur de moutarde ou de sauce tomate en plastique.

Pour varier les plaisirs, vous pouvez un jour donner le bain au baigneur en même temps qu'au bébé, un autre jour mettre des sels de bain dans un petit gobelet, etc.

Pour tout ranger, utilisez un seau de plage ou un filet en plastique.

Attention, danger !

Les plaisirs du bain ne seront complets et bénéfiques que si vous prenez bien garde aux dangers.

▸ Mettez peu d'eau dans la baignoire.

▸ Couvrez le robinet d'eau chaude avec un gant de toilette afin que le bébé ne risque pas de se brûler.

▸ Pour la même raison, soyez très prudent si vous ajoutez de l'eau chaude dans la baignoire lorsque l'enfant y est.

▸ Évitez le bain moussant qui décape la peau et risque de lui piquer les yeux.

▸ Ne lui confiez aucun flacon en verre pour jouer.

▸ Placez systématiquement un tapis antidérapant au fond de la baignoire.

▸ Ne laissez pas votre bébé se mettre debout, sauter, grimper ou s'entraîner à la gymnastique lorsqu'il est dans la baignoire.

▸ Ne laissez jamais votre bébé seul dans le bain. Même dans très peu d'eau, il pourrait s'y noyer. Laissez sonner le téléphone : vous n'y êtes pour personne.

LES NUMÉROS D'URGENCE

Comme il est préférable d'être prêt à tout, il est recommandé de connaître par cœur les numéros de téléphone d'urgence. Ces services sont interconnectés et gratuits, quels que soient le lieu et le moyen d'appel.

• Le 15, le SAMU, pour tout problème urgent de santé.

• Le 18, les pompiers, pour tout problème de secours, notamment un accident.

• Le 112, numéro d'appel unique d'urgence sur tout le territoire européen.

Ses relations avec les aînés

Si votre bébé naît dans une famille qui compte déjà un ou plusieurs enfants, il va être confronté à un comité d'accueil plus vaste que ses seuls parents. Vous aurez préparé cette naissance avec le ou les aînés, de façon qu'ils ne se sentent pas délaissés ou déçus, mais enrichis par la venue de ce nouvel arrivant. Au cours de la grossesse, ils sont souvent enthousiastes et impatients. Mais l'arrivée d'un nouveau-né braillard devant qui tout le monde s'émerveille remet parfois douloureusement les pendules à l'heure… De plus, maman lui consacre tout son temps et il dort dans la chambre parentale ! La jalousie n'est pas loin, accompagnée, pour le « grand », de l'envie de redevenir aussi un petit bébé. D'où les phénomènes appelés « régressifs » souvent observés (recommencer à faire pipi au lit, parler comme un bébé, etc.).

Au cours de la première année, chacun va devoir trouver sa place et s'assurer qu'il est aimé totalement malgré la concurrence. Chaque enfant a besoin de savoir qu'il est unique dans le cœur de ses parents. C'est ainsi que la rivalité cédera la place à la complicité. Quant au bébé, il va vite devenir un véritable fan de ses aînés. Il va guetter leur arrivée, rechercher leur compagnie et rire à leur moindre grimace.

Selon l'âge du ou des aînés, différentes manifestations de rivalité ou d'agressivité peuvent apparaître. Elles doivent être reçues comme des marques d'inquiétude et de difficultés à dépasser ensemble. Le partage, le respect de l'autre, cela s'apprend, souvent dans la frustration. Cette période sème les bases de l'apprentissage de la vie en commun et exige des parents un mélange de compréhension, d'amour et de vigilance.

Aménager l'espace

Dès le jour où votre enfant se déplace, c'est à vous d'aménager l'espace où il vit de façon qu'il ne risque ni de se blesser ni de casser les choses auxquelles vous tenez. Il faut plus que jamais, sous votre surveillance attentive, laisser votre bébé expérimenter et enrichir ses découvertes. C'est ainsi qu'il développe progressivement une meilleure connaissance du risque et une plus grande intelligence de l'espace. À cela, deux impératifs.

Aménagez la chambre de votre bébé

Faites-le de façon qu'elle soit aussi sûre et sans danger que son parc. Autrement dit, faites de sa chambre un grand parc, une aire de jeu à la mesure de sa curiosité et de ses déplacements. Un endroit où vous pourrez le laisser seul, hors de son lit, en toute sécurité. S'il partage sa chambre avec un aîné, isolez-en une partie à l'aide d'une barrière posée au ras du sol.

Dans l'aire destinée au bébé, passez tout en revue.

▶ Pas de fils électriques qui traînent, pas de prises au ras du sol, sauf si ce sont des prises de sécurité.
▶ Pas de meubles avec des angles vifs.
▶ Pas de petits objets ni de jouets pouvant être dangereux.
▶ Pas de flacons de produits de toilette ou de médicaments.

Passez en revue le reste de la maison

Il est illusoire de penser que vous pourrez être derrière votre enfant à chaque instant. D'autant que certains sont très rapides à quatre pattes et fort vifs à se glisser dans les endroits interdits. Aussi devez-vous prendre les devants en rendant votre maison aussi sûre que possible. C'est le moment de mettre des barrières de sécurité en haut et en bas des escaliers, de fermer les portes des pièces interdites (le bureau, par exemple…) et de placer des prises de courant de sécurité partout. Mais il faut également veiller à d'autres choses.

▶ Ne laissez pas traîner de verres ou de bouteilles d'alcool, de nourriture, de cendrier, de cigarettes ou d'allumettes.

▶ Mettez définitivement dans un placard en hauteur et fermé à clé tous les médicaments et les produits d'entretien. Soyez particulièrement vigilant avec ceux que vous venez d'employer et qui risquent de traîner un moment sur une table.

▶ Rangez hors d'atteinte les outils, les parfums et produits de toilette, les rasoirs, les couteaux, les ciseaux, tout le matériel de couture.

▶ Soyez très vigilant en ce qui concerne les balcons, les terrasses et les fenêtres, notamment celles qui basculent. Les accidents sont fréquents ; ils sont très graves si l'appartement est situé en étage.

▶ Confiez à une voisine vos plantes vertes pour quelques mois : la terre n'est déjà pas bonne à manger, mais en plus certaines feuilles contiennent du poison.

▶ Ne laissez pas par terre la nourriture que les animaux ont laissée.

▶ Ne laissez jamais l'enfant seul dans la cuisine.

▶ Tourner les queues des casseroles vers le mur, de façon qu'elles ne dépassent pas du rebord de la cuisinière.

▶ Attention aux fours non isolés qui se trouvent sous les cuisinières, au feu dans la cheminée sans pare-feu, aux loquets faciles à fermer qui vous enferment dans une salle de bains sans autre issue.

▶ Enfin assurez-vous, lorsqu'il est assis dans sa chaise haute, qu'elle a une bonne stabilité et que l'enfant ne peut en glisser ou en tomber seul (au besoin, s'il se lève tout le temps, sanglez-le).

Ces conseils ne sont pas une garantie infaillible contre un accident. Mais si vous les appliquez, ils diminueront les risques. Ils visent aussi à vous alerter et à accroître votre vigilance. Malgré toutes les campagnes d'information, il existe encore trop d'accidents imputables à la négligence. N'oubliez pas qu'une grande part des accidents ne survient pas lorsque l'enfant est seul, mais lorsque ses parents sont occupés à autre chose, au téléphone par exemple.

Les séances d'habillage

Si votre enfant est particulièrement actif, il se peut qu'il ne supporte plus de rester immobile le temps nécessaire pour le changer. Dans ce cas, les séances d'habillage deviennent de véritables épreuves de force. Vous le contraignez pendant qu'il se tortille ou qu'il essaie de s'enfuir, vous vous énervez parce qu'il vous met en retard, bref, c'est très dur. Voici quelques « trucs » qui pourront vous aider.

▶ Pour le « haut », habillez-le pendant qu'il est assis, en train de jouer. Pour les pieds, pendant qu'il est installé sur sa chaise haute.

▶ Pour les couches, notamment, organisez des jeux sur la table à langer : petits jouets à manipuler, chansons reprenant les parties du corps (Alouette…), dialogue accompagnant vos gestes (« Où elle est la main ? Elle est cachée dans la manche ? Coucou ! La voilà »). Vous en profitez pour lui apprendre le nom des différentes parties du corps…

▶ Pour le « bas », asseyez-vous et coincez-le entre vos jambes, debout et dos à vous.

▶ Apprenez-lui à participer, comme un « grand » : tendre la main, enfiler le bras, glisser son pied, sont des gestes qu'il peut faire pour vous aider.

Le début des angoisses

Voilà que votre petit enfant, jusqu'ici sociable et aventureux, se met à avoir peur de tout et de chacun. Dès qu'un étranger s'approche, il se colle à vous. On lui parle ? Il se détourne. Pour peu que l'inconnu le regarde un peu trop directement, il se met à crier. Ou même à pleurer si éclate soudainement un brusque éclat de rire ou un gros éternuement. Il ne disait rien lorsque vous le laissiez le matin ? Voici maintenant qu'il fond en larmes et semble désespéré.

À côté de cela, heureusement, il se console bien vite. L'étranger s'éloigne, il redevient gai et joueur. Lorsqu'il est en confiance à la maison, entouré de ceux qu'il aime, il recule les limites de ses explorations et perfectionne les façons de se déplacer tout seul. Préfère-t-il ramper ou marcher à quatre pattes ? L'essentiel est de toucher à tout…

Tous les enfants ne marquent pas avec la même intensité cette attitude de peur des étrangers et de repli angoissé sur leur mère. Chez certains, cette crise sera brève (cinq ou six mois) ou à peine marquée. Chez d'autres, elle pourra commencer plus tard mais durer un an. Nous verrons que ces variations quant à la date de début des angoisses, à leur durée, à leur intensité sont absolument normales. Elles dépendent de l'enfant, de son caractère. Mais elles dépendent également du mode de vie et du mode de garde du bébé.

D'une manière générale, on observe que les enfants régulièrement gardés depuis plusieurs mois en crèche ou chez une assistante maternelle vivent cette crise de façon plus discrète : ils ont l'habitude des têtes nouvelles, ils sont très sociables et ils ont appris progressivement que, même si maman s'en va, ils la retrouvent, intacte, un peu plus tard.

L'origine de ces angoisses

▶ L'enfant est en phase d'exploration intense de l'environnement. Cela comble son besoin de découvertes et d'abord de l'inconnu. Il a besoin pour cela de se sentir en confiance et en pays connu. Tout changement dans cet environnement, matériel ou humain, rend les choses difficiles.

▶ Le bébé reconnaît de mieux en mieux les visages. Il sait différencier les personnes et faire la part entre les connus et les inconnus. D'où de nouvelles inquiétudes qui n'existaient pas jusque-là.

▶ Le bébé se rend maintenant parfaitement compte des départs de sa mère, mais il n'est pas encore convaincu qu'elle reviendra. Il hurle lorsqu'elle s'éloigne parce qu'il craint de la perdre. Au cours des semaines qui viennent, il apprendra la permanence des objets : si le jouet que je ne vois plus continue à exister, alors maman aussi continue d'exister et elle reviendra. Ainsi ses angoisses se calmeront progressivement.

Comment aider l'enfant ?

▶ *Jouez à cache-cache.* Dès cinq mois, bébé adore le jeu qui consiste à cacher brièvement son visage derrière ses mains, puis à les écarter en lançant « Coucou ! ». On se cache ensuite derrière un rideau ou une porte. Quand l'enfant se déplace seul, on joue au vrai cache-cache, en se glissant derrière un fauteuil, facile à découvrir. Ces jeux apprennent à l'enfant que l'on peut se séparer en s'amusant, dans la certitude de se retrouver.

▶ *Habituez votre bébé à voir du monde.* Si votre foyer bruisse souvent de rires, de rencontres, d'amis, de petits cousins, votre bébé aura moins peur des étrangers. Il aura pris l'habitude passer de mains en mains et de jouer avec chacun. Ce n'est pas pour autant qu'il cessera de crier à l'approche du facteur ou d'un agent de police…

◗ *Préparez votre enfant au changement.* Si vous devez le laisser un lieu ou avec quelqu'un qu'il ne connaît pas encore, expliquez-lui la situation et donnez-lui avant un temps d'adaptation suffisant.

Ne permettez pas non plus à une personne inconnue de l'enfant de s'approcher de lui ou de le prendre dans ses bras sans s'être fait accepter de lui.

◗ *Prenez garde à vos propres émotions.* Le petit enfant perçoit très bien ce que ressent sa maman et y réagit aussitôt. Vous êtes triste de le laisser ? Il le sent. Ses pleurs vous culpabilisent et cela ne fait que renforcer son inconfort. Il sent que vous hésitez à le laisser ? Il crie de plus belle. L'enfant ne doit pas sentir qu'il peut vous influencer. Alors, gardez un ton calme, rassurant, pour lui dire que vous l'aimez, qu'il va bien s'amuser et que vous reviendrez bien vite.

◗ *Gardez-le près de vous.* Lorsqu'il se colle à vous, ne vous moquez pas de lui, donnez-lui l'impression que vous le protégez et ne l'obligez pas à embrasser les étrangers.

◗ *En présence d'un inconnu,* laissez à l'enfant tout son temps pour faire lui-même la démarche vers l'autre. Il s'en approchera dès qu'il se sentira suffisamment « apprivoisé ». Ne le brusquez jamais.

Lorsque c'est possible, il est préférable d'éviter de commencer à faire garder votre bébé à plein-temps entre huit et dix mois. C'est la période la plus difficile : il se sent abandonné et ne sait pas encore que vous reviendrez. Si vous ne pouvez faire autrement, prévoyez une période d'adaptation aussi longue que nécessaire et prenez tout le temps qu'il faut pour lui faire comprendre la situation.

En conclusion, sachez que la crise d'angoisse du huitième mois est normale et qu'elle marque l'arrivée d'une nouvelle étape du développement. Elle passera doucement si vous êtes aux côtés de votre enfant pour le rassurer et lui donner confiance.

L'objet transitionnel, ou « doudou »

Autrement appelé « doudou », « néné », « dodo », etc., selon le nom que lui inventera l'enfant (ou que lui a déjà donné l'enfant aîné), l'objet transitionnel est le terme que les psychologues emploient pour désigner l'objet qui deviendra le fétiche de l'enfant. Objet choisi et aimé au point qu'il ne voudra plus s'en séparer.

De quel objet s'agit-il ?

Il s'agit de l'objet le plus doux que le bébé ait eu fréquemment à sa portée. C'est souvent un objet associé au lit : couche en tissu que l'on place sous la tête des bébés, drap, couverture, mouchoir, animal en peluche. Mais il arrive qu'un enfant s'attache à un objet plus étonnant : brassière en laine, sac de couchage, biberon, gant de vaisselle, etc.

Il se peut aussi qu'un geste bien précis soit associé à l'objet : lainage que l'on fait boulocher, drap que l'on glisse entre ses doigts, mouchoir que l'on frotte contre son nez, etc.

Finalement peu importe l'objet : c'est l'enfant qui le choisira et qui l'imposera. Qu'il soit pratique ou impossible à laver, beau ou laid, le doudou finira sale, en lambeaux, indispensable et adoré.

Il n'y a pas de bons doudous mais il y en a quand même de plus pratiques que d'autres : ceux que l'on peut se procurer en double (très pratique en cas de perte), ceux qui passent à la machine, ceux qui, pas trop volumineux, peuvent tenir dans un sac à main, etc.

Des règles assez mystérieuses président au choix de l'enfant. Parmi tous les objets qui remplissent son lit, il va s'attacher à l'un particulièrement. Souvent à l'insu des parents, qui comprendront après coup, lorsque l'enfant insistera pour emporter cet objet partout.

On peut seulement dire que les sens de l'odorat et du toucher interviennent certainement de façon prépondérante dans le choix de tel ou tel objet.

Pourquoi le doudou apparaît-il maintenant ?

Cette apparition est à mettre en rapport avec l'angoisse de séparation normale à cet âge. L'objet aimé apparaît comme une réassurance pour lutter contre la peur de se retrouver seul dans un monde vaste et inconnu. Le doudou est un objet familier, qui sent « moi », et auquel je peux toujours me rattacher pour m'évoquer ce qui m'est cher. Mais cet attachement est aussi permis par les progrès de l'intelligence de l'enfant. Il devient capable d'accéder au monde symbolique. Le doudou est un objet réel, c'est encore une part de moi, ce n'est pas moi vraiment : il symbolise l'amour parental et toute la confiance, le confort et le bien-être du monde auxquels il est associé.

Le choix s'effectue entre six et douze mois, et cette histoire d'amour durera, selon les enfants, entre trois et six ans.

Tous les enfants ont-ils un doudou ?

Apparemment non. Les enfants qui sucent avidement leur pouce ou bien une sucette semblent être plus nombreux à ne pas se choisir d'objet transitionnel. Néanmoins, en cherchant bien, on trouve fréquemment quelque chose de très discret, un geste par exemple, qui fait office d'objet transitionnel.

On ignore pourquoi certains enfants, rares, n'ont aucun objet transitionnel. Ce qui est sûr, c'est que personne n'a mis en évidence de différences nettes sur le plan du développement général ou psychologique entre ces enfants et ceux qui traînent des années un vieil ours éventré.

Le rôle de l'objet transitionnel

Il est multiple, et toujours très important. Pour le bébé qui commence à prendre conscience de l'éloignement de sa mère, le doudou vient la remplacer. Il est une mère qui rassure, mais aussi une mère qui permet d'exprimer des sentiments contradictoires, sans crainte de représailles. Une mère que lui, tout petit, il peut dominer.

▶ Au sortir de la toute petite enfance, le doudou est l'objet qui permet de retrouver la sécurité que l'on éprouvait, bébé, en se blottissant dans des bras tendres. On grandit, bien sûr, on devient plus autonome, mais pas sans peurs ni nostalgie…

▶ Plus proche de soi que tout autre objet, le doudou réconforte et console. Il aide à récupérer en cas de fatigue ou de chagrin. Emporté partout, il donne un sentiment de sécurité face aux situations nouvelles ou inquiétantes (une visite chez le médecin par exemple).

▶ Enfin, serré contre soi le soir dans son lit, le doudou aide à lutter contre les angoisses nocturnes. Quand on se retrouve

Votre bébé a huit mois

Il pèse :
....

Il mesure :
....

Ses goûts :
....
....
....

Ses refus :
....
....
....
....

Ce qu'il a fait pour la première fois ce mois-ci :
....
....
....
....

seul dans sa chambre ou que l'on se réveille à l'heure où les monstres rôdent autour des matelas, il est bon d'enfouir son visage dans une odeur amie.

Peut-on supprimer le doudou ?

C'est déconseillé lorsque l'attachement est solide. Les parents n'ont pas à intervenir dans cette relation que l'enfant a créée parce qu'il en avait besoin. Cette étape tient une place importante dans son développement. On ne doit laver le doudou qu'avec l'accord de l'enfant, de préférence si on en a un autre, identique, à lui offrir en remplacement. Même si l'enfant maltraite son doudou, le déchire ou le frappe, il faut se garder d'intervenir.

Certains enfants sont peu fidèles, d'autres gardent leur doudou des années. Les parents ne peuvent qu'attendre que le leur s'en détache seul. D'ici là, qu'ils prennent bien garde à ce que le doudou ne soit ni oublié ni perdu : ce serait un « drame » et l'enfant aurait du mal, les premiers jours, à s'endormir sans lui.

Le neuvième mois

Qui est bébé ?

Un bébé de cet âge bouge sans cesse. La coordination des différentes parties de son corps s'améliore de semaine en semaine et cela lui permet de reculer encore les limites de ses explorations. La seule chose qui le retienne vraiment est la peur des nouveautés, des étrangers et des séparations, qui provoque encore bon nombre de retours précipités vers sa mère.

Le bébé se sert de ses mains pour s'essayer à la fois à des gestes énergiques – faire du bruit partout où c'est possible, taper, déchirer – et à des gestes fins : prendre délicatement des petits objets pour les mettre dans une boîte ou dans une bouteille, les vider, laisser tomber, ramasser, etc. Cette exploration systématique du dessous et du dessus, du contenant et du contenu, de l'intérieur et de l'extérieur, est typique de cette période. D'ailleurs, l'enfant de cet âge ne tend pas uniquement le doigt vers ce qu'il peut et souhaite attraper, mais également vers ce qui est hors de sa portée.

La position debout est souvent celle que l'enfant préfère. Il essaie de se hisser après ce qui peut lui servir d'appui. Debout, sa vision du monde change et la joie qu'il y trouve est évidente.

De ses proches, il attend beaucoup d'encouragements, de soutien et la sûreté d'une vie régulière.

Que lui donner à manger ?

Désormais, votre bébé ne mange plus des aliments broyés et mélangés dans de grandes soupes de légumes. Il commence à apprécier les purées préparées avec un seul légume : épinards, haricots verts, chou-fleur, petits pois, carotte. Il aime également que vous couvriez sa purée d'un peu de gruyère râpé et que vous y ajoutiez une noisette de beurre (nécessaire à son équilibre alimentaire).

La quantité de viande et de poisson peut augmenter jusqu'à 30 g par jour et les variétés se sont diversifiées. Enfin, votre bébé accompagne désormais ses goûters d'un biscuit ou d'un morceau de pain qu'il mange très bien tout seul.

➡ **Avec quoi délayer une purée trop épaisse**
Pour les légumes : eau, eau de cuisson, lait, jus de tomate.
Pour les fruits : lait, eau de cuisson, jus de fruit, yaourt.

➡ **Avec quoi épaissir**
Les légumes : farine de céréales, flocons de pomme de terre. Les fruits : petit-suisse.

Ce que vous ne devez pas lui donner

Les fritures, les viandes et poissons fumés, les fruits de mer, les fruits secs ou les fruits à pépins (ou alors ôtez les pépins) et, d'une manière générale, les aliments trop épicés, trop gras, trop salés ou trop sucrés. Enfin, ne le nourrissez pas exclusivement de petits pots.

Il jette tout par terre

La scène est classique : bébé est assis dans sa chaise haute, plusieurs jouets posés devant lui. Vous n'êtes pas loin. Soudain, il vous appelle : sa girafe est tombée. Vous la ramassez, lui rendez et retournez à vos activités. Mais cela se reproduit, une fois, deux fois, dix fois, et vous constatez que votre enfant fait exprès de jeter sa girafe par terre dès qu'il l'a récupérée. Croyant qu'il n'en veut pas, vous enlevez l'objet, mais il le réclame vigoureusement.

Variante : il est dans son parc et jette les jouets par-dessus la barrière. Puis hurle pour les récupérer.

Autre variante, très vite lassante : au cours du repas, il s'amuse à jeter par terre timbale, nourriture ou cuiller pleine de purée. C'est généralement à ce stade que la mère craque et se dit que son bébé la prend pour ce qu'elle n'est pas !

Ce serait dommage de régler ainsi la question et de supprimer les objets qui se trouvent à la portée de l'enfant dès qu'il commence à les jeter par terre.

Jeter à terre, pour que vous ramassiez, et ainsi de suite, est le passe-temps favori du bébé quand il a découvert qu'il savait lancer. Dites-vous que si tous les enfants traversent cette phase, c'est qu'elle est importante pour eux. Ils ne lancent pas les choses pour embêter leur mère, comme elles le croient parfois, mais pour s'exercer à une nouvelle compétence. Ils sont tout simplement curieux de découvrir ce qui arrive aux choses que l'on jette. Ils apprennent que les objets (et les gens) peuvent disparaître et revenir. Donc lorsque maman s'en va, elle ne disparaît pas définitivement : elle aussi, comme la girafe, va revenir…

Ils apprennent aussi que l'on peut avoir un geste agressif envers les objets (ou les gens) sans qu'ils soient abîmés (ou qu'ils vous en veuillent). Enfin, l'aspect social du jeu – vous faire intervenir à intervalles réguliers pour lui rendre l'objet – le réjouit fortement.

Maintenant, vous avez compris pourquoi ce jeu est important pour votre enfant. Alors, sans pour autant rester à genoux pendant des heures à ramasser, acceptez par moments de jouer avec lui.

POUR VARIER LE JEU ET LE FAIRE ÉVOLUER

Fournissez à votre bébé des objets qu'il va pouvoir lancer sans risque et qui vont tomber de façons variées :
- des objets légers (plume, ballon gonflable, papier que l'on froisse…) qui tombent lentement et sans bruit, et des objets plus lourds (cube en bois, cuiller en métal…) qui tombent vite et bruyamment ;
- des objets qui roulent (bouteille en plastique, balle…) ou qui restent sur place (petit coussin, sable…).

Offrez-lui de s'entraîner à viser en plaçant devant sa chaise, par terre, un grand récipient, genre bassine en plastique. Cela simplifie aussi beaucoup votre participation : plutôt que de ramasser dix fois le même objet ou dix objets épars, vous lui rendez d'un coup tout le contenu de la bassine. Déposez au fond de la bassine un plateau en métal retourné (ou un couvercle de casserole). Le bruit produit l'amusera beaucoup. Enfin, lorsque vous êtes lassée de ramasser et que le jeu a usé votre patience, attachez un objet « à lancer » à une extrémité d'un morceau de ficelle. Nouez l'autre extrémité à proximité de l'enfant, sur sa chaise ou la barrière de son parc. Il ne vous reste plus qu'à lui apprendre à récupérer l'objet en le hissant grâce à la ficelle.

Jouer, à quoi cela sert-il ?

Le jeu est loin d'être un domaine accessoire dans le développement et dans la vie de l'enfant. À neuf mois, déjà, mais plus tard également. Prenez n'importe quel enfant qui n'a ni mal, ni faim, ni sommeil. Que fait-il ? Il joue. C'est même là un signe important de bonne santé physique et psychologique.

Jouer est une activité fondamentale

Par le jeu, l'enfant va tout apprendre sur le monde et sur lui-même. On est loin d'une vague frivolité qui l'occupe en attendant de passer aux choses sérieuses. L'enfant, par le jeu, apprend à se maîtriser en évoluant à son rythme propre, mais il apprend aussi à maîtriser les choses qui l'entourent.

Au fil des mois et des années, l'enfant se sert du jeu pour se développer, évoluer, exercer ses capacités toutes neuves. Il invente et construit des jeux qui le conduisent dans le monde des désirs et de l'imaginaire. Jouer est pour lui l'équivalent d'un travail pour nous : une activité respectable, sérieuse, qui l'aide à grandir, où il s'investit totalement. Pour le petit, tout est synonyme : jouer, expérimenter, travailler, rêver, découvrir, apprendre.

Jouer, c'est apprendre...

Par le jeu, l'enfant imite et assimile son environnement. À travers l'imagination et l'exploration, il découvre son corps et ses capacités, ses émotions, développe son langage et sa façon de communiquer.

Par le jeu, l'enfant acquiert la maîtrise du monde extérieur. En construisant un mur de cubes, il apprend à manipuler les objets. Il gagne la maîtrise de son corps en courant et en sautant. Il affronte des problèmes psychologiques en revivant par le jeu les difficultés qu'il a affrontées dans la journée (quand, par exemple, il inflige à son ours le traitement qu'il a subi), etc.

En jouant, l'enfant exprime ses pensées et ses sentiments. Il resterait ignorant de ces sentiments, ou serait dominé par eux, s'il ne les mettait pas en acte. Enfin il apprend les relations sociales en comprenant qu'il doit s'adapter aux autres s'il veut voir durer un jeu agréable. Tout cela en prenant du bon temps.

Le développement de l'enfant s'appuie sur les lois de la physique (quand on lâche un objet, il tombe ; besoin d'expérimenter) et la mise en relation des événements (quand je crie, maman arrive). Le jeu est à l'intersection de ces deux fondements : les faits que l'enfant constate et les liens qu'il crée entre eux. Grâce au jeu, nous pouvons comprendre comment l'enfant voit et construit son monde, ce qu'il voudrait être, quelles sont ses préoccupations, ses problèmes. Au fil des années, l'enfant exprime par le jeu ce qu'il serait bien incapable de dire autrement.

Le mot « apprendre » ne doit pas vous surprendre : pour l'enfant, il n'y a pas de différence entre jouer et apprendre. Manipuler les objets, secouer, démonter, faire du bruit, remplir d'eau, escalader le canapé, tout cela, c'est apprendre.

Apprendre n'est pas jouer !

Attention : ce qui précède ne signifie pas que l'adulte doive « récupérer » le jeu de l'enfant pour le pousser dans un entraînement intensif ou dans des apprentissages trop précoces. Le jeu sert à jouer, un point c'est tout. L'enfant joue « pour le plaisir », même s'il trouve ce plaisir dans un effort qu'il s'impose à lui-même. Le jeune enfant se livre à de réels apprentissages, essaie, échoue, essaie encore, parce qu'il sait que davantage de compétences signifie davantage de jeux possibles, donc plus de plaisir. Il progresse également parce qu'il y est poussé par une force formidable. Cette pulsion fondamentale, innée, est tout simplement le désir de vivre, de grandir et la curiosité de connaître.

Votre bébé est doué pour cela. Regardez-le lorsque vous lui confiez un nouveau jouet. Il va se servir de tous ses sens pour le découvrir : il va le regarder, bien sûr, mais aussi le sentir, le goûter, le caresser, le secouer, le cogner, le démonter... tout cela d'une façon ingénieuse et merveilleusement efficace, même si elle n'est pas toujours conforme au mode d'emploi...

Les massages et le sens du toucher

Vous pouvez profiter du moment du bain ou du change pour masser délicatement votre bébé sur tout le corps, principalement les pieds, les jambes, le dos et le ventre. La plupart des enfants adorent !

Le massage s'effectue dans une position confortable, à pleine paume, avec une huile d'amandes douces par exemple. Il s'accompagne de mots doux ou d'une berceuse sereine. Mais le massage sensitif obéit à quelques règles très simples :

▶ Les mouvements du massage qui exercent une certaine pression sur la peau, même légère, doivent se faire dans le sens de la circulation sanguine de retour. C'est-à-dire, en direction du cœur. Par exemple, on masse une jambe en allant de la cheville vers la cuisse. Le chemin de retour vers la cheville se fait avec une grande légèreté, comme un effleurage.

▶ Le contact corporel entre le masseur et le massé ne doit jamais être rompu. Si votre bébé est allongé sur vous, c'est évident. S'il est allongé face à vous, cela suppose que votre peau touche la sienne pendant toute la durée du massage. On ne lève une main que lorsque l'autre est posée. Le massage terminé, on se quitte en douceur.

▶ On ne masse un bébé que si on en retire un plaisir égal au sien. Une merveilleuse communication s'installe alors, dont chacun tire un grand bienfait.

Ces massages tout en douceur n'ont pas seulement un effet relaxant. Ils sont aussi précieux pour développer la sensibilité corporelle de l'enfant et son sens du toucher. Toujours dans cet esprit, vous pouvez lui permettre de faire d'autres expériences, dont celles que nous suggérons ici.

« Lire » le journal

Allongez votre bébé à plat ventre sur un journal, quotidien ou magazine. Vous serez étonné du plaisir qu'il prendra et de l'enthousiasme qu'il mettra à déchirer et à arracher les pages. Attention à l'encre fraîche des journaux du jour. S'il est déjà grand, confiez-lui un vieux catalogue de vente par correspondance. Ce livre-là, il aura le droit de le déchirer !

Se promener pieds nus

Dès qu'il se met debout, n'hésitez pas à laisser votre enfant se promener pieds nus, dans la maison bien sûr, mais aussi dehors chaque fois que c'est possible. Marcher sur toutes sortes de surfaces différentes, non seulement cela n'empêche pas la marche, mais cela favorise au contraire le développement de l'équilibre et la formation de la voûte plantaire.

Toucher à tout

« Ne touche pas » est l'une des phrases que les petits enfants entendent le plus. Et cela fait grand tort à l'éveil de leur sens du toucher ! Alors, chaque fois que c'est possible, que c'est sans danger, et même si ce n'est pas très propre, incitez votre enfant à toucher. La fourrure de l'animal, la feuille de l'arbre, la chaleur du radiateur, le rugueux de l'écorce…

Pour en faire un jeu, sélectionnez des morceaux de tissus de textures différentes (velours, satin, coton, Nylon, dentelle, fourrure synthétique, soie, Skaï, jersey, etc.). Vous pouvez en faire des petits rectangles ourlés que l'enfant manipulera facilement tour à tour, ou bien les rassembler en une sorte de patchwork. Ce patchwork peut être cousu au dos d'une vieille couverture, ou bien fixé sur une fine planche de contreplaqué.

Pour encourager bébé à s'asseoir

Il est rare qu'un bébé puisse tenir assis sans support avant huit mois. Mais c'est une position très importante pour lui, car c'est celle qui libère vraiment ses mains, et lui permet ainsi de faire de gros progrès en habileté manuelle. Aussi, quand vous le sentez prêt à s'asseoir, vous pouvez proposer quelques petits jeux qui seront autant d'occasions pour lui de s'entraîner.

Depuis la position couchée

Quand votre bébé est sur le dos, attrapez ses mains et tirez-les doucement jusqu'à l'amener en position assise. Il va s'habituer à ce petit exercice et vous y aider un peu plus au fil des mois. De lui-même, quand il s'en sentira prêt, il soulèvera la tête, vous tendra les mains, et essaiera de se lever.

L'inciter à se tenir droit

Asseyez votre bébé face à vous, sur le rebord d'une table ou sur vos genoux. Puis parlez-lui et attirez son regard, pour l'inciter à faire l'effort de relever la tête et le torse, et de les tenir droits en face de vous.

Votre enfant sera incité à se tenir assis si cela lui procure des avantages. Quand il sera dans cette position, confiez-lui des jouets qu'il ne pourrait pas manipuler aisément s'il était couché, comme un tableau de découverte par exemple.

Assis dans les coussins

Quand le dos de votre bébé est suffisamment solide, vers six mois environ, vous pouvez lui offrir l'expérience de la position assise. Pour cela, asseyez-le sur le sol et renforcez sa position

> **ATTENTION !**
> Ce n'est pas parce qu'il sait se mettre debout que votre enfant sait pour autant se rasseoir. Il reste souvent debout longtemps et finit fatalement par se fatiguer et pleurer.
> C'est le moment de prendre du temps pour apprendre à votre bébé à s'asseoir doucement. Sinon, il va avoir tendance à se lâcher brusquement et à additionner chocs et expériences désagréables.

en l'entourant de gros coussins, de poufs ou de couvertures roulées. Il tiendra mieux si son dos est en appui contre un mur ou un dossier rigide. Mettez à sa portée des jouets et des objets qui ne roulent pas.

Ne vous éloignez pas de lui quand il est dans cette position. Il risque d'avoir souvent besoin de vous pour rétablir son équilibre. De plus, il peut avoir du mal à respirer s'il tombe la tête en avant sur un coussin ou un oreiller.

Il se met debout

Un grand nombre de bébés, parmi les plus actifs physiquement, commencent à se mettre debout seuls. Entraînés à s'agripper à vos mains pour se hisser sur les jambes, ils vont continuer à s'agripper à tout ce qu'ils trouvent. Si la position debout est la position préférée de votre enfant, il va passer une partie importante de son temps à s'entraîner.

L'enfant de cet âge essaie souvent de se hisser grâce à tout ce qui peut lui servir d'appui (parfois il se trompe et renverse chaise ou guéridon, tire sur la nappe, emportant ce qui était posé dessus, etc.). Il s'accroche à tout ce qu'il peut, mais il apprendra progressivement à choisir les meilleures prises, les plus efficaces. L'aide la plus sûre est constituée par la barrière en bois du parc dans lequel l'enfant jouait jusque-là assis. Le bébé va se tirer aux barreaux pour se mettre debout, puis apprendre peu à peu à se déplacer sur le côté, faisant ainsi, debout, le tour du parc. Ce jour-là, la marche n'est plus très loin ! Une fois debout, il jubile et va tenter l'étape suivante : lâcher une main, lâcher l'autre. Puis lâcher les deux en prenant appui sur le ventre.

Le régime antidiarrhée

La diarrhée est une affection fréquente chez les bébés. Banale, elle peut être due à un refroidissement, à une mauvaise digestion ou à une poussée dentaire. Plus sérieuse, elle peut être le signe d'une gastroentérite, par exemple. Si la diarrhée est liquide, durable, qu'elle s'accompagne de fièvre ou de vomissements, et que le bébé semble apathique et perd du poids, il vous faut consulter rapidement le pédiatre. Il vous donnera un traitement spécifique et vous recommandera de mettre immédiatement votre bébé au régime antidiarrhée. Aussi, dès que vous constatez que les selles de votre bébé deviennent liquides (ou même très molles), vous pouvez mettre en place sans tarder ces mesures alimentaires :

▶ *Supprimez immédiatement de l'alimentation de votre bébé* : le lait ; les laitages – yaourts, petits-suisses, flans, fromages blancs ; les fruits et les légumes crus, les jus de fruits.

▶ *Remplacez ces aliments par* : de la soupe de carotte ; de la farine de riz ou de l'eau de cuisson de riz (non prétraité ou précuit) ; une banane pochée et mixée ou de la compote de pomme et coing (il existe des petits pots en vente dans le commerce).

La soupe de carotte se fait tout simplement en cuisant des carottes pelées et lavées dans de l'eau. Puis mixez les carottes et délayez la purée ainsi obtenue avec de l'eau minérale. Cette préparation peut tout à fait être remplacée par un biberon composé à l'aide d'un petit pot de purée de carottes et d'eau minérale. Ce biberon peut être légèrement sucré si votre bébé le préfère ainsi.

La banane, quant à elle, doit être bien mûre et pochée, c'est-à-dire plongée avec sa peau pendant quelques minutes dans de l'eau bouillante. Puis ouvrez la peau, mixez la pulpe et délayez-la avec de l'eau minérale.

Il ne faut jamais oublier que la diarrhée, plus encore si elle est associée à des vomissements, entraîne des pertes de liquides, avec un risque de déshydratation. D'où l'importance de donner très souvent à boire au bébé, ne serait-ce que de toutes petites quantités à la fois, d'eau de riz ou d'eau sucrée (un sucre pour 100 g d'eau).

La réintroduction du lait et des laitages doit se faire de façon progressive, sur plusieurs jours, par exemple en ajoutant une, puis plusieurs mesures de lait en poudre dans une purée de carottes légère.

Enfin, les diarrhées entraînent souvent une irritation des fesses du bébé ainsi que des douleurs abdominales. Aussi ne négligez pas :

❱ de changer la couche dès qu'elle est souillée ;

❱ de prendre votre bébé dans vos bras et de lui masser doucement le ventre avec votre main.

L'heure du coucher

C'est souvent vers neuf mois que se mettent en place des difficultés d'endormissement. Le bébé qui jusque-là s'endormait calmement, repu par son dernier biberon, proteste vigoureusement lorsqu'il est mis au lit et laissé seul dans sa chambre. Il faut savoir que ces pleurs ne relèvent pas du caprice, mais témoignent souvent d'une véritable angoisse et d'une revendication légitime.

Quelles en sont les causes ? L'enfant de cet âge a clairement conscience de son existence et entretient des rapports déjà complexes avec ses proches. Toute séparation lui est pénible et il vit la mise au lit comme telle. Il sait que son bien-être dépend entièrement d'autres êtres humains sur lesquels il a peu de prise, hormis par ses cris. La séparation du soir et l'endormissement deviennent alors des moments très délicats pour lui.

S'il est gardé toute la journée à l'extérieur de la maison, ne retrouvant son père et sa mère que vers six ou sept heures le soir, il vit très difficilement le fait d'être de nouveau séparé d'eux une heure plus tard. Si son père rentre plus tard que l'heure de son coucher, il fera tout pour l'attendre. Il sait aussi que la vie de la famille continue, dans une autre pièce, et supporte mal d'être tenu à l'écart.

Que faire ?

Toute la difficulté consiste à concilier la compréhension, visant à donner à l'enfant les échanges affectifs dont il a besoin, et une certaine fermeté. Le bébé doit aussi apprendre à s'endormir. Le relever ou lui tenir compagnie chaque fois qu'il proteste risquerait d'aboutir à une multiplication des appels et des réveils nocturnes.

◗ Il importe d'être sensible à l'heure où « le marchand de sable » passe. Cette heure, sensiblement la même chaque soir, est celle où l'enfant s'endormira le mieux. Elle dépend en partie de l'heure de fin de sieste.

◗ Une heure de coucher « raisonnable » est celle qui tient compte du temps que chaque petit enfant a envie de passer chaque soir avec son père et sa mère. Temps de rencontre, de jeux, de câlins, et pas seulement temps de repas ou de bain. Il n'est pas bien grave de ne coucher l'enfant qu'à neuf heures, dans la mesure où il peut dormir comme il veut pendant la journée.

◗ Certains enfants, lorsque la fatigue vient, augmentent leur niveau d'activité et d'énervement au lieu de le ralentir. Il est bon de le savoir, afin d'interpréter correctement cet état d'excitation. Pour ces enfants, les fins de journée doivent être particulièrement paisibles. Le bain donné le soir donne parfois de bons résultats.

◗ La mise au lit doit être un moment rassurant, calme et apaisant pour l'enfant, qui est facilement excitable. Plutôt que de l'endormir dans vos bras, en sollicitant son attention, mieux vaut le laisser au calme dans son petit lit, dans son environnement de sommeil habituel. S'il s'y sent en sécurité, il peut attendre seul, tranquillement, que vienne le sommeil.

◗ Pour aider le bébé à faire face à l'angoisse de séparation caractéristique de cet âge, il est bon de mettre en place un rituel du coucher. Un quart d'heure de gestes habituels, reproduits chaque soir, détend et sécurise l'enfant.

◗ Enfin, n'oubliez pas la peluche aimée ou le « doudou », tellement rassurants contre la solitude.

SORTIR LE SOIR

Il fut un temps où vous pouviez emmener votre bébé partout, chez vos amis, en sortie : il dormait partout tranquillement, dans le porte-bébé contre vous ou dans son couffin. Ce temps-là est terminé. Du jour où bébé fait ses nuits, son sommeil devient plus fragile et plus sensible aux dérangements et aux modifications d'habitudes. Pour que l'enfant trouve son rythme de sommeil et dorme tout son soûl, il est préférable de lui assurer des horaires stables, presque routiniers. Ce qui serait ennuyeux pour les parents est rassurant pour l'enfant.

Cela ne veut pas dire que les parents ne doivent jamais sortir le soir. Il est au contraire important de se détendre et de reprendre une vie sociale et amicale, tantôt ensemble tantôt séparément, pour s'aérer, reprendre une activité sportive, etc. Et les solutions ne manquent pas : faites appel à une baby-sitter, à une voisine serviable ou à une grand-mère disponible ; de temps en temps, sortez à tour de rôle avec vos amis respectifs en laissant bébé en tête à tête avec son papa ou sa maman. Proposez à vos amis de dîner chez vous, etc. Mais il devient nécessaire, pendant quelque temps, de modifier ses habitudes en fonction du bébé.

Les cris et les pleurs

Votre bébé pleure maintenant moins souvent et il vous est plus facile de comprendre les raisons de ses crises. Il pleure encore de faim, mais c'est à heures fixes car son appétit s'est régularisé. Aussi vous pouvez le faire patienter, si besoin est, en lui donnant quelque chose à grignoter. Les pleurs de douleur sont restés caractéristiques : aigus, violents si la douleur est soudaine et forte, plus plaintifs si la douleur s'apparente à une forte gêne. À ces cris-là aussi il est plus facile de faire face, car votre bébé sait souvent montrer avec sa main l'endroit où il a mal. En cas d'otite, par exemple, il va porter la main à son oreille et cela sera une bonne indication.

Mais d'autres pleurs sont apparus, qui n'existaient pas lorsque l'enfant était nouveau-né.

Il pleure d'ennui, de solitude

Au cours de ces mois d'intense apprentissage, votre bébé a besoin, lorsqu'il est éveillé, de découvrir de nouvelles choses. Il va crier si vous le laissez seul dans son lit, parce qu'il n'a pas assez de choses à y faire : fournissez-lui du « matériel » (jouets ou objets divers) qui lui permettra de s'exercer.

L'enfant a également besoin de compagnie. Plutôt que de rester seul dans sa chambre pendant que vous vaquez à vos occupations dans le reste de la maison, il aura grand plaisir à vous accompagner, assis dans son transat ou à plat ventre par terre, de pièce en pièce, pendant que vous faites le ménage, que vous vous lavez ou que vous préparez le repas. Il aime vous voir bouger. Il aime entendre votre voix lorsque vous lui commentez ce que vous faites. Il aime être à vos côtés et a besoin de cette douce complicité.

Il pleure de rage et de frustration

Ces deux sentiments peuvent habiter votre enfant lorsqu'il est empêché de faire quelque chose qu'il désire. Physiquement et intellectuellement, ses capacités sont de plus en plus grandes. Il va avoir peu à peu des envies de toucher à tout, des désirs de découvrir le monde. Mais deux forces s'y opposent :

▶ Son impuissance, son incapacité à faire ce qu'il voudrait faire, parce qu'il est encore trop petit et que ses désirs sont en avance sur son développement physique ; cela le met en rage.

▶ Vos interdits, lorsque vous l'éloignez des prises de courant, du vase à fleurs ou de tout ce qui peut être dangereux pour lui ou pour l'objet. Cette frustration peut le faire hurler.

Il n'y a guère de solution : il faut que tout enfant apprenne peu à peu à supporter la frustration. Vous pouvez l'y aider en limitant les interdits, en l'encourageant dans ses tentatives et en l'éloignant doucement de ce qui est interdit, sans jamais le punir d'une curiosité bien naturelle et tout à fait légitime.

Il pleure de peur

Votre enfant est maintenant capable d'anticiper et peut pleurer de peur, par avance, par exemple en reconnaissant le médecin qui lui a fait un vaccin le mois précédent. Ne le grondez pas : c'est une preuve de sa bonne mémoire et de son intelligence !

Il peut aussi développer une peur des personnes inconnues et se réfugier derrière vous dans les situations inhabituelles. Là encore, ne le brusquez pas : il traverse une nouvelle phase, ses angoisses sont réelles et il a besoin que vous le rassuriez. Prenez-le dans vos bras, emportez l'objet favori lors de vos sorties, et respectez ses peurs : c'est ainsi qu'il prendra confiance en lui.

Le rituel du coucher

En ce qui concerne la mise au lit et l'endormissement, il y a bien sûr des soirs plus difficiles que d'autres. Pour éviter que s'installe un trouble du sommeil, il suffit le plus souvent de faire simplement preuve de vigilance. Avec un peu d'attention, on voit vite les mauvaises habitudes s'enraciner. Pour bébé, une expérience ou deux, si elles ont été plaisantes, suffisent à développer une habitude. Par exemple si un rhume vous a contraint à intervenir auprès de votre bébé deux ou trois nuits de suite, il considère que cela doit se reproduire systématiquement, même une fois le rhume guéri.

C'est donc aux parents de remettre rapidement les bonnes habitudes en place : bébé s'endort seul dans son lit, d'une manière qui ne dépend que de lui.

Pour l'aider à prendre son rythme et à trouver son bon sommeil, il suffit généralement :

◗ de régulariser sa vie en lui donnant un rythme calme, régulier et prévisible, aussi bien dans la journée que le soir ;

◗ de le coucher à heures fixes, en respectant un petit rituel ;

◗ de lui faire confiance et de se faire confiance en tant que parents, de tenir le cap et de l'entourer de beaucoup d'affection.

La mise en place de rites, répétés chaque soir au moment de la mise au lit, aide de façon efficace les enfants à rompre avec les activités de la journée et à se préparer au sommeil. Le bébé repère vite que l'on enchaîne dans le même ordre le bain, le dîner, etc. Cela l'entraîne naturellement vers le lit.

À cet âge, il s'agit d'une ébauche de rituel destinée avant tout à tranquilliser l'enfant et à l'aider à se détendre. Mais, avec le temps, les habitudes vont prendre de l'importance et le rituel va devenir quasiment immuable. Attention alors à ne mettre en place que des habitudes que vous pourrez tenir des années !

Outre le bain et le change, vous pouvez profiter de ce moment de calme du soir pour :

◗ feuilleter avec votre enfant un petit livre, un imagier, ou encore lui raconter une petite histoire simple ;

◗ coucher les peluches qui, au pied du lit, vont elles aussi s'endormir ;

◗ chanter une berceuse ou une chanson douce ;

◗ lui murmurer à l'oreille une parole magique, la même chaque soir, comme par exemple : « Tu peux dormir maintenant, tout va bien, papa et maman sont là… » ;

◗ placer près de lui son objet fétiche, le préféré.

Et puis sortir pour de bon, après un dernier baiser.

Droitier ou gaucher ?

Beaucoup d'enfants de cet âge se servent indifféremment de la main droite ou de la main gauche. La manipulation par une main ou par l'autre n'est pas toujours symétrique, une main peut sembler dominante sur l'autre, sans que cela soit forcément déterminant. Dans ces cas un peu flous, il se peut que l'enfant persiste à se servir de ses deux mains de façon similaire jusqu'à l'âge de deux ou trois ans. Cela ne lui posera le plus souvent aucun problème. Il pourra par exemple tenir son crayon dans la main droite, mais sa cuiller de la main gauche. Ou bien tantôt dans une main, tantôt dans l'autre.

Chez d'autres enfants, la latéralisation (la détermination de la main dominante) se met dès maintenant en place et devient nettement visible. Les deux mains n'ont déjà plus le même rôle : l'une tient l'objet, porte, pendant que l'autre manipule ou expérimente. Il se peut qu'une main soit nettement préférée à l'autre pour toutes tâches qui demandent de la précision : retourner, lancer, attraper, enfiler…

Cette préférence ne se limite pas à la main, mais aussi souvent à l'œil ou au pied situé du même côté. Il se développe alors un côté actif du corps et un côté plus passif. Si vous constatez cela, il est bon d'inciter parfois votre bébé à se servir de la main « oubliée » afin qu'elle ne soit pas en reste.

Des frères et des sœurs

Une fratrie, cela commence à deux... Si votre bébé est accueilli d'emblée par un aîné, frère ou sœur, plein, demi ou quart, vous voilà confronté à la création d'une fratrie, haut lieu d'amour et de conflits...

Le point de vue de l'aîné

Le nouveau-né souvent s'annonce comme un trouble-fête dans le foyer familial : il vient troubler le tête-à-tête avec le couple parental. C'est un concurrent qui vient disputer les objets, l'espace et l'amour au premier occupant, lequel n'a rien demandé. Il est soudain promu au rang de grand frère ou de grande sœur, promotion dont il se serait bien passé, surtout s'il a encore envie d'être « le bébé de maman ». On l'oblige à reconnaître comme frère un étranger sous prétexte de consanguinité, et les ennuis commencent...

Cette jalousie ne résume pas tout le ressenti d'un aîné envers un puîné, mais elle n'est jamais totalement absente, quel que soit le masque qu'elle prend, quels que soient les efforts des parents pour en atténuer la cause. De plus, elle n'est pas seulement stérile. Bien sûr, la jalousie est un sentiment viscéralement négatif fondé sur la conviction d'être privé « à cause » de l'autre. Mais elle joue aussi un rôle fondamental dans la construction de la sociabilité : à force de s'être affrontés et séduits, on devient inséparables !

Le point de vue du plus jeune

L'affection pour le frère ou la sœur aîné(e) naît dès le milieu de la première année. Le bébé est très vite attiré tout particulièrement par cet enfant, qu'il sent à la fois comme « un grand » mais encore proche de lui, soumis à la même autorité, donc à la fois complice et rival. Longtemps, il va en faire son modèle et vouloir l'imiter en tout.

L'intimité entre eux mobilise une activité psychique importante, faite de jeux, d'entraide et de rivalité. Le plus âgé se dit qu'il va devoir défendre son territoire ; le plus jeune sent qu'il va devoir faire sa place à son tour. « Devenir un frère ou une sœur », c'est connaître l'amour, la rivalité, l'excitation, l'admiration, la peur, la solidarité, toutes formes de sentiment qui forgent l'être social et le font grandir.

Le point de vue des parents

Les parents voudraient que leurs enfants soient les meilleurs amis du monde, qu'ils se soutiennent, se confient l'un à l'autre et jouent gentiment ensemble. Cela est possible, mais pas en permanence. Ont-ils tout oublié de leur propre enfance ? En vérité, les frères et sœurs, surtout tant qu'ils sont jeunes, passent beaucoup de temps à se mesurer, à se disputer. Ils se recherchent mais se sentent en compétition. Cela peut susciter des mouvements agressifs qui, tempérés par la peur de perdre l'amour des parents, peuvent se transformer en attitudes loyales.

L'aîné a surtout besoin d'être rassuré sur le fait que le nouvel arrivé ne prendra pas sa place. Ni dans sa chambre, ni dans le cœur de ses parents. Difficile, s'il est encore petit, de lui faire admettre que le bébé dorme dans la chambre des parents et mobilise tant d'attention, alors qu'il fait justement ce qu'on lui demande, à lui, d'éviter (pleurer, faire pipi dans la couche, etc.) !

Il faudra aux parents une grande habileté pour convaincre l'aîné qu'il a toujours toute sa place dans leur cœur, mais que le suivant en a tout autant… Cela impliquera du temps partagé, des jeux « de grands », une complicité nouvelle. Si l'enfant a des comportements agressifs envers le bébé, le discours des parents doit être très net : « Je comprends que la situation soit parfois difficile pour toi. Tu aimes le bébé, mais il te dérange aussi. On peut parler de cela quand tu veux. Tu n'as pas à te forcer, mais tu as l'interdiction absolue de le frapper ou de lui faire du mal. Nous sommes là pour le protéger, comme nous te protégeons toi aussi. »

Votre bébé a neuf mois

Il pèse :

Il mesure :

Ses copains préférés :

Ses habitudes :

Ce qu'il a fait pour la première fois ce mois-ci :

Un bébé normal...

...comme le vôtre, par exemple. C'est-à-dire non pas un bébé moyen, ce qui ne veut rien dire, mais un bébé différent de tous les autres, avec ses caractéristiques propres.

Les causes des écarts de développement entre enfants sont nombreuses, et c'est plutôt l'uniformité de développement qui serait étonnante.

◗ Nous avons tous des gènes différents. Au sein même de la famille, tous les enfants ne sont pas identiques. On trouve normal que l'un soit plus petit ou plus brun, pourquoi ne marcherait-il pas plus tard ? De plus, toute famille a sa propre culture et favorise plus ou moins certaines acquisitions : les enfants d'« intellectuels » auront tendance à parler plus tôt, parce que les mots sont très valorisés dans leur environnement. Si papa est peintre ou si maman est informaticienne, l'enfant distancera probablement ses camarades dans ces domaines-là.

◗ Toute nouvelle acquisition demande à l'enfant un investissement important. S'il est occupé à apprendre à se tenir debout, il n'a pas le loisir de veiller à manger proprement. S'il apprend le tricycle, il ne se soucie peut-être pas d'être propre. Tous apprendront tout, mais certainement pas dans le même ordre.

◗ D'un apprentissage, on ne voit que le résultat final. Or celui-ci a souvent demandé des mois de « préparation » : il couvait sous la cendre. Soyons respectueux de ce travail souterrain et faisons confiance à nos enfants. Certains manifestent très tôt leur jeune savoir, quand d'autres attendent d'être fin prêts avant de partager leurs exploits.

◗ Les petits apprennent dans tous les domaines en même temps : relationnel, intellectuel, moteur, psychologique, etc.

Ils ne peuvent être aussi « performants » partout et à toute vitesse ! Tous progressent à leur façon : laissons-leur du temps. Chaque acquisition a besoin d'être solidement installée avant de passer à la suivante. Comme dans toute construction, les fondations ont une importance déterminante pour la solidité de l'édifice !

Votre bébé est unique

Peut-être rêviez-vous, il y a un an, d'un bébé de magazine, image adorable, rose et tendre. Un enfant idéal que vous ne voyiez jamais enrhumé, jamais râleur. Dans votre rêve, votre enfant était à la fois indépendant mais sociable, dynamique mais calme, précoce mais équilibré, aimant jouer avec vous mais d'accord pour aller se coucher ; il savourait avec plaisir vos petits plats, était capable de s'occuper seul et vous pouviez l'emmener partout.

Le vôtre ? Il refuse de se coucher, il ne s'endort que dans son lit à lui, il refuse les carottes, il s'agrippe à vos jupes, il se met en colère si vous le contrariez et il enchaîne otite sur otite. Un bébé normal, quoi… Un bébé globalement en bonne santé, poussant bien, actif et curieux, aimant rire et donnant l'impression d'être plutôt heureux. Un bébé avec des problèmes normaux, mais sans grandes inquiétudes.

Au cours de votre grossesse, et peut-être pendant les années qui l'ont précédée, vous avez rêvé votre enfant. Un enfant idéal. Celui qui est là aujourd'hui est un autre, bien réel. Chaque parent doit un jour renoncer à son rêve pour aimer pleinement celui qui est né et qui grandit, comme un enfant normal, mais unique.

Le dixième mois

Qui est bébé ?

À cette période, on a l'impression que le bébé ralentit un peu le rythme de ses apprentissages physiques. En réalité, l'enfant profite de ce moment plus calme pour consolider ses précédentes acquisitions et pour acquérir ce qui ne l'était pas encore. Le bébé, comme s'il sentait qu'il allait avoir besoin de toutes ses capacités pour démarrer la marche, va passer un moment à perfectionner ses capacités motrices. Celui qui se déplaçait à peine sur le sol va le faire de plus en plus vite. Celui qui rampait va passer à l'étape « quatre pattes », mais certains rampent si bien qu'ils passeront directement de ce stade à celui de la marche.

Autre perfectionnement : celui de la position assise. Le bébé sait désormais s'asseoir seul, à partir du sol, quelle que soit sa position. Assis, il peut tourner librement le torse à droite ou à gauche et cette stabilité lui permet de tenir sur n'importe quel siège. Beaucoup d'enfants de cet âge s'exercent également à se mettre debout et à se déplacer le long des meubles.

L'enfant qui a l'occasion de s'entraîner dans un escalier y fait de gros progrès. Pour monter, d'abord, ce qui est plus facile. Tant qu'il ne sait pas descendre, vous avez intérêt à laisser la barrière en haut de l'escalier. Pour lui apprendre à descendre, n'hésitez pas à vous mettre vous aussi à quatre pattes, la tête vers le haut, et lui montrer comment on descend, les pieds d'abord, les mains ensuite. Lorsqu'il aura compris le « truc », il acquerra très vite une grande souplesse et sera capable de descendre rien qu'en se laissant glisser sur le ventre, comme sur un toboggan. Mais soyez d'ici là très prudent, surtout si votre escalier n'est pas recouvert d'une moquette. Il est encore trop tôt pour que le bébé assimile vraiment une démarche aussi compliquée que celle de se retourner en sens inverse pour partir les pieds en avant. Or, la tête la première, cela fait très mal !

Le bébé aime les nouveaux objets, les nouveaux jeux. Il est d'ailleurs capable d'en inventer tout seul. Il est persévérant et obstiné. Comme il recherche les contacts avec ses proches, il aime aussi les jeux des autres, ce qui n'est pas toujours facile à supporter pour les frères et sœurs !

Le bébé commence à s'intéresser davantage à ses peluches : il les câline, les nourrit, les couche. Il commence à refaire avec elles tout ce que sa mère fait avec lui.

Dans le même temps, apparaît le « non », qui va devenir un de ses premiers mots clés. Ne vous inquiétez pas : votre bébé ne sait pas encore vraiment ce que ce mot signifie. Mais il vous a entendu souvent le prononcer, avec un air très convaincu, et il sait que ce mot est puissant. Il sait bien, lui qui cherche à affirmer sa personnalité, que s'imposer va passer bientôt par le refus systématique de vos exigences. Pour l'instant, il ne fait que s'exercer, essayer…

Laissez-le manger seul

Jusque-là, tout était assez simple : bébé, assis d'abord dans son transat, puis, vers six mois, dans sa chaise haute, avait accepté sans trop de problèmes de remplacer le biberon par la cuiller. Distrait par tout ce qui se passait dans la cuisine, il avait parfois du mal à rester assis tranquillement jusqu'à la fin du repas. Son appétit était irrégulier. Mais bon, si on ne le forçait pas, les repas étaient assez calmes. Vers sept mois, le bébé commençait à vouloir attraper seul des morceaux de nourriture et il fallait le laisser faire, même si le résultat n'était pas toujours très propre.

Aujourd'hui, votre enfant a fait des progrès. Il commence à savoir manipuler sa cuiller de façon plus efficace et il aime toujours manger des petits morceaux avec ses doigts. Même si vous vous sentez réticente, vous devez l'encourager sur la voie de cette autonomie.

Pourquoi l'encourager ?

▶ Si vous laissez passer le moment où votre bébé veut manger seul, l'envie risque de disparaître et de ne pas revenir de sitôt. Certaines mères doivent ensuite continuer à nourrir leur enfant jusqu'à deux ou trois ans.

▶ L'enfant a plaisir et besoin de regarder, manipuler, goûter, sentir les aliments : ses sens sont plus libres et plus fins que les nôtres. Si ce besoin est respecté, le bébé aura plaisir à venir à table, ce qui est un point important pour l'avenir. Il aimera manger, goûter des aliments nouveaux et ne sera probablement pas un enfant « difficile ».

▶ Il se peut que votre enfant mange plus, grâce à la dimension de plaisir et de jeu, que si vous tenez vous-même la cuiller. Cela vient compenser sa maladresse. En tout cas, il apprend à réguler son appétit.

▶ L'enfant qui peut manger seul apprend vite à manger de plus en plus proprement. Vers un an, le plaisir de manipuler la nourriture laissera progressivement la place au désir de « faire comme maman », donc de manger correctement. Grâce à son entraînement, votre enfant sera plus vite autonome et propre à table qu'un autre enfant. Le temps perdu maintenant (et encore : vous pouvez faire autre chose pendant qu'il mange !) sera rattrapé plus tard.

▶ Si vous vous obstinez à vouloir nourrir votre bébé qui veut manger seul, le résultat sera souvent pire : l'enfant prend plaisir à baver, cracher, fermer la bouche, tourner la tête, jeter la nourriture, etc.

MANGER AVEC LES DOIGTS

Pourquoi ne pas concevoir qu'une partie du repas puisse être prise avec les doigts sans trop de dégâts ? Cela facilitera la tâche à votre enfant, décidé ou incité à manger seul. Parfois, s'entraîner maladroitement à la cuiller peut être un peu désespérant...

Laisser son enfant manger seul et choisir la quantité de nourriture dont il a envie est le meilleur moyen d'éviter les conflits alimentaires, si fréquents et souvent si difficiles à résoudre une fois installés. Cette période n'a qu'un temps : vous montrer souple vous préservera de biens des conflits inutiles.

C'est un lève-tôt

Certains bébés dorment moins que d'autres. Mais même parmi ceux qui dorment un nombre d'heures tout à fait normal, beaucoup sont des lève-tôt. Dès l'aube, ils jouent au réveille-matin, alertent toute la maison, exigent un biberon… puis se rendorment.

Si vous ne pouvez vous résoudre à vous coucher plus tôt pour faire coïncider votre rythme avec celui de votre bébé et que vous êtes las d'être réveillés à six heures du matin, voici quelques idées qui pourront vous aider.

▶ Arrangez-vous pour qu'il fasse un peu clair dans la chambre lorsque votre bébé se réveille : avec une veilleuse l'hiver et de simples rideaux l'été, vous devriez y parvenir.

▶ Mettez dans son lit de quoi s'occuper : hochets, tableau de découvertes, jouets suspendus à hauteur de main ou de pied, peluche favorite. Vous pouvez aussi placer près de son lit un miroir assez grand où il peut se regarder.

▶ S'il se réveille avec une grande faim, disposez à côté de son lit, à portée de main, de quoi grignoter : biscuits, etc.

▶ Ne vous précipitez pas au premier appel. Donnez-lui le temps d'apprendre à jouer seul et à différer un peu son désir.

▶ Certains bébés, glissés dans le grand lit entre leurs parents, s'y rendorment aussitôt…

Les siestes

Les siestes ne posent généralement pas de problème. Le bébé profite de la lumière du jour, il entend les bruits de la maison autour de lui, il sait que l'adulte est dans les parages. D'autant que les adultes acceptent que les siestes soient écourtées (voire sautées) beaucoup plus facilement que les nuits !

Pour faire la sieste, bébé a juste besoin d'être fatigué. Inutile de fermer les volets ou de faire le silence dans la maison. Une fois que l'enfant fait ses nuits, il se contente généralement de deux siestes, puis d'une seule sieste par jour à l'approche de ses douze mois. Cela suffit à reconstituer son plein d'énergie.

L'horaire des siestes varie selon les besoins de l'enfant, leur durée également. Celle de l'après-midi commence généralement juste après le déjeuner, au moment où chacun, s'il en avait la possibilité, s'allongerait volontiers. La première est souvent juste après le petit-déjeuner. Les siestes de milieu ou de fin d'après-midi sont à éviter car elles peuvent avoir une influence négative sur l'endormissement du soir. Si bébé est trop fatigué pour tenir jusqu'au dîner, un somme d'une demi-heure en fin d'après-midi est souvent suffisant. Maintenant qu'il est plus grand, il est moins gênant de réveiller occasionnellement votre bébé, surtout si c'est dans le but de l'adapter à la vie du reste de la maisonnée. Si vous devez le réveiller pour que sa sieste n'empiète pas sur son sommeil, faites-le à un moment où vous l'entendez remuer. Il suffit de faire un bruit dans la maison pour que l'éveil soit facile.

Vers douze mois, le rythme de sommeil et de sieste devient plus régulier et s'organise autour d'une seule sieste, en début d'après-midi. Certaines durent vingt minutes ; d'autres trois heures. Il n'y a pas grand-chose à y faire !

Favoriser la communication

Encore trop de gens pensent qu'il est inutile, voire ridicule, de parler à un bébé, parce que celui-ci ne comprend pas et ne parle pas. Or ce jugement appelle plusieurs remarques.

◗ Rien ne vous dit qu'il ne vous comprend pas ; s'il ne connaît pas précisément le sens des mots, il perçoit le contenu global à travers une interprétation très fine du « non-dit » que sont les intonations, les mimiques et le ton de la voix.

◗ Même s'il ne comprend pas, il faut lui parler, justement pour qu'il apprenne.

L'aptitude au langage est présente chez tout être humain de façon innée. Il apprendra à parler sans difficulté pourvu qu'il ait trouvé autour de lui, à l'âge requis, la « parole » nécessaire, variée, tendre et porteuse de sens.

Non seulement l'aptitude de base restera lettre morte si l'enfant n'est pas, dès son plus jeune âge, intégré dans un processus de communication verbale, mais en plus l'acquisition d'un bon langage est directement fonction de la quantité et de la qualité de celui qu'il aura entendu. Le langage, est ce qui fait de nous êtres humains. Parler à l'enfant, c'est le respecter et l'intégrer dans la communauté humaine.

Quelles conclusions peut-on en tirer ?

Il faut parler à l'enfant avec des mots et des phrases du langage courant. Comment l'apprendrait-il autrement ? Il ne s'agit nullement de le saouler de mots, l'entourant d'un discours ininterrompu dans lequel il n'aurait pas sa place : on n'apprend pas à communiquer en écoutant la radio ! Il s'agit de s'adresser à lui pour lui parler de ce qui le concerne, de lui faire entendre les mots de sa vie.

Dites-lui qu'il est huit heures et qu'il ira bientôt se coucher, que son biberon sera vite prêt, que vous entendez son bain couler. Dites-lui comment s'appellent les parties de son corps ou les objets qui l'entourent. Confiez-lui que vous êtes fatigué(e), que vous avez l'impression qu'il s'est enrhumé. Demandez-lui s'il aime ce légume ou s'il trouve que cette fleur sent bon. Dites-lui votre amour et que vous trouvez son nez ravissant. Etc., au fil de la vie.

Ce dialogue chaleureux va le mettre en confiance. C'est votre voix entendue depuis une autre pièce qui le rassure sur votre absence et ces mots : « Attends-moi, je reviens. » Ce sont vos mots qui lui donnent le courage d'affronter une réalité bien mystérieuse et inquiétante. Ce sont vos propos rassurants qui l'aident à supporter les frustrations de son existence et à supporter l'attente.

Faut-il lui parler bébé ?

Cela dépend uniquement de vous, si cela vous semble plus naturel. Votre enfant, lui, n'a pas d'*a priori*. Il n'aura pas plus de mal à comprendre « chat » que « minet », « main » que « mimine ». Il utilisera ce que vous utiliserez. S'il commence par dire « le oua-oua » au lieu de dire « le chien », c'est que ses cordes vocales sont encore immatures et que ce « oua-oua » signifie bien plus que le seul mot chien. Mais très vite, il l'abandonnera de lui-même au profit du bon mot si, au lieu de reprendre ce mot de bébé à votre compte, vous lui répondez : « Ah, oui, tu as bien reconnu le chien, bravo ! »

Lui apprendre un mot « bébé » a un inconvénient : l'enfant devra un jour « désapprendre » ce mot pour employer le mot correct. Ce sera double effort. Alors pourquoi ne pas utiliser d'emblée ce dernier ? Sans pour autant employer un vocabulaire et des tournures sophistiquées, il me semble toujours préférable d'utiliser le mot précis.

Mais toute famille invente, avec le bébé, son propre langage, des mots nouveaux, et cela fait partie de l'histoire de chacun, de la complicité du dialogue. L'essentiel est de toujours parler avec (et pas seulement « à ») son enfant de façon naturelle, intéressée et en accord avec la réalité. Ne doutez pas qu'il vous comprenne.

Les premiers mots

Même si votre bébé émet encore peu de sons, il vous écoute et engrange du vocabulaire pour plus tard. Il a surtout besoin de vous écouter et d'apprendre. Continuez donc de lui parler avec des mots simples de ce qui fait sa vie et ses activités de tous les jours. Ne doutez pas qu'il vous comprenne. Les mots qu'il reconnaît (ce que l'on appelle son vocabulaire passif) sont, pour longtemps, beaucoup plus nombreux que ceux qu'il peut évoquer, puis prononcer (son vocabulaire actif). Chacun d'entre nous, également, connaît beaucoup plus de mots qu'il n'en utilise au quotidien.

Quand vous avez l'impression que votre enfant, qui ne prononce encore pas un mot, vous comprend bien, vous ne vous trompez pas. Votre bébé vous comprend grâce au langage « non verbal » dont il est un expert. Il connaît parfaitement ce que signifie cette voix plus gaie ou plus sèche, ce corps souple ou tendu, ces yeux rieurs ou fatigués qui sont les vôtres… Le langage verbal vient mettre des mots sur un savoir fait de plusieurs mois d'apprentissage intensif de ses parents et de tout ce qu'ils expriment à leur insu.

La télé, ce n'est pas pour les bébés

On a vu apparaître ces dernières années des programmes de télévision destinées aux bébés de la naissance à trois ans. Ces programmes servent souvent d'alibi pour le laisser devant le téléviseur. Or, programme normal ou programme spécial, disons-le tout net : la place d'un bébé n'est pas devant la télévision.

Pourquoi ?

Différentes raisons peuvent être avancées. Le cerveau de l'enfant est encore très immature. Les habitudes qu'il prend maintenant déterminent sa façon de fonctionner intellectuellement dans les années à venir. Plus l'enfant est mis jeune devant la télévision, plus le risque est grand de le voir développer une dépendance à l'écran. Celle-ci sera difficile à gérer par les parents lorsque l'enfant aura l'âge d'allumer seul le poste de télévision ou de réclamer ses dessins animés favoris.

▶ L'écran exerce une fascination sur le jeune enfant, qui a du mal à s'en détacher. L'effet est véritablement hypnotique. C'est aussi une stimulation excessive par l'image qui le rend moins réceptif à d'autres formes d'apprentissage.

▶ Le jeune enfant est dans une phase de son développement dite « sensori-motrice ». Cela signifie que son intelligence se développe en exerçant ses différents sens (et non juste la vue), et surtout en jouant de tout son corps et de ses mains. L'attitude totalement passive de l'enfant face à l'écran va à l'encontre de ses besoins réels.

▶ Devant l'écran, l'enfant ne se sert plus de son imaginaire : il subit l'imaginaire des autres.

◗ L'écran n'est pas une baby-sitter. Quand personne n'a le temps de s'occuper de lui, il vaut cent fois mieux laisser l'enfant un moment seul dans sa chambre ou dans son parc avec des jouets autour de lui plutôt que de l'installer devant la télévision de peur qu'il s'ennuie. L'ennui, à l'inverse, stimule l'imaginaire et la réflexion.

Il est évidemment encore pire de laisser l'enfant devant des programmes pour adultes en croyant « qu'il ne comprend pas ce qu'il voit ». Même très jeune, il est sensible au climat de violence ou d'anxiété qui se dégage de certaines émissions ou de certains films. Cela peut rejaillir par la suite sur son comportement ou sur la qualité de son sommeil.

Si vous voulez que votre bébé regarde la télévision, faites-le en sa compagnie, devant un programme adapté, en dehors du temps des repas, et jamais plus de quinze minutes.

Un voyage en voiture avec bébé

Ce que nous avons dit dans un précédent chapitre (page 158) reste valable pour l'essentiel, mais votre bébé a grandi et les choses sont moins simples aujourd'hui. Le ronflement du moteur ne suffit pas à le calmer et il trouve bien long de rester des heures, assis, étroitement sanglé dans son siège-auto. Voici donc quelques idées supplémentaires pour rendre le trajet plus agréable pour chacun.

◗ N'oubliez aucun de ses « doudous ». Pour éviter d'avoir à les rattraper par terre, d'une main, l'autre tenant le volant, prenez soin de les attacher, au bout d'une ficelle, à son siège. Il apprendra vite à tirer sur la ficelle pour récupérer sa sucette ou sa girafe.

◗ Grignoter est une des activités favorites des bébés : prévoyez une quantité de petits aliments non salissants qu'il pourra manger seul pour passer le temps.

◗ Arrêtez-vous fréquemment. Ces pauses sont l'occasion de se détendre, de se dégourdir et de manger tranquillement, mais n'attendez pas de votre enfant qu'il ait un gros appétit.

◗ Emportez des jouets, emballés dans de jolis papiers, que vous lui donnerez progressivement, au long du trajet.

◗ Passez-lui ses CD préférés de comptines ou de musique.

◗ Si vous faites partie des parents privilégiés dont l'enfant s'endort au bout de quelques kilomètres et se réveille au moment de l'arrivée, pas de problème. Sinon, chaque fois que c'est possible, faites le trajet de nuit… ou prenez le train.

« Le panier à bidules »

À cet âge, le petit enfant est devenu un être parfaitement sociable, pourvu qu'il soit entouré des gens qu'il aime. Avec sa mère, il dialogue longuement. Il s'agrippe à elle et s'enfouit dans ses bras, mais déploie aussi ses talents d'imitateur et de séducteur. Avec son père, il apprécie les jeux plus violents, plus physiques et les jeux de cache-cache. Il a une passion particulière pour ses frères et sœurs avec qui il est un vrai clown. Il n'est pas non plus lassé de jeter vingt fois de suite par terre le même objet, jusqu'à ce que vous déclariez forfait.

Mais, plus que tout, il a développé une véritable passion pour les objets. Maintenant que ses mains sont d'une habileté tout à fait correcte, il n'a de cesse d'attraper, de secouer, de tripoter, d'ouvrir, de fermer, de tourner, de glisser..., bref, d'explorer les objets en tous sens et sous tous les angles. Et puis vider, remplir, vider encore... quelle joie !

Profitez-en pour lui procurer le meilleur des jouets, celui qui lui fera le plus d'usages : un carton ou un grand panier plein de « bidules ». Ses explorations nécessitent une grande variété d'objets, aussi ne vous limitez pas aux jouets « prévus pour » comme les cubes, les animaux couineurs ou les hochets. Prévoyez des objets de couleurs, de formes, de textures différentes qui lui procureront des informations variées.

Un seul impératif : la sécurité. Pas de petites pièces qui pourraient être avalées, pas de matériaux coupants ou cassables, pas de sacs en plastique, etc.

Pour encourager bébé à ramper

Certains bébés passeront directement de la position assise à la position debout et à la marche. Certains rampent sur le ventre, d'autres sur les fesses. D'autres encore marcheront à quatre pattes, d'autres enfin iront plus vite en s'appuyant sur les pieds et les mains. À chacun sa technique. Dès l'instant où votre bébé se déplace, un nouvel espace de liberté s'ouvre à lui et bien des nouveaux jeux lui sont possibles. Pour l'inciter à s'entraîner et à gagner en habileté, voici quelques petits jeux :

➡ **L'attirer en avant**
Bébé allongé sur le ventre, placez-vous à quelque distance de lui. Manipulez un jouet, appelez votre bébé et tendez-lui le jouet en l'incitant à vous rejoindre. Vous pouvez aussi jouer de sa curiosité naturelle en ouvrant un tiroir, un sac, ou une boîte, et en jouant l'émerveillement. Là encore, attirez-le à vous : « Viens voir ce qu'il y a là, c'est incroyable ! »

➡ **Boule qui roule**
Donnez à votre bébé des objets qui roulent ou se déplacent sur le sol, balles, rouleaux, automates, petites voitures, etc. Il voudra les suivre ou les rattraper.

➡ **Jouer ensemble**
Le bébé aime chahuter et rire avec vous. Profitez-en pour faire ensemble des jeux qui l'incitent à ramper. Il adore quand vous faites semblant de lui courir après et de vouloir le rattraper. Mettez-vous vous-même à quatre pattes ou en position de ramper. Vous pouvez ainsi faire des courses avec votre bébé et jouer à cache-cache dans la pièce. Déterminez un parcours et incitez votre enfant à vous suivre ; sous la table, derrière le fauteuil, à travers un gros carton ouvert aux deux extrémités, etc.

Le débit des interdits

Quel que soit le soin avec lequel vous avez aménagé votre intérieur en fonction de votre bébé, il reste malgré tout des comportements qu'il va falloir interdire. Précisons tout de suite que plus son environnement sera varié et stimulant, plus le bébé s'y sentira heureux. Pour son développement, une ambiance de tolérance et de détente sera toujours préférable à une éducation lourde d'exigences et de gronderies. D'où l'intérêt de lui arranger un espace où il pourra s'exprimer librement et sans risque.

Qu'allez-vous interdire ?

Cela dépend de vous et de votre capacité de tolérance. Au minimum, vous interdirez tout ce qui présente un danger direct pour l'enfant : fil électrique, prise de courant, porte du four, plaque électrique, objet cassable (en verre) ou pointu, petits objets (risque d'étouffement), etc. Ces interdits-là doivent être exprimés avec suffisamment de clarté et de netteté pour que l'enfant n'ait pas envie d'y déroger.

Il est tout à fait légitime également d'interdire à votre enfant de toucher à certains objets que vous ne pouvez mettre sous clé, mais qu'il pourrait abîmer ou dérégler : chaîne stéréo, téléviseur, livres à vous, canapé en cuir clair, etc. On entre là dans les « interdits de confort », auxquels certains ajoutent l'interdiction d'entrer dans telle ou telle pièce (le plus souvent le salon et la cuisine).

Au moment de décider ce que vous allez tolérer et interdire, vous devez réfléchir aux points suivants :

▶ Plus vous aurez d'interdits, plus ils seront difficiles à faire respecter. Mieux vaut en avoir peu, mais être ferme.

▶ Ce qui est interdit le lundi doit l'être aussi le mardi, ou une heure plus tard. De même pour ce qui est permis. Ce n'est qu'ainsi que votre enfant apprendra vite à s'y retrouver et à respecter vos règles. Il est donc fortement déconseillé de se faire avoir « à l'usure ». Mieux vaut dire oui d'emblée plutôt que de lui laisser croire que vos « non » sont élastiques.

▶ Un enfant à qui trop de choses ou d'expériences sont interdites, qui doit sans cesse réprimer son énergie et son désir d'activité, finit par devenir soit très agressif, soit inactif et éteint.

▶ Enfin ce que vous interdisez doit être raisonnable, en fonction des besoins de l'enfant, et cohérent.

Faire comprendre ce qui est interdit

▶ Vous dites « non » très fermement, mais sans agressivité, avec la voix et avec la tête. Votre « non » est suivi d'effet, c'est-à-dire que s'il n'est pas obéi, vous intervenez à nouveau.

▶ Vous allez vers votre enfant, vous le prenez par la main pour l'éloigner de son but et vous tentez de l'intéresser à autre chose, en lui confiant un jouet par exemple. C'est-à-dire que vous compensez vos « non » par des « oui » encourageants et des propositions de remplacement.

Il est normal que l'enfant retourne, tout de suite ou plus tard, vers ce que vous avez interdit. Il le fera parfois en vous regardant droit dans les yeux et avec un sourire aux lèvres. Au-delà de l'attirance pour cet objet, il veut vérifier le sens et la valeur de votre parole. D'où l'importance de répéter le « non », fermement, à chaque tentative. Il ne doit pas douter de votre détermination. C'est vous l'adulte et vous ne devez pas laisser croire à votre enfant qu'il pourrait être « seul maître à bord ».

Cela étant dit, vous ne devez pas oublier que le but de votre éducation n'est pas, pour l'essentiel, de faire de votre bébé un enfant d'une obéissance aveugle et sage comme un ours en peluche, mais un enfant heureux et ouvert. Il acceptera vos interdits s'il les sent justifiés et adaptés à son âge. Il vous obéira pour vous faire plaisir, si vous savez créer avec lui des rapports de confiance et de gentillesse. Et si vous lui parlez calmement, sans désir de le « mater » ou de lui imposer à tout prix votre volonté.

Sachez enfin qu'il est sécurisant pour un enfant de savoir que quelqu'un veille, quelqu'un qui sait où il va et peut lui servir de garde-fou. Dans discipline, il y a disciple : lui apprendre à se maîtriser et à refréner certains élans, c'est aussi lui apprendre à exercer sa liberté de façon responsable.

Pour ou contre les chaussures

La règle, il n'y a pas si longtemps, voulait que tous les petits enfants portent des chaussures enveloppant bien les chevilles et soutenant la voûte plantaire. Il est possible que votre mère, quand elle a vu votre bébé se mettre debout le long de son parc, vous ait conseillé de lui acheter des chaussures.

En réalité, il n'y a pas d'urgence. Si les chaussures sont évidemment utiles pour aller dehors, et doivent alors être de qualité, elles ne se justifient aucunement à la maison. Même lorsque votre enfant commencera à marcher, vous pourrez sans crainte le laisser pieds nus sur la moquette ou sur le parquet. C'est à la fois une façon de bien sentir le sol sous ses pieds, et un excellent moyen pour muscler une voûte plantaire inexistante.

ATTENTION !

Ne le laissez pas marcher en chaussettes si le sol de la maison est couvert d'un revêtement lisse ! Une bonne idée consiste à coudre sous ses chaussettes des semelles antidérapantes (vendues très bon marché).

Quand vous achèterez des chaussures, faites-le avec soin et en présence de l'enfant (même s'il a horreur de cela !), afin de vous assurer qu'elles lui enveloppent bien le pied, avec confort et sans gêne.

L'âge des copains

Question étrange… Et pourtant. Bien des études, enregistrements filmés à l'appui, ont montré que, dès l'âge de quatre mois, les bébés manifestaient une évidente curiosité et un intérêt certain pour les autres enfants de leur âge. Il semblerait que ces regroupements de bébés d'âge semblable jouent un rôle dans le développement à venir, sur le plan social, sur le plan affectif, et même en ce qui concerne les apprentissages. Bien sûr, il n'y a pas véritablement de jeux communs possibles avant encore plusieurs mois, mais on constate que les bébés s'observent, se tendent les bras et communiquent par mimiques et vocalises. Mieux : placé en face de lui, un partenaire enfant retient plus longtemps l'attention du bébé qu'un partenaire adulte.

Que font-ils ensemble, les bébés ?

De quatre à sept mois, ils échangent déjà. Au début, les deux « copains » qui ne se sont jamais vus sont en décalage, ils agissent chacun indépendamment. Puis rapidement ils ajustent leurs activités. Leurs comportements s'accordent et ils s'imitent mutuellement : ils battent des pieds ou des mains au même rythme et babillent de concert. Tous deux font preuve de compétences innées dans l'art de contrôler son comportement pour s'adapter à autrui, mais aussi dans l'art d'influencer directement celui d'autrui… Or ce sont là les fondements des processus de socialisation ultérieurs.

Entre huit et onze mois, les compétences relationnelles des petits envers leurs pairs se sont encore accrues. Le bébé recherche le regard du partenaire. Dans un groupe plus grand, de cinq à six enfants, chacun se comporte en fonction de

Votre bébé a dix mois

Il pèse :

Il mesure :

Son caractère :

Ce qui le fait rire :

Ce qu'il a fait pour la première fois ce mois-ci :

----

l'ensemble du groupe, dans une logique de communication complexe. Les agressions sont rares, beaucoup plus rares que les comportements de jeux : se chercher, se cacher, solliciter, proposer, imiter.

Si vous avez l'occasion de mêler votre enfant à un ou plusieurs copains de son âge, n'hésitez pas. Les enfants des amis, le square et les haltes-garderies sont pratiques pour cela… En effet, il semble bien que ce soit là l'occasion de développer des capacités précoces qui forment « le socle fondateur » d'une conduite sociale faite d'attention, d'adaptation et de compréhension de l'autre, soit de bien précieuses qualités relationnelles pour l'avenir.

Le onzième mois

Qui est bébé ?

Ce qui domine cette période, c'est l'apparition massive des capacités d'imagination et d'imitation. Ces progrès sont surtout mentaux, mais l'enfant met l'ensemble de ses apprentissages physiques au service de son imagination, ce qui peut être fort éprouvant pour la personne qui s'occupe de lui toute la journée.

L'imitation se retrouve dans tous les domaines et va désormais devenir la façon principale dont l'enfant va acquérir ses nouveaux apprentissages. C'est en vous imitant qu'il va apprendre à se déshabiller, à se laver ou à parler. Il est capable de reprendre pour lui des comportements qu'il a observés chez d'autres, adultes ou enfants. Il imite sa mère lorsqu'elle essuie la table ou fait la cuisine et devient lui-même capable de cacher des objets pour les lui faire chercher.

Certains enfants précoces dans leur développement moteur sont déjà prêts à aborder l'étape décisive de la marche. D'autres en sont encore loin et parviennent à peine à se mettre debout ou à se tenir assis de manière stable. Ces écarts sont normaux et ne signifient pas grand-chose. Une grande moitié des enfants commence à marcher entre douze et quatorze mois. Ceux qui démarrent moins vite que les autres sont souvent ceux qui seront les plus assurés, tombant moins, parce qu'ils se seront davantage entraînés à chacune des étapes précédentes. L'essentiel, à cet âge, est de laisser l'enfant expérimenter physiquement, autant qu'il le peut, sans prendre trop de risques.

La manipulation devient de plus en plus fine. L'enfant peut maintenant, en imitant les adultes, tenir un crayon, insérer des petits objets dans une fente, soulever un couvercle, délacer ses chaussures, encastrer, etc. Les mains ont désormais des rôles différents et l'enfant peut faire deux actions simultanées : tenir un jouet d'une main en mangeant de l'autre, se retenir à une chaise tout en se baissant pour ramasser quelque chose, etc.

Le vocabulaire se développe, ainsi que la compréhension. Un bébé à qui on a beaucoup parlé est maintenant capable d'obéir à des ordres simples du type « Va chercher tes chaussons », « Passe-moi mon journal » ou « Viens avec moi à la cuisine ». Lorsqu'il vous rapporte un objet, c'est toujours avec une grande fierté qui mérite remerciement et louange.

Pendant cette période, le bébé semble comme intimidé par les nouveaux espaces que la marche va lui ouvrir. Il paraît moins intrépide que les mois précédents et certains se collent même à leur mère, s'agrippant à sa jupe ou se hissant à son pantalon, comme s'ils craignaient de s'en éloigner… au point qu'il faut parfois les enjamber.

Enfin, l'attachement au père se fait plus grand et tous les jeux « violents » que celui-ci peut inventer sont les bienvenus !

Le repas de l'enfant

Si votre enfant est particulièrement éveillé et actif, ses repas peuvent devenir difficiles. Curieux de tout, il est maintenant capable d'attraper tout ce qui est à sa portée, ou de jeter ce qui pourrait produire un résultat intéressant. Distrait par ce qui peut se passer dans la cuisine, il s'agite sur sa chaise haute ou sur vos genoux, et il oublie de manger. Vous essayez en vain de le convaincre de rester assis tranquillement et de manger ce qui est devant lui ou de boire son biberon calmement.

Ne vous inquiétez pas : ses refus de manger, si vous n'en faites pas une histoire, ne dureront pas. Pour lui, la vie est trop passionnante et il a trop de choses à faire pour perdre du temps à table. Cela s'apaisera et l'appétit reviendra vite !

Une solution consiste à le faire manger seul, au calme, sans trop de distractions. Bien sûr, ne le forcez pas à finir et ne vous mettez pas en colère à cause de sa façon de se tenir. Essayez de lui donner un ou deux jouets en plastique avec lesquels il s'occupera en même temps qu'il mangera.

Pourquoi ne pas lui offrir aussi la possibilité de partager parfois le repas familial ? Manger à table avec tous est un grand plaisir pour l'enfant, autant que l'occasion d'expérimenter de nouvelles odeurs et de nouvelles saveurs. Ainsi commence l'éducation du goût !

Le « cabotage »

« Cabotage » est un terme que l'on utilise pour décrire le stade où l'enfant se déplace debout, latéralement, en se tenant aux meubles et en passant d'appui en appui. Assez vite, l'enfant peut glisser le long d'un meuble, un canapé par exemple, sans autre appui que ventral.

Les jeunes enfants qui en sont déjà à ce stade peuvent la plupart du temps, tenus par les deux mains, ébaucher une marche débutante. Mais il leur faudra encore plusieurs semaines avant d'oser lâcher une main, puis l'autre.

Les différences peuvent être assez importantes d'un enfant à l'autre. Peut-être le vôtre en est-il, lorsqu'il se met debout, en appui sur le ventre, à lâcher une main ou les deux pour manipuler un objet ? Certains sont capables de se mettre debout, au milieu d'une pièce, sans avoir besoin de se hisser.

Ce qui est sûr, c'est que presque tous les bébés de cet âge trouvent que la position debout est vraiment la seule intéressante. Si c'est le cas du vôtre, c'est souvent debout que vous allez devoir le changer, l'habiller et parfois le nourrir, pour qu'il consente à se tenir tranquille. Il lui arrive même de prendre de grands risques lorsqu'il veut à tout prix se tenir debout sur sa chaise haute ou dans sa poussette !

Un jeu pour l'encourager

Tous les bébés sont très heureux et très fiers lorsqu'ils peuvent, enfin, se mettre debout et se déplacer seuls sur deux pieds. Vous pouvez aider le vôtre à y parvenir en plaçant, côte à côte, plusieurs chaises de taille normale.

Placez un jouet sur la première chaise et attirez l'attention de votre bébé. Peut-être est-il capable de se mettre debout tout seul. Sinon, aidez-le. Il se tiendra tout seul à la chaise et vous pourrez le lâcher. Placez alors un autre petit jouet sur la chaise à côté, et attirez l'attention de votre bébé sur ce nouveau jouet. En vous tenant près de lui, incitez-le à se déplacer sur le côté pour aller attraper le second jouet. Continuez ainsi.

Au début, vous placerez les chaises très proches les unes les autres (se touchant presque), puis vous pourrez les éloigner selon l'habileté de l'enfant à se déplacer de l'une à l'autre. Avant même que votre bébé ne commence à se fatiguer, prenez-le dans vos bras, félicitez-le et posez-le sur le sol avec un nouveau jouet.

Il ne veut rien manger

Il arrive fréquemment qu'un enfant refuse son repas, ou n'en accepte que quelques petites cuillerées. La mère, qui a préparé avec soin et attention ce petit repas, admet mal que l'enfant n'en veuille pas. Si ce manque d'appétit dure plusieurs jours, elle va s'inquiéter pour sa santé et craindre qu'il ne dépérisse. Le médecin consulté, après avoir vérifié que la croissance de l'enfant est normale, va tenter de dédramatiser la situation, mais souvent sans effet. La mère va alors tenter toutes les ruses possibles pour faire manger l'enfant : insister, choisir les plats qu'il aime, lui chanter des comptines, lui raconter une histoire, ou le placer devant la télévision pendant qu'il engloutit passivement. En vain. Souvent le résultat obtenu est contraire au résultat visé : les repas deviennent de plus en plus longs et pénibles.

Que faire alors ? Rien. Un jeune enfant peut avoir bien des raisons de ne pas manger : il manque d'appétit, il couve un rhume, il n'aime pas ce nouveau légume, etc. Si vous retirez simplement son assiette au bout d'un temps raisonnable (dix minutes) pour passer au dessert, il y a de fortes chances pour qu'il se rattrape au repas suivant. Il n'y a là aucun lieu de s'inquiéter.

En revanche, si vous montrez votre anxiété et si vous transformez le repas en un rapport de forces, vous prenez le risque de figer le comportement de l'enfant. Chaque repas sera désormais un temps d'opposition entre votre volonté et celle de votre enfant. Plus vous forcerez l'enfant, plus il s'entêtera dans son refus. Ce qui ne l'empêchera pas de manger tout à fait normalement avec son père ou son assistante maternelle.

Le repas est le lieu habituel où se jouent les conflits. Voici quelques conseils pour éviter ce qui se transforme vite en un cercle vicieux.

- Ne perdez pas de vue qu'un repas est un moment de gaieté, de découverte et de retrouvailles. Soyez détendue et refusez de vous mettre en colère pendant ce temps-là.
- Tenez compte des goûts et des dégoûts alimentaires de votre bébé, ce qui n'empêche pas de lui faire essayer de nouvelles saveurs lorsque l'occasion se présente.
- Ne forcez jamais votre enfant à finir son assiette.
- Mieux vaut lui servir une petite quantité, à renouveler au besoin, qu'une grosse qui le découragerait s'il a peu faim.
- Ne lui donnez pas à manger, « pour compenser », entre les repas.
- Ne soyez pas obnubilée par sa courbe de poids.
- Faites confiance à l'organisme de votre enfant. Il est parfaitement capable de gérer seul ses besoins alimentaires. Si vous respectez cela, vous n'aurez probablement aucun problème.
- Rappelez-vous enfin que, dans ce type de conflit, vous ne devez pas « gagner » à tout prix. C'est l'autonomie de votre enfant qui est en question.

La compréhension du langage

À cet âge commencent à apparaître d'importantes différences d'un enfant à l'autre dans l'utilisation du langage. Mais ces différences n'ont pas une grande valeur concernant l'avenir. L'essentiel est que l'enfant sache communiquer et qu'il puisse faire comprendre ce qu'il désire ou ce qu'il refuse.

D'ailleurs, quand un enfant sait-il parler ? Telle mère dira que son enfant sait parler le jour où il est capable de prononcer des syllabes simples ou doublées (tata, po, etc.), qu'elle-même comprend ou interprète, donc assimile à des mots. Telle autre mère ne dira de son enfant qu'il parle que le jour où il saura émettre des mots corrects, prononcés sans ambiguïté et associés à leur sens exact. Peu importe : l'essentiel est de pouvoir dialoguer. Chaque enfant est unique et mystérieux…

Au cours des mois passés, le bébé a affiné sa capacité d'imitation. Il peut s'amuser à répéter un grand nombre de sons ou d'onomatopées. Il a des syllabes de prédilection qu'il peut répéter longuement. « Tata » ou « engue » peut signifier à la fois « ici », « je veux cela » ou « j'ai faim ».

Le bébé peut également parler longuement une langue incompréhensible, mais où l'on reconnaît clairement les accents et les inflexions qui sont ceux des discours adultes.

Enfin, certains bébés disposent déjà de quelques mots intelligibles qui ont acquis une signification précise, même s'ils sont incorrects, qui ne correspondent pas à des mots réels ou sont imparfaitement prononcés. Un même mot, « sa » pour « chat », par exemple, peut signifier « voilà le chat », « où est le chat ? », « est-ce que cet animal est un chat ? », etc.

Comment viennent les premiers mots ?

Le bébé qui joue à prononcer « papapa… » ou « mamama… » perçoit vite le plaisir et les encouragements de son père et de sa mère, heureux d'être nommés. Ces réactions parentales viennent renforcer les syllabes qui vont ainsi devenir importantes. Alors que l'absence de réaction à « tututu… », par exemple, finira par entraîner son extinction dans le langage de communication. Encouragé par la réponse apportée à « mamama… », il redira les mêmes sons pour produire les mêmes effets. Enfin, il s'en servira pour faire venir ses parents en leur absence.

Nous sommes encore loin d'un véritable langage où l'enfant pourra exprimer avec des mots ce qu'il souhaite communiquer, mais c'en est là le début tout à fait évident.

Comment l'aider à développer son langage ?

▶ On désigne les actions de l'enfant par des mots précis et des phrases détaillées. Par exemple, quand on joue ensemble : « Je t'envoie le ballon rouge. Tu vois, il est gros. Cette balle-là, la jaune, est plus petite. Tu la prends ? »

▶ On nomme les nouvelles expériences, on commente ce que vit et voit l'enfant (sans non plus le saouler de paroles et faire de la traduction permanente, ce qui serait vite contre-productif).

▶ On emploie des phrases courtes, des mots simples, qui s'adressent à l'enfant.

▶ On joue avec sa propre voix pour attirer l'attention de l'enfant (sons hauts, bas, imitations, cris d'animaux, etc.).

ATTENTION !
Il ne faut pas confondre ce que les jeunes enfants sont capables de dire et ce qu'ils sont à même de comprendre. Les parents le savent bien, lorsqu'ils disent de leur enfant, qui ne parle pas encore, qu'il « comprend tout ».
En effet, si le « langage actif », soit ce que l'enfant émet, est fonction de la maturité de son système phonatoire et nécessite un long entraînement, le « langage passif », soit ce que l'enfant est capable de comprendre, est beaucoup plus vaste que l'on imagine.
Vers la fin de la première année, l'enfant connaît le rôle symbolique des mots : il sait qu'ils permettent de nommer l'objet présent, mais également d'évoquer l'objet absent ou de nommer sa représentation imagée. Il a un grand vocabulaire, composé de noms communs simples, mais aussi d'actions, d'adverbes et d'idées. Il est capable d'obéir à des demandes comme « attraper le pull bleu qui est sur la chaise », ce qui suppose déjà une compréhension d'une grande complexité.

Dormir avec papa et maman

Dormir avec papa et maman peut rassurer les enfants, et certains parents également... Mais c'est une pratique qu'il vaut mieux éviter.

Il est bien compréhensible que certaines mères, de retour de la maternité, se sentent plus rassurées en dormant avec leur bébé. Jusqu'à six mois environ, cela ne pose pas de problème. Encore faut-il s'entendre sur ce que veut dire « dormir avec » : il s'agit de garder le couffin près du lit parental, et non de prendre le bébé dans son lit. Ne serait-ce que parce que les recommandations des pédiatres pour prévenir la mort subite du nourrisson – qu'il dorme sur le dos, sans couverture ni oreiller – ne sont pas forcément respectées dans le lit des parents.

Il est également important de ne pas habituer l'enfant à s'endormir avec un contact physique : la mère ne doit pas systématiquement le prendre dans ses bras ou lui tenir la main pour qu'il trouve le sommeil. Cela aide le bébé à progressivement « mettre maman à l'intérieur de lui ». Entre trois et six mois (c'est une date approximative, bien sûr), mieux vaut habituer l'enfant à dormir dans sa propre chambre.

Certains pensent aussi que, après tout, dans d'autres cultures, les enfants dorment avec leurs parents... et que c'était aussi le cas autrefois en France. Mais les gens n'avaient pas le choix. La culture a changé. Dans la pratique professionnelle, j'observe les difficultés que cela peut créer. Les enfants sont souvent plus anxieux, et les relations plus fusionnelles. Cela n'aide pas l'enfant à développer sa propre personnalité ni à devenir autonome.

Par ailleurs, cette pratique camoufle souvent un problème de couple : la présence du petit dans la chambre peut alors servir de prétexte à des non-retrouvailles. À l'inverse, lorsque les parents préservent leur espace privé et mettent l'enfant dans sa propre chambre, ce dernier est rassuré : cela lui montre que le couple existe en dehors de lui, qu'il n'a pas besoin de s'en occuper et donc qu'il peut mener sa propre vie d'enfant.

Une mère (ou un père) qui élève seule son enfant doit être encore plus vigilante. Par exemple, une maman qui vit seule avec son fils doit éviter de le faire dormir avec elle : en grandissant, cela le mettrait dans la position « troublante » d'être le petit homme de la maison. La place du grand lit reste vide, c'est celle du conjoint, passé ou possible, de maman, pas de son fils. Il en est de même pour les papas, bien sûr. D'une manière générale, le parent seul doit résister au désir de prendre l'enfant dans son lit.

Si l'enfant sent que ses parents assument clairement cette décision et entendent faire respecter fermement le « chacun sa chambre », il le vit très bien.

Jouer avec son enfant

Tous les parents souhaitent que leur enfant acquière un certain sens de l'autonomie, et notamment qu'il soit capable de jouer seul. Il le sera... si vous passez du temps à jouer avec lui.

Un partenaire au service de l'enfant

Pour qu'un enfant s'intéresse à un jouet, pour qu'il joue avec lorsqu'il se trouve seul dans sa chambre ou dans son parc, il faut que ce jouet ait été « investi » affectivement, par sa mère ou par son père. Il faut que le parent ait passé du temps à découvrir le jouet avec son enfant, à le manipuler, à s'en amuser. Tant que le jouet est posé dans le placard, dans sa boîte ou dans le coffre, il est comme mort pour l'enfant. C'est lorsque le parent le prend et l'anime qu'il lui donne vie et éveille ainsi le désir de son enfant. Plus tard, lorsque l'enfant se retrouvera seul avec le jouet, il se souviendra de sa mère ou de son père en train de jouer et il lui sera alors plus facile de jouer seul. À travers l'objet, il retrouvera la personne aimée. De temps en temps, il faut ainsi « animer » les jouets.

Attention : il ne s'agit ni de jouer à la place de l'enfant, ni de lui apprendre la meilleure façon de jouer. Mettez-vous simplement à la hauteur de l'enfant, et partagez ensemble autour du jouet, comme lui pourrait le faire. Vous ne pouvez lui faire plus de plaisir qu'en lui accordant ainsi chaque jour un moment de jeu et d'échanges.

L'intelligence en action dans le jeu

Le premier stade du développement intellectuel de l'enfant (tel que le définit le psychologue Jean Piaget) couvre les deux premières années de sa vie. L'intelligence, appelée sensori-motrice, passe essentiellement par les sens et par le corps. L'enfant explore le monde avec les outils dont il dispose. Il acquiert des habitudes, des reconnaissances et des schémas de comportement. Progressivement il agit sur son milieu et ses actes deviennent de plus en plus intentionnels. Il développe rapidement une intelligence pratique. Celle-ci sera d'autant plus grande que le milieu où il évolue lui aura permis d'expérimenter largement.

Le développement de l'intelligence de votre enfant est évident : il comprend des mots simples, fait « bravo » ou « au revoir » avec la main, rit si l'on fait le clown devant lui. Il sait ce que « non » veut dire. Non seulement il consolide les acquis des stades antérieurs en les appliquant à des situations diverses, mais il s'en crée de nouveaux. Les comportements d'imitation font leur apparition : le bébé reproduit des actions qu'il a vu faire, soit pour son propre compte (il tourne les pages d'un livre), soit pour l'autre (il tente de nourrir son ours avec une petite cuiller). Se repérant mieux dans la succession des événements quotidiens, il est capable d'anticipation. Il s'excite, par exemple, lorsqu'il entend la clé tourner dans la serrure, ou lorsqu'il voit sa mère se diriger vers la cuisine. Lorsque les choses se déroulent selon les habitudes, il est rassuré et content. Si la séquence est interrompue, il peut en revanche manifester de la surprise ou de l'inquiétude.

Tous ces éléments font de lui un partenaire de jeu tout à fait passionnant !

Le désir d'explorer

Ce désir n'est pas neuf : on peut dire que le bébé naît avec non seulement le désir, mais le besoin d'explorer et de découvrir ce qui l'entoure. Mais ses nouvelles capacités physiques, et surtout le fait de pouvoir se déplacer, donnent à l'enfant de cet âge une énergie et une curiosité qui semblent sans limites.

C'est cela, l'intelligence de l'enfant : cette force de vie avec laquelle il va aller peu à peu à la rencontre du monde, l'interroger, tenter de le comprendre ou de le modifier. C'est en multipliant les expériences et les explorations qu'il va reconnaître et intérioriser une somme insoupçonnable de connaissances.

C'est aussi en conséquence à cet âge que vous le trouverez particulièrement insupportable et fatigant. Pas un livre qu'il n'ait fait tomber de la bibliothèque, pas un tiroir qu'il n'ait vidé, pas un placard qu'il n'ait exploré. Vous ne l'entendez plus ? Vous vous précipitez. Il est en train d'explorer les prises de courant ou de déchirer les feuilles du cahier de sa sœur...

Réjouissez-vous ! Vous avez un petit enfant en pleine forme, pétillant de vie, d'intelligence et de curiosité. Il est trop grand maintenant pour rester dans son parc. Ses jouets ne l'intéressent que brièvement. Ce qu'il veut découvrir, c'est ce qui, vous, vous intéresse et vous retient. Donc, le plus souvent, ce qui lui est interdit.

Pour éviter d'avoir à suivre votre bébé pas à pas dans la maison pour prévenir ou réparer ses bêtises, comme pour ne pas avoir à l'enfermer toute la journée dans son parc, il existe quelques solutions.

▸ Organisez-lui une chambre ou un coin à lui et parfaitement sûr : pas de prise de courant ni de fil électrique, pas d'angle vif non protégé, pas d'objets cassables, etc. Mettez à sa disposition un coffre ou un panier rempli d'objets et de jouets qu'il pourra à sa guise explorer, démonter, maltraiter ou ranger. Enfin, laissez votre bébé dans cette pièce quand vous aurez besoin d'être tranquille un moment sans pouvoir le surveiller (au téléphone, ou sous la douche !).

▸ Aménagez le reste de la maison, pour quelques mois, en fonction de votre enfant. C'est à vous d'adapter l'espace en respectant les règles de sécurité et en protégeant vos objets précieux, et non à votre enfant de rester immobile pour éviter de heurter bibelots et coins de table. Si bébé fait tomber le vase de Chine offert par tante Ursule, dites-vous bien que la responsabilité est la vôtre (vous avez négligé de le ranger dans un placard) et non la sienne.

▸ Vous ne pourrez pas tout camoufler : le reste, il faudra l'interdire. Mais n'oubliez pas que moins les interdits seront nombreux, plus ils seront faciles à faire respecter.

L'ENFANT « ACROBATE »

À cet âge, les bébés adorent grimper. À vous d'aménager votre intérieur de façon à en offrir au vôtre l'opportunité. C'est d'abord sur vous qu'il aura plaisir à grimper : allongez-vous sur le sol, ou bien asseyez-vous sur un fauteuil bas, et incitez-le à grimper sur vous. Vous pouvez aisément l'y aider et le retenir s'il perd l'équilibre.

Dans un deuxième temps, offrez-lui des occasions amusantes de s'exercer en grimpant et en escaladant : sur un gros pouf, sur un vieux pneu installé dans le jardin, sur un carton d'emballage bourré de vieux journaux ou magazines, sur ses jouets à chevaucher.

Mais le plus drôle, c'est d'escalader les coussins du canapé et des fauteuils que vous aurez disposés par terre, sur le tapis du salon. Vous pouvez fabriquer une sorte de structure en forme d'escalier qu'il s'entraînera à monter et à redescendre sans prendre de risques.

Empoisonnement : que faire ?

Les intoxications représentent 2 % des consultations d'urgence en pédiatrie. La plupart des cas sont sans gravité mais certains nécessitent une intervention rapide et une hospitalisation.

La situation se déroule toujours de la même façon. L'enfant, laissé seul un moment, est attiré par une substance qui ressemble à quelque chose qu'il aime, bonbon ou jus de fruit, ou tout simplement qu'il porte à sa bouche par curiosité. Or, il s'agissait de boules de naphtaline, de mégots de cigarettes, d'eau de Javel, de comprimés d'aspirine ou de somnifères. Voici quelques chiffres significatifs :

▶ Dans 90 % des cas, le produit toxique avalé par l'enfant est soit un médicament, soit un produit d'entretien.

▶ Dans 75 % des cas, le produit n'était pas rangé, mais abandonné à portée de main de l'enfant.

▶ Dans 20 % des cas, le produit dangereux était transvasé dans un emballage inoffensif (par exemple de l'essence dans une ancienne bouteille de jus de fruit).

▶ Les pièces les plus dangereuses sont la cuisine, la salle de bains, puis la cave, la buanderie, le garage, etc.

Deux impératifs : garder son sang-froid et téléphoner immédiatement au centre antipoison de votre région (numéro à connaître et à garder à portée de main). À défaut, appelez le service médical d'urgence (15) ou les pompiers (18). Chaque minute compte. Au téléphone, pensez à informer le médecin de l'âge de l'enfant, de son poids, de la nature du produit absorbé, de la quantité absorbée (environ), de l'heure de l'absorption et des symptômes observés.

Ne prenez aucune autre initiative, si ce n'est conduire votre enfant au centre des urgences de l'hôpital le plus proche. En effet, la conduite à tenir varie beaucoup selon les produits. Pour certains, il faut faire boire l'enfant, ou au contraire le faire vomir ; pour d'autres produits, cela risquerait d'aggraver la situation. Par exemple : il ne faut jamais faire vomir un enfant qui a avalé des produits corrosifs ou des produits moussants, ou bien un enfant qui est évanoui.

LA PRÉVENTION AVANT TOUT

Si la seule chose que peuvent faire les parents en cas d'intoxication de leur enfant est de se remettre très vite entre les mains du corps médical, ils ont en revanche une action préventive très importante à jouer.
- Enfermez à clé et hors de portée les médicaments, les produits d'entretien et toutes les substances dangereuses.
- Attention à la poubelle, au cendrier, aux produits de maquillage, aux liquides transvasés, aux emballages colorés et attirants.
- Certaines plantes, fleurs et baies sont toxiques : demandez conseil à votre pharmacien.

Les premiers pas

Votre enfant marchera seul, comme tous les enfants, entre dix et dix-huit mois. Cela dépend de sa maturité musculaire et neurologique, de son poids, de son tempérament et du temps qu'il passe à s'exercer. Il n'y a pas à s'inquiéter au sujet de l'enfant qui tarde un peu à marcher. Il n'est nullement paresseux. Peut-être est-il si habile à marcher à quatre pattes qu'il ne voit pas l'intérêt de changer. Peut-être attend-il tout simplement son heure.

Si votre enfant passe, debout, d'un meuble à l'autre, s'il est capable de se mettre debout seul au milieu d'une pièce, alors cette heure est proche.

SA DÉMARCHE VOUS INQUIÈTE

Faut-il s'inquiéter si un bébé a tendance à marcher les pieds en dedans, ou sur la pointe des pieds ? Toutes ces tendances sont banales et concernent la presque totalité des enfants. En quelques mois, les pieds vont se muscler et ces petits problèmes disparaîtront. Cependant, s'ils vous paraissent inquiétants, n'hésitez pas à consulter votre pédiatre.

Se déplacer seul

Votre bébé aimera aussi se déplacer seul dans la pièce. Vous pouvez l'aider à s'entraîner en lui confiant un tabouret ou une chaise légère : il marchera en les poussant devant lui pour les faire glisser sur le sol. Autre manière toute simple de l'y aider, beaucoup plus efficace et sans les risques inhérents aux jouets à roulettes vendus à cet effet : confiez-lui simplement un grand carton d'emballage, qui lui arrive environ à la taille ou à la poitrine. Placez votre enfant debout derrière et aidez-le à trouver son équilibre. Puis montrez-lui qu'il peut faire glisser le carton sur le sol (carrelage, sol plastique ou parquet) et marcher derrière en prenant appui dessus.

Mais le mieux est encore, dès qu'il le peut, de faire marcher l'enfant en lui tenant les deux mains, puis une seule.

Bien des bébés ont des appréhensions au moment de lâcher le dernier doigt qui assure leur équilibre. C'est pourquoi il ne faut nullement les bousculer ou les presser : ils se lâcheront à leur heure, lorsque leur marche aura acquis une certaine stabilité.

Une chose est sûre : pour qu'un bébé se lâche et fasse ses premiers pas seul, il faut qu'il ait envie d'aller vers quelque chose ou de satisfaire quelqu'un. Si vous sentez que votre bébé est prêt, tenez-vous à un pas ou deux de lui. Puis tendez-lui les bras : il va s'y précipiter. Les premiers pas se font ainsi souvent presque par hasard : on quitte les bras de papa, pour faire un pas et se laisser tomber de tout son long dans les bras de maman, et réciproquement.

Patience, calme et confiance

Faites preuve de patience et de calme. Il n'est pas bon pour votre enfant de sentir que vous attendez impatiemment qu'il franchisse une étape qu'il ne se sent pas mûr pour franchir. Mais à l'inverse, s'il sent votre anxiété et que vous vous précipitez vers lui chaque fois qu'il risque de tomber sur les fesses, vous lui donnez l'idée que marcher est une chose bien risquée.

Finalement, la seule chose à faire est de jouer avec lui et de le laisser expérimenter seul le reste du temps. Il va hésiter, progresser ou parfois revenir en arrière à la suite d'une mauvaise expérience. Mais un jour, pas de doute, il se lancera.

Ce jour-là, tout ne sera pas gagné. L'enfant va encore, pendant un bon moment, aller à quatre pattes pour se déplacer efficacement et en toute sûreté. Comme, bien souvent, il commence à marcher sans savoir s'arrêter, il choisira de se laisser tomber sur les fesses. Mais enfin, semaine après semaine, il va gagner en stabilité et en assurance.

Savoir dire stop !

En même temps que votre bébé découvre la possibilité de vous dire « non » (et il ne va pas s'en priver…), il va tenter de comprendre le sens exact du vôtre. Est-ce juste un refus en passant ? Est-ce un vrai non définitif ? Est-ce un non qu'il peut, à force d'obstination, transformer en oui ? Ce non, quelles sont ses limites (et donc les vôtres) ?

Afin de répondre à ces questions, fondamentales pour lui, votre bébé, dans les mois qui viennent, va mettre rudement votre patience à l'épreuve. Voici quelques comportements typiques :

- il va dix fois revenir fermer le magazine que vous lisez ;
- il va progressivement s'approcher de la cuisinière pour vous obliger à intervenir ;
- il va vous faire revenir dix fois dans sa chambre, le soir, pour un ultime baiser ;
- il va se rouler par terre et vous faire une grande scène parce que vous lui aurez refusé un bonbon ou un jouet ; etc.

On observe deux attitudes différentes chez les parents.

- La première consiste à commencer par dire non à l'enfant puis, parce qu'il insiste pour la dixième fois ou parce qu'il hurle, à finir par dire oui, lassé et culpabilisé de lui refuser ce à quoi il semble tant tenir. Que l'enfant en a-t-il appris ? Qu'à force d'insister et de crier, il obtiendra tout ce qu'il voudra, qu'il est plus fort que vous. Si c'est la méthode que vous appliquez, sachez que vous n'êtes pas au bout de vos peines !
- La seconde consiste à commencer par faire preuve de patience et de compréhension et offrir au bébé la possibilité de changer d'attitude, par exemple en lui trouvant une

activité ou un dérivatif. Puis, dans un second temps, s'il insiste vraiment et semble vouloir entamer l'épreuve de force, dire non avec fermeté. Ce qui peut impliquer, s'il n'obéit pas, de faire la grosse voix, les gros yeux ou de l'isoler quelques minutes en lui retirant votre attention. Que l'enfant a-t-il appris ? Que son parent le laisse libre d'explorer l'espace, mais qu'il est attentif à ses comportements. Qu'il ne le couvre pas d'ordres et d'interdictions, mais que ceux qui sont donnés doivent être obéis. Qu'il sait ce qu'il fait et est prêt à le faire appliquer. Qu'il peut avoir confiance en l'adulte, et cela lui permettra de se sentir en sécurité.

« Attention, tu vas tomber… »

Le très jeune enfant n'a pas la même conscience du danger que nous. Ses instincts, contrairement à ceux de certains animaux, ne l'avertissent pas qu'il est en train de prendre un grand risque et que, s'il tombait de la table, il se ferait très mal.

Tout cela, ses parents vont devoir le lui apprendre. Ils vont lui dire ce qui est permis et ce qui ne l'est pas, ce qui est risqué et ce qui ne l'est pas, ce qui peut être tenté en faisant attention et ce qui est vraiment trop dangereux.

On peut aisément imaginer qu'un enfant à qui on aurait sans cesse tout interdit sous prétexte que c'est risqué, ne s'aventurerait plus nulle part et resterait confiné dans son coin. Or ce n'est pas comme cela que l'on apprend à marcher, à courir, à sauter ou à faire du vélo. L'enfant doit prendre quelques risques et se lancer des défis.

D'ailleurs il se peut, et c'est même heureusement le cas le plus fréquent, que l'enfant ne tombe pas malgré les risques pris. Ou bien qu'il tombe sans se faire de mal mais que cela lui apprenne beaucoup pour une prochaine fois. Vous ne pourrez pas lui éviter toutes les plaies et bosses. Une fois que vous avez aménagé l'espace de la façon la plus sûre possible, il faut bien laisser l'enfant expérimenter. Non seulement il est inimaginable que vous soyez sur son dos toute la journée, mais en plus ce ne serait pas un service à lui rendre que de le convaincre, avant même qu'il s'aventure vers une nouvelle découverte, qu'il va certainement tomber. Ce serait lui ôter toute confiance en lui, dans ses capacités toutes neuves.

La plupart des parents insistent surtout sur une protection nécessaire, un apprentissage du danger, et expriment ainsi leurs propres inquiétudes. Personne n'aime voir son enfant se faire mal. La mère est la première à se dire : « C'est ma faute, j'aurais dû le retenir, l'empêcher. » Mais les parents ont tendance à oublier que les capacités de l'enfant sont plus grandes chaque jour et qu'elles ne progressent que par l'entraînement, par essais et échecs successifs, jusqu'à la maîtrise finale. Surveiller n'est pas protéger, être vigilant n'est pas empêcher.

▶ Au lieu de dire : « Arrête, tu vas tomber » (sous-entendu : « c'est sûr »), dites plutôt : « Fais bien attention, tu risques de tomber » (sous-entendu : « essaie si tu veux, mais tu prends tes risques »).

▶ Vous voyez votre bébé grimper sur un meuble instable. Au lieu de l'en empêcher, mettez-vous à côté de lui. S'il réussit, félicitez-le en lui disant qu'il a pris un risque. S'il tombe, rattrapez-le au vol : « Tu vois, ce meuble n'est pas solide. Si je ne t'avais pas rattrapé, tu te serais fait mal. » La leçon portera beaucoup mieux, parce qu'elle aura été vécue.

▶ Chaque fois que vous le pouvez, laissez votre enfant expérimenter par lui-même : il gagnera en habileté physique et en sens du danger, mais sans relâcher votre attention !

Les parents anxieux

L'anxiété est contagieuse : l'enfant ressent celle du parent et la renvoie, comme en écho. Il développe alors des troubles du sommeil et des peurs diverses, comme celles de s'éloigner, de se salir ou de fréquenter des inconnus.

Peut-être n'est-ce que la transmission d'une prédisposition à l'anxiété. Mais il est certain que vivre toute son enfance aux côtés d'une mère (ou d'un père, mais le cas est plus rare) perpétuellement inquiète, jamais en vrai repos de l'esprit, prédispose l'enfant à faire de même.

À parent anxieux, enfant anxieux.

Une telle mère (ou un père) fait une montagne de tout événement, même dérisoire. Elle s'inquiète de tout. Elle oblige l'enfant à se couvrir pour qu'il ne prenne pas froid et l'empêche de grimper pour qu'il ne tombe pas. Elle l'accompagne partout « au cas où il se ferait mal » et ne le confie pas volontiers. C'est une « bonne » mère, qui finit par en faire beaucoup trop et par inhiber l'enfant.

La mère anxieuse est toujours hyperprotectrice. Elle transmet l'image d'un monde dangereux, plein de pièges, où l'on ne peut évoluer librement, au gré de ses besoins et de ses plaisirs. L'enfant, inhibé dans son développement physique et psychique, est empêché d'aller de l'avant. Comme l'a dit Françoise Dolto : « Si l'enfant est élevé par une personne anxieuse, il se développe en lui un climat d'interdits constants à la liberté des manifestations de ses besoins, de ses plaisirs, de ses gestes et de ses initiatives… La mère inquiète donne à l'enfant la conviction du danger. »

QUE FAIRE SI ON EST UN PARENT ANXIEUX ?

Il importe de regarder en face cette anxiété et ses conséquences, afin d'éviter qu'elles envahissent le champ éducatif.

Le premier conseil que l'on puisse donner au parent trop anxieux est de trouver une aide auprès d'un psychologue, afin de prendre une certaine distance par rapport à sa propre anxiété et de ne plus la transmettre à son enfant. Il y apprendra aussi à se déculpabiliser, lui qui, dans son désir de très bien faire, a toujours tendance à se sentir coupable de quelque chose.

Le second conseil consiste à laisser l'autre parent s'en occuper à sa façon, sûrement différente, et à lui faire confiance dans sa propre manière d'être parent. Ces comportements auront des effets positifs sur chacun.

Face à un enfant anxieux, le comportement le plus apaisant, le plus rassurant, est une attitude calme et sûre d'elle. C'est vers cela qu'il faut tendre, mais ce peut être difficile pour certains. Le jeune enfant est très sensible à l'émotion véritablement ressentie, plus qu'à celle qui est affectée.

L'atmosphère qui règne à la maison est fondamentale. Certains foyers vivent dans des crispations et des tensions permanentes. D'autres sont paisibles et il fait bon y vivre : on s'y sent chez soi d'emblée, protégé. Un parent qui se sait anxieux doit veiller attentivement à ce que l'atmosphère familiale soit calme et rassurante, douce et confiante. L'enfant y puisera la confiance et la sérénité dont il a besoin.

Comment l'enfant pour qui l'on s'inquiète sans cesse pourrait-il se sentir rassuré ? Il réagit à l'inquiétude parentale par une inquiétude bien plus grande encore, parce qu'il n'a ni les mots pour la dire, ni la compréhension des faits. Il n'est pas à même de juger de la réalité des dangers. Trop jeune pour prendre du recul par rapport à ce qu'il entend, il a très peu de moyens pour se défendre de l'inquiétude parentale. Il risque alors de développer un manque de confiance en lui-même, en ses compétences, qu'il aura du mal à dépasser.

Des parents en accord

Vivre avec un jeune enfant tout en menant de front une vie professionnelle est une tâche parfois difficile. La fatigue a des répercussions sur la vie familiale. Des conflits éducatifs surviennent, dans la manière de gérer telle ou telle situation quotidienne. Les interactions s'enchaînent et finissent par former un cercle vicieux, où chacun se sent malheureux, coupable ou irrité. Pour autant, faut-il être toujours d'accord pour bien éduquer son enfant ?

Un monde en stéréo

Si la nature nous impose deux parents, forcément différents, au moins biologiquement, ce n'est pas pour que l'un soit la copie conforme de l'autre. L'image de la musique est assez évocatrice : un monde en mono, où deux haut-parleurs diffusent exactement le même son, est assez pauvre en information. La même musique diffusée en stéréo, où les haut-parleurs jouent la même symphonie, mais en ne se situant pas du même point de l'espace, où chaque instrument joue sa propre partition, est infiniment plus riche.

Deux parents, ce sont deux histoires et deux façons de faire différentes. Et c'est tant mieux, car les excès ou les défauts de l'un et de l'autre sont alors compensés. Mais il est important qu'ils jouent bien la même musique, sinon la cacophonie règne et l'enfant ne sait plus quelle direction suivre.

En résumé : il faut être d'accord sur l'essentiel, et discuter des détails, sans jamais se discréditer l'un l'autre devant l'enfant.

Comprendre vos différences

▶ Prenez le temps de réfléchir : quelle est votre attitude ? Où vous situez-vous sur une ligne qui irait de la minimalisation à la surestimation d'une grosse crise de colère de votre enfant ? de réveils nocturnes quasi quotidiens ? Où se situe votre conjoint ? Vos divergences sont-elles causes de conflit ? Quels sont les avantages et les inconvénients de chaque style ? Pouvez-vous apprendre quelque chose l'un de l'autre dans vos façons de faire respectives ?

▶ Si les différences sont importantes, vous avez tout à gagner à vous rapprocher pour adopter chacun une attitude plus mesurée. D'abord parce que votre enfant n'a rien à gagner à vos divergences éducatives. Ensuite parce que éviter les excès est l'attitude la plus efficace.

▶ Prenez un moment pour échanger avec votre conjoint au sujet de l'enfant, hors de la présence de ce dernier. Chacun, selon sa sensibilité, évalue les problèmes différemment. Il est tout à fait enrichissant d'ouvrir son champ de réflexion à celui de l'autre. N'hésitez pas à dire à l'autre comment vous aimeriez qu'il se comporte face à l'enfant, et réciproquement : cela rapprochera vos points de vue et évitera d'exacerber les reproches.

▶ À chaque nouveau problème, prenez le temps d'une réflexion commune afin de trouver les solutions possibles. Puis passez-les en revue afin de sélectionner celle que vous appliquerez conjointement. L'enfant s'en portera toujours mieux et sera rassuré de sentir ses deux parents, ensemble, à ses côtés. Rappelons que cohérence et constance dans les attitudes éducatives sont très importantes pour les enfants anxieux.

L'importance des grands-parents

L'environnement familial proche de l'enfant ne se limite pas à ses parents. Dès la première année de sa vie, il est bon pour l'enfant de savoir qu'il existe, au-delà de son noyau familial, une famille plus large, sorte de tribu dont il fait d'emblée partie. Oncles, tantes, cousins, parrain et marraine, grands-parents sont autant d'adultes ou d'enfants avec lesquels il va pouvoir lier des liens d'affection sincère et confiante. La « tatie » de la crèche ou l'assistante maternelle sont payées par les parents pour s'occuper de l'enfant et il les quitte lorsqu'il rentre à l'école. Au contraire, les membres de la famille offrent un amour « gratuit » et durable. Les enfants y sont sensibles très tôt, bien avant même de pouvoir réellement le comprendre. Ils sentent rapidement qu'ils ont d'emblée leur place au sein de la « tribu », dernier maillon en date de deux longues chaînes d'ancêtres qui les ont précédés.

Un bouleversement pour chacun

Lorsque les jeunes, ayant encore le statut « d'enfants de… », deviennent parents à leur tour, ils font des leurs des grands-parents. Ils revivent inconsciemment l'histoire de leur relation personnelle au père et à la mère tout au long de leur enfance, qui conditionne le parent qu'ils vont devenir. La relation entre les deux générations change forcément. Les jeunes parents souhaitent bénéficier de l'appui des grands-parents, de leur expérience, mais craignent en même temps leurs critiques, redoutent leurs conseils et se méfient de leur emprise. Les jeunes parents sont heureux du soutien matériel, en temps de garde essentiellement, dont ils peuvent bénéficier auprès de leurs propres parents, temps précieux pour se retrouver en

Votre bébé a onze mois

Il pèse :

Il mesure :

Ses livres préférés :

Ses principales bêtises :

Ce qu'il a fait pour la première fois ce mois-ci :

----

couple. Mais ils craignent souvent des influences éducatives qui ne seraient pas les leurs et que, en étant redevables, ils ne pourraient critiquer.

Un rôle primordial

Les grands-parents tiennent une place privilégiée auprès de leurs petits-enfants.

▶ Plus expérimentés et souvent plus disponibles, ils peuvent offrir un relais appréciable aux parents débordés. Ils sont capables de prendre davantage de distance vis-à-vis des problèmes. Ils peuvent offrir aux parents la possibilité de retrouver, à deux, un peu de leur intimité de couple.

▶ Les grands-parents témoignent que l'enfant est à la croisée de deux lignées, de deux histoires, de deux cultures. Il n'est pas seulement le fils de l'un ou la fille de l'autre. Cela introduit l'enfant dans un monde symbolique où le temps reprend sa place.

▶ Les grands-parents sont les témoins d'un temps où leurs parents ne se connaissaient pas encore, où ils étaient des petits enfants faisant des tas de bêtises. Cela fait du bien à l'enfant de sentir que ces parents parfaits, si forts et puissants, ne l'ont pas toujours été. Ainsi lui, si petit, le sera un jour.

▶ N'étant pas responsables de l'éducation de leurs petits-enfants, souvent à la retraite, les grands-parents ont plus de temps et de patience pour les confidences, les berceuses, les secrets, les compotes « maison » et les promenades au zoo. La constance de leur affection, leur stabilité rassurante, leur disponibilité font d'eux des partenaires précieux dans la vie de leurs petits-enfants.

Aussi, quelle que soit l'entente qui règne entre le gendre, la bru et les grands-parents, ne les en privez pas. Au contraire, faites tout ce que vous pouvez pour les laisser ensemble, en votre absence, sans vous en mêler. En retour, il est souhaitable que les grands-parents apprennent de leur côté à respecter les façons de faire et d'éduquer des parents, afin d'éviter d'inutiles tensions.

Le douzième mois

Qui est bébé ?

L'âge d'un an est souvent associé aux débuts de la marche, mais cela peut varier beaucoup d'un enfant à l'autre. Même ceux qui en sont capables se sentent parfois très réticents au moment de « franchir le pas ». Mais enfin tous finiront par se lancer, un peu par hasard, un peu par jeu.

Celui qui ne marche pas seul peut généralement le faire s'il est tenu par une main ou par les deux. Quant au marcheur débutant, il ne sait souvent pas s'arrêter autrement qu'en se laissant tomber sur le sol. Pourtant, la position debout gagne en stabilité : l'enfant debout sans appui peut désormais pivoter, se pencher, faire des signes de la main, sans pour autant perdre l'équilibre.

À cet âge, la plupart des enfants ont parfaitement compris la valeur du mot « non » et s'en servent, avec la voix ou avec la tête, d'une façon que les parents jugent vite abusive : non pour s'habiller, non pour manger, non pour aller dans le bain, non pour marcher, etc. Il va désormais falloir ruser pour le conduire à faire ce que l'on veut. Il fait également très bien la différence entre ce qui est bien, autorisé (et il guette sans cesse l'approbation) et ce qui ne l'est pas, qu'il fera quand même, mais en s'assurant que personne ne le regarde.

Enfin, s'il aime toujours vider, renverser et transporter, il apprécie aussi de ranger et de remettre les choses à leur place.

La propreté

Quoi qu'en dise sa nourrice ou sa grand-mère, il n'est pas encore temps de lui apprendre la propreté.

Il est vrai que certaines mères ont réussi, en mettant leur bébé à heures fixes sur le pot et en l'y maintenant un moment, à obtenir qu'il fasse « où on lui dit de faire ». Mais un enfant n'est pas un petit animal que l'on conditionne à la vue de sa litière ou du caniveau. L'éducation ne consiste pas à obtenir une réponse passive. Ceux qui le font prennent des risques éducatifs.

À l'heure des change-complets, il n'y a pas d'urgence à retirer les couches. Votre enfant a beaucoup de choses à apprendre avant de savoir se retenir et demander le pot. Il doit apprendre à marcher, à courir, à monter et descendre les escaliers, à dire quelques mots. Il doit apprendre où sont les toilettes et à quoi elles servent. Il doit apprendre le plaisir d'être au sec, d'être propre, de se promener seulement avec une petite culotte. Il doit aussi quitter ce stade oral, où tout l'intérêt et le plaisir passent par la bouche.

Mais surtout, la propreté réelle, contrôlée, demande une maturité du système neuromusculaire que l'on ne peut hâter et qui n'intervient le plus souvent qu'aux alentours de dix-huit à vingt-quatre mois.

Alors, quelle que soit votre impatience, ne tentez rien maintenant, attendez encore l'âge de dix-huit ou vingt mois. L'enfant et vous n'avez rien à y gagner.

Le spasme du sanglot

Il s'agit d'un symptôme fréquent (il touche environ 5 % des enfants entre 7-8 mois et 3 ans), sans gravité, si ce n'est d'inquiéter beaucoup les parents. À la suite d'un événement déclenchant, l'enfant se met à pleurer. Soit l'enfant s'est fait mal – il a buté dans quelque chose par exemple –, soit il est frustré parce qu'on lui refuse quelque chose qu'il réclame. Dans tous les cas, il s'agit d'une situation où il se met en colère. Les pleurs deviennent hoquetants et l'enfant perd peu à peu sa respiration. Il bleuit et peut aller jusqu'à perdre brièvement connaissance. Cela suffit à arrêter les spasmes et la respiration revient normalement. L'enfant reste pendant quelques minutes un peu pâle et apathique, puis tout rentre dans l'ordre. Il n'y a pas de séquelles.

S'il s'agit d'un vrai spasme du sanglot (cela vous sera confirmé par votre médecin qu'il est toujours bon de consulter après une première crise), ses causes en sont psychologiques. Le premier spasme se produit généralement pour des raisons purement physiologiques. Mais la réaction de peur et de sollicitude immédiate de la mère renforce le comportement qui aura tendance, dès lors, à se reproduire. Le plus souvent, le jeune enfant ne fait de spasmes du sanglot qu'avec une seule personne, la plus impressionnable ou celle dont il désire le plus retenir l'attention, souvent sa maman.

Que faire ?

La réaction la plus appropriée, quand le spasme se produit, consiste à allonger l'enfant sur le sol, à lui souffler doucement sur le visage et à lui tapoter les joues. Mais l'essentiel est de garder votre calme et de ne pas montrer à l'enfant l'inquiétude dans laquelle il vous met. Sinon, cela risque de devenir un moyen de pression pour obtenir ce qu'il veut.

Une fois la crise passée, il est bon de s'interroger sur sa cause. Non pas seulement ce qui l'a déclenchée, mais les raisons plus profondes qu'a votre enfant de vouloir attirer votre sollicitude. Quelle anxiété les sous-tend ?

L'enfant a besoin d'être rassuré de façon calme et ferme. Sans s'angoisser à son sujet ou se moquer de lui, il faut parvenir à le convaincre qu'il n'a pas besoin de telles manifestations pour que votre amour et votre attention lui soient définitivement acquis.

Les parents qui travaillent

Dans la majorité des familles, surtout s'il n'y a qu'un enfant, les parents travaillent tous les deux à l'extérieur. Ils ne peuvent s'empêcher de se poser des questions. Est-ce que je passe assez de temps avec mon enfant ? Aurais-je dû prendre un congé pour rester auprès de lui ? Est-ce que ma présence pendant sa toute petite enfance ne lui aura pas trop manqué ? Comment faire pour compenser tout ce temps que l'on passe séparés ?

Sachez d'abord que l'intensité, la qualité du temps de présence compte autant, voire plus que sa quantité. Vous pouvez passer des heures à côté de votre enfant, s'il s'occupe seul et vous aussi, si vous ne créez aucun contact, il ne bénéficie pas de votre présence.

▶ La qualité de ces moments sera d'autant plus importante que leur durée est courte. Ainsi, moins vous partagez de temps avec votre bébé, plus il faut que ce temps soit fait de moments intenses et riches.

▶ Mais la durée compte malgré tout : un jeune enfant a besoin de passer du temps, chaque jour, avec ses parents.

▶ Ce qui compte le plus, pour l'enfant, c'est l'attention que vous lui portez. Alors ne la ménagez pas !

Toute mère ou tout père qui travaille doit avoir à cœur de dégager un maximum de temps pour son enfant et de se rendre disponible pour lui quoi qu'il arrive. Les structures sociales et l'organisation des entreprises n'y sont pas toujours très favorables, c'est le moins que l'on puisse dire. À chacun, depuis sa place, de tenter de les faire évoluer et de faire ses choix. Un enfant ne reste pas petit longtemps. Il a besoin de la présence de ses parents. Profitez-en avant qu'il soit trop tard.

Même si vous travaillez tous les deux à temps plein, le temps qu'il vous reste à passer avec votre enfant est suffisant s'il est bien utilisé. « Mais, me direz-vous, je rentre à dix-neuf heures, j'ai à peine le temps du bain et du repas avant de le coucher. Comment faire ? »

Passer du temps avec votre enfant

Jusqu'à ce que votre enfant soit couché, laissez de côté tout ce qui n'est pas indispensable ou qui ne le concerne pas : ménage, course, courrier, repas des parents, télévision, etc. Dites-vous bien que passer le balai est moins important que de monter une tour avec ses cubes.

Servez-vous utilement du temps passé ensemble. Le bain, le repas, le change, la mise au lit peuvent être autant de moments de communication, d'échanges et d'éveil.

Discutez entre vous de votre organisation quotidienne, rarement au point une fois pour toutes. Comment se répartir les tâches ménagères. Comment s'arranger pour que l'enfant passe plus de temps avec vous. Selon les emplois du temps professionnels, selon les goûts et disponibilités de chacun, on peut parfois mettre au point une alternance bienvenue.

Un cercle vicieux

Les parents rentrent souvent épuisés de leur travail et ont bien du mal à trouver la patience et la disponibilité nécessaires à leur bébé : leur énervement retentit sur lui. Pour attirer leur attention, il multiplie les bêtises, car s'il reste sage, on ne s'occupe pas de lui. Au lieu que les retrouvailles soient un moment de joie, elles tournent à l'affrontement.

Les parents se disent qu'ils ne vont pas utiliser le peu d'heures qu'ils partagent avec leur enfant à faire de la discipline. Ainsi la situation risque d'empirer et les fins de journées de devenir difficiles.

Pour éviter de tels débordements, il faut absolument que les parents trouvent le moyen de se détendre avant de retrouver leur enfant : celui-ci n'est pas responsable de la pression professionnelle et n'a pas à en subir les conséquences. C'est aux parents d'établir, lorsqu'ils sont avec lui, une bonne qualité de communication. Ainsi l'enfant n'aura pas besoin de se servir de troubles divers (arrêter de manger, se réveiller la nuit, etc.) pour établir un dialogue et réclamer son dû de tendresse et d'attention.

Découvertes et inquiétudes

Les débuts de la marche marquent un virage important dans le développement de l'enfant. D'un côté, il se sent grand et fort : « Le monde n'a qu'à bien se tenir, j'arrive ! » Marcher signifie pouvoir partir debout à la découverte de l'environnement. L'horizon s'élargit : c'est le début de nouvelles expériences. Explorer la verticalité n'est pas une mince affaire. Cela demande du temps, de l'audace et beaucoup d'énergie.

D'un autre côté, le bébé se sent encore bien petit face à un monde si vaste. Il s'excite, voudrait tout découvrir, mais il tombe ou se cogne. La conscience de ses propres limites le fait parfois hurler de frustration. Il veut décider seul et tente de garder le contrôle de la situation, mais s'aventurer ainsi fait très peur. Il trouve bon, souvent, de se réfugier contre papa ou maman, de s'enfouir dans ses jupes ou de se blottir dans ses bras, comme lorsqu'il était un bébé qui ne marchait pas…

Ce mélange de désirs et d'inquiétudes, de découvertes et de frustrations, se traduit souvent la nuit par des troubles du sommeil. L'enfant se réveille au milieu de la nuit, il pleure et semble avoir peur sans que vous puissiez comprendre de quoi. Rassurez votre enfant, assurez-le de votre amour et de votre soutien, confortez-le dans son désir d'autonomie. Ainsi, progressivement, il retrouvera confiance en lui.

Son premier anniversaire

Votre bébé a un an. Douze mois de soins et de tendresse. d'éveil, d'éducation, d'apprentissage. Cinquante-deux semaines de vie commune pendant lesquelles vous avez appris à vous connaître. Sans doute, cette semaine, revivrez-vous avec émotion, en feuilletant l'album de photos, votre accouchement et ces premières heures où l'on vous a mis votre bébé dans les bras. C'était hier, et pourtant vous avez parcouru tant de chemin tous les deux, tous les trois ! Le nouveau-né vagissant est devenu un petit enfant à la personnalité affirmée. Cette année est sans doute la plus importante et la plus formatrice de toute sa vie. Quant à vous, vous êtes devenus parents.

Aujourd'hui votre bébé marche, ou bien il est sur le point de le faire. Cette étape fondamentale va élargir considérablement son champ d'expérience. Debout, en route sur ses deux pieds, il se sent prêt à partir à la conquête du monde. Il tombe, il se cogne, il se fatigue, mais rien ne pourra durablement l'arrêter dans son nouvel élan. Laissez-le se relever, pousser plus loin, là où le mène sa curiosité. Mais restez à portée de vue ou de voix : il a encore tellement besoin que vous le rassuriez et l'encouragiez dans ses efforts !

Quand tout va bien, il se sent fort, capable de tout : il grimpe, il escalade, il imite. Il exige les choses qu'il désire et refuse violemment ce qui ne lui plaît pas. Il commence à préférer faire les choses par lui-même. Vous avez l'impression d'avoir « un grand ». Mais lorsqu'il est fatigué, inquiet ou un peu malade, il redevient le bébé qu'il n'a pas vraiment cessé d'être. Il a encore besoin du confort de vos bras, des bercements, des caresses, des mots doux et des paroles rassurantes.

En douze mois, il a eu le temps de nouer des liens avec ses proches. Sa mère, si elle reste une personne privilégiée, n'est pas le seul objet d'amour. Son père a pris une très grande importance. L'enfant connaît son heure de retour du travail et l'attend impatiemment pour entamer des jeux qui n'appartiennent qu'à eux. Ces moments, mêmes rares, sont précieux. Un bébé a besoin de connaître ses deux parents et de créer

Votre bébé a douze mois

Il pèse :

Il mesure :

Ses premiers pas :

Ses premiers mots :

Ce qu'il a fait pour la première fois ce mois-ci :

----

des rapports distincts avec chacun d'eux. Il les sait différents et les aime ainsi. Selon son propre sexe, votre enfant apprend vite à qui il ressemble et qui il peut séduire.

En dehors des moments si précieux que vous lui consacrez, il peut maintenant vivre sa vie et vous attendre. Car il sait désormais, lorsque vous le quittez pour la journée, qu'il vous retrouvera le soir. Il peut penser à vous en votre absence, faire revivre votre souvenir, et se consoler avec son pouce ou son doudou favori.

Pour se sentir bien, en sécurité, votre bébé a développé des habitudes auxquelles il tient. Le temps est loin où vous pouviez l'emmener partout dans son couffin. Maintenant il a besoin de sa chambre, de son lit, de ses rites. Il ne fait pas un accueil très chaleureux aux étrangers et se trouve surtout bien à la maison, entouré de sa famille.

Au fil des mois, la personnalité de l'enfant s'est affirmée. Certains traits lui viennent de vous, ses parents, sans que l'on sache bien s'il en a hérité ou s'il les a copiés. D'autres ne tiennent qu'à lui. Vous avez appris à en tenir compte pour ne pas le brusquer, tout en ne vous laissant pas trop manipuler par ses oppositions systématiques. Vous savez qu'elles font partie de son développement. Avec son tempérament, ses « non », ses accès de rage, avec ses goûts et ses refus, mais aussi avec sa merveilleuse adaptation à votre existence, il tient désormais une place à part entière dans la famille.

La seule chose qu'il craigne vraiment, c'est de perdre votre amour. Aussi est-il très angoissé dès qu'il sent qu'il est allé trop loin. Comme si son accès de colère avait risqué de vous détruire. C'est dans ces moments-là qu'il a le plus besoin que vous le preniez dans vos bras en lui murmurant dans le creux de l'oreille : « Tu vois, je suis toujours là et je t'aime toujours.

Je ne veux pas que tu me frappes, mais tu as le droit de ne pas être d'accord avec moi et de le dire. » Avec douceur et fermeté, vous le faites progressivement passer d'un monde du plaisir, où tous ses besoins peuvent être satisfaits, à un monde de la réalité où il faut faire la part entre les désirs accessibles et les autres. C'est le rôle de la première discipline (dont le sens vient du mot disciple, ne l'oubliez pas). Il ne serait pas souhaitable de lui laisser encore croire qu'il a tous les droits et que tout est possible. À un an, il peut commencer à tenir compte des limites que lui imposent la réalité et la présence des autres.

Il se peut que vous vous disiez qu'il serait temps pour vous de faire un autre enfant et que vous vous posiez des questions par rapport à celui-ci. Si vous vous en sentez le désir et le courage (deux enfants rapprochés donnent, dans les premiers mois, beaucoup de travail), c'est une merveilleuse idée. Un faible écart réduira la souffrance due à la jalousie chez l'aîné (il n'a pas encore conscience d'être « enfant unique » ou « le petit dernier »). Très vite, le second rattrapera le premier et ils seront heureux de jouer ensemble. Quant à vous, vous avez maintenant la main et n'êtes pas encore sortis des couches, alors un peu plus un peu moins… D'enfant en enfant, on devient plus expert et plus confiant. La seule précaution consiste à ne pas supprimer trop tôt son statut de bébé à l'enfant parce qu'il devient l'aîné. Si vous l'associez à cette nouvelle naissance, il va sûrement vite devenir plus grand et plus autonome. Mais ce n'est pas une raison pour lui ôter le droit d'avoir tout simplement son âge. Il est encore si petit !

Table des matières

Introduction 9

Il vient de naître 11
   Faire connaissance 11
   Le colostrum 16

Le premier mois 17
   L'allaitement 17
   Nourrir au biberon 21
   Le rot 27
   Les régurgitations 29
   Nourrir à l'heure ou à la demande 31
   La tétée : s'installer confortablement 33
   La position de sommeil 35
   Les achats de matériel et vêtements 36
   Le bain de bébé 39
   Hygiène : les produits de bébé 41
   Fontanelle et croûtes de lait 43
   Pour habiller bébé 44
   De la douceur… 46
   Bercez votre bébé 47
   Un bébé, cela pleure… 49
   Les compétences de bébé : la vue 52
   Une passion pour les visages 53

Il aime ce qui bouge..54
Les premiers vrais sourires..55
L'instinct maternel...56
Et le papa ?...58
Ce qui change pour le couple 60

Le deuxième mois 65
Qui est bébé ?...65
Transat, écharpe et porte-bébé 67
Il a trop chaud, il a trop froid..69
Communiquer avec bébé..70
La naissance du langage 71
La baby-sitter, la première fois 73
Le rôle des odeurs...77
Jouer avec les sons...80
Comprendre ses pleurs...82
Laissez-le apprendre à se calmer 85
La tenue de la tête...88
Le sevrage...89
Donner de la vitamine D..91
La prise de poids..92
Il n'aime pas l'eau..93
Les différents modes de garde 95
Les pleurs du soir...100
Les besoins de sommeil...102
Combien de repas par jour ?..106

Le troisième mois...107
Qui est bébé ?...107
Un bébé de plus en plus curieux 109

- Un bébé de plus en plus habile 111
- Le développement physique 112
- L'érythème fessier 113
- Tous les bébés ont du génie 115
- Un caractère bien à lui 118
- Jeux et jouets 121
- Les plaisirs de la bouche 124
- Vous allez reprendre le travail 126
- Les besoins fondamentaux du bébé 127
- La conscience de l'entourage 130
- Le lit de bébé 132
- Il rit aux éclats 134
- Les tendres câlins 135
- Dialoguer avec son enfant 137
- Les vaccins 141

Le quatrième mois 143
- Qui est bébé ? 143
- Il se réveille la nuit 145
- Les débuts à la crèche 148
- La sécurité de votre bébé 152
- Faut-il stimuler son bébé ? 155
- Voyager avec bébé 158
- Ses premiers jouets 161
- Pères, occupez-vous de votre bébé ! 163
- La mère parfaite n'existe pas 165

Le cinquième mois 171
- Qui est bébé ? 171
- L'enfant gâté 173

Aménagez sa chambre 175
La diversification alimentaire 178
Parler et communiquer 182
La position assise 186
Coucou, le voilà ! 187

Le sixième mois 191
Qui est bébé ? 191
Les premières soupes de légumes 193
Alimentation : simplifiez-vous la vie 196
Les jouets sonores 198
Un bébé autonome 200
La main et le jeu 202
Le pouce et la sucette (ou tétine) 203
Sa première dent 207
Il a de la fièvre 208
Les risques d'étouffement 210
Les réveils nocturnes 212
Les bébés nageurs 216
Ses premiers livres 218
Comprendre le oui et le non 221

Le septième mois 223
Qui est bébé ? 223
Lui parler deux langues 224
Il se tient debout 226
Apprendre à nommer 227
Gifles et fessées 229
Qu'est-ce qu'un « bon » jouet ? 232
Le parc 234

Savoir lâcher 235
Chantez-lui des chansons..237
Des conflits avec la « nounou »...................................238
Le stade du miroir 241

Le huitième mois 245
Qui est bébé ? 245
Le moment des départs et des retrouvailles.................246
Que mange-t-il ? 248
Il veut manger tout seul...250
Les plaisirs du bain 253
Attention, danger ! 255
Ses relations avec les aînés 256
Aménager l'espace..257
Les séances d'habillage 260
Le début des angoisses 261
L'objet transitionnel, ou « doudou »...........................264

Le neuvième mois 269
Qui est bébé ? 269
Que lui donner à manger ? 270
Il jette tout par terre..271
Jouer, à quoi cela sert-il ? 273
Les massages et le sens du toucher..............................276
Pour encourager bébé à s'asseoir 278
Il se met debout...280
Le régime antidiarrhée 281
L'heure du coucher 283
Les cris et les pleurs...286
Le rituel du coucher 288

Droitier ou gaucher ?..290
　　Des frères et des sœurs 291
　　Un bébé normal…...295

Le dixième mois **297**
　　Qui est bébé ?..297
　　Laissez-le manger seul 299
　　C'est un lève-tôt.. 301
　　Les siestes 302
　　Favoriser la communication 303
　　La télé, ce n'est pas pour les bébés..................... 306
　　Un voyage en voiture avec bébé 308
　　« Le panier à bidules »... 309
　　Pour encourager bébé à ramper 310
　　Les interdits..311
　　Pour ou contre les chaussures 314
　　L'âge des copains 315

Le onzième mois.. **319**
　　Qui est bébé ?..319
　　Le repas de l'enfant 321
　　Le « cabotage »... 322
　　Il ne veut rien manger... 324
　　La compréhension du langage............................ 326
　　Dormir avec papa et maman 329
　　Jouer avec son enfant 331
　　Le désir d'explorer 333
　　Empoisonnement : que faire ?............................ 336
　　Les premiers pas 338
　　Savoir dire stop !...341

« Attention, tu vas tomber… » 343
Les parents anxieux 345
Des parents en accord 348
L'importance des grands-parents 350

Le douzième mois 355
Qui est bébé ? 355
La propreté 356
Le spasme du sanglot 357
Les parents qui travaillent 359
Découvertes et inquiétudes 362
Son premier anniversaire 362

imprimé en Allemagne par GGP Media GmbH
D.L. Janvier 2013
ISBN : 978-2-501-08451-2
4126959 / 02